Luc Vigneault
Tania Lecomte
et collaborateurs

Préjugés, discrimination et exclusion en santé mentale

Pour en finir avec la stigmatisation

PERFORMANCE édition

PERFORMANCE édition
info@performance-edition.com
www.performance-edition.com
450-614-0504

Distribution pour le Canada : Prologue Inc.
Pour l'Europe : DG Diffusion
Pour l'Europe en ligne seulement : www.libreentreprise.com

Crédit photo de Tania Lecomte : Gabrielle Riopel
Crédit photo de Luc Vigneault : Laëtitia Boudaud
Illustration de la couverture : Yves Lessard

ISBN : 978-2-925096-08-5
EPDF : 978-2-925096-09-2
EPUB : 978-2-925096-10-8

Dépôt légal 3e trimestre 2022

Dépôt légal Bibliothèque et Archives nationales du Québec
Dépôt légal Bibliothèque nationale du Canada

Nous reconnaissons l'aide financière du gouvernement du Canada par l'entremise du Fonds du livre du Canada pour nos activités d'édition.

Nous remercions la Société de développement des entreprises actuelles du Québec pour son appui à notre programme de publication.

Imprimé au Canada

Table des matières

Remerciements

J'aimerais tout d'abord remercier Tania Lecomte pour son appui constant et son amitié indéfectible. Sa rigueur scientifique, tant pour le savoir académique que le savoir expérientiel, en font une précieuse collaboratrice.

Merci aux auteurs qui ont généreusement accepté de contribuer à la réalisation de cet ouvrage. Ils ont été à la hauteur de mes attentes et je leur en suis reconnaissant.

Je tiens à remercier chaleureusement le Centre de recherche en santé durable VITAM ainsi que Cap rétablissement, groupe de recherche qui vise à promouvoir le rétablissement pour les personnes qui composent avec une schizophrénie ou un trouble psychique.

Je tiens à souligner l'appui inébranlable de ma famille, de mes amis, de mes pairs et de mes collègues.

Un immense merci à mon éditrice, Marie-Josée Blanchard de Performance Édition, qui, en dépit de la conjoncture sociale et économique incertaine, m'a dit oui pour ce troisième livre. Merci aussi à son équipe.

Merci enfin à mon épouse, Nathalie Hébert, qui m'a appuyé jour et nuit et qui est ma source d'inspiration et ma joie de vivre.

Luc Vigneault

merci!

Préface de Karine Igartua, M.D., CM, FRCPC

Chef de psychiatrie, Centre universitaire de santé McGill
Présidente de l'Association des médecins-psychiatres du Québec de 2013 à 2021

Lorsque j'ai initialement été invitée à rédiger cette préface, je me suis inquiétée quant à ce que je pouvais bien dire. Je craignais qu'on eût déjà assez parlé de la déstigmatisation en santé mentale, que le sujet était désuet. En effet, le gouvernement du Québec fait déjà depuis plusieurs années des campagnes de sensibilisation sur les troubles anxieux, la dépression et les dépendances, la compagnie Bell parle pour la cause depuis plus de dix ans, et la Semaine de la santé mentale se tient annuellement depuis plus de soixante-dix ans.

Je m'inquiète même de l'effet secondaire de toute cette « sensibilisation », de toutes ces publicités qui incitent à demander de l'aide quand ça ne va pas. Je crains que nous risquions de verser dans la pathologisation de toute détresse humaine. Mon amoureuse me quitte; au lieu de nommer ma tristesse et de vivre mon deuil, je me déclare déprimée ou suicidaire. Si je me sens plus calme en fumant du cannabis, ce doit être parce que j'ai un trouble anxieux. Je panique parce que je ne suis pas suffisamment bien préparée pour mon examen; j'ai sûrement un trouble panique.

Non, non et NON! Les événements de la vie s'accompagnent d'émotions. C'est normal et c'est sain! Ce n'est pas parce que les émotions sont inconfortables qu'elles sont pathologiques. Toute cette sensibilisation nous mène-t-elle à médicaliser la souffrance à outrance?

Plusieurs enquêtes montrent des taux de détresse plus élevés chez les jeunes. Élevons-nous des générations moins résilientes, moins capables de composer avec leurs émotions, moins tolérantes à la détresse? Le mouvement Alpha Connectés revendique un cours de santé mentale à l'école pour mieux outiller les jeunes à reconnaître et à gérer leurs émotions, et à adopter des habitudes de vie propices à leur santé mentale. Ce même mouvement nous incite à nous pencher sur les mœurs de notre société moderne qui seraient délétères pour notre bien-être. Par exemple, le temps d'écran est inversement proportionnel au temps passé à des activités en face à face, à l'exercice physique et aux heures de sommeil. Or, ces trois facteurs sont des protecteurs de la santé mentale.

L'organisation de la société en plus petits noyaux familiaux, le plus grand nombre de personnes vivant seules et la réduction des groupes d'appartenance ou des lieux de rencontre accentuent la solitude et réduisent le sentiment d'appartenance. L'ampleur de notre vie virtuelle fait en sorte que nous sommes rarement complètement dans le moment présent, alors que nous vivons une expérience tout en ayant en tête comment nous allons l'afficher sur les réseaux sociaux. Nous jouons avec nos enfants, mais le téléphone cellulaire peut ramener notre esprit au boulot à tout moment. Nous sommes toujours joignables, et nous ne savons plus comment laisser notre esprit rêver. Nous dépendons à ce point de la stimulation continue que, même à un feu rouge, nous sortons nos téléphones pour nous divertir. Il est possible que tous ces changements sociaux soient responsables de la détresse accrue que nous décelons.

Par ailleurs, malgré cet accroissement documenté de détresse et de demandes d'aide, malgré les campagnes de sensibilisation, nous éprouvons encore collectivement un malaise à parler de maladies mentales. Nous utilisons l'euphémisme « santé mentale » au lieu de parler de maladies mentales ou de troubles mentaux. Ce langage est courant dans la rue, mais aussi dans nos institutions : « C'est un cas de santé mentale », disons-nous. Dirions-nous de celui qui a une colite ulcéreuse que « c'est un cas d'harmonie digestive »? En évitant de nommer les maladies, en utilisant l'euphémisme *santé mentale* lorsqu'on veut plutôt signifier un trouble mental, on confond tout. On confond détresse normale et maladie mentale. On confond les habitudes qui peuvent améliorer la santé mentale et les interventions plus ciblées pour traiter les maladies mentales. La méditation, par exemple, peut réduire le stress et calmer les ruminations, mais elle ne traitera pas les obsessions d'un trouble obsessif compulsif. Bien dormir évite la fatigue, mais plus de sommeil ne réglera pas le manque d'énergie d'une personne souffrant d'une dépression majeure mélancolique.

Notre réticence à nommer correctement les choses est un signe que la stigmatisation existe encore et qu'elle contribue paradoxalement à nourrir cette même stigmatisation.

Les troubles mentaux ne sont pas tous égaux face à la stigmatisation. Il y a certes une plus grande acceptation sociale pour les troubles anxieux et la dépression que pour le trouble bipolaire ou la schizophrénie, peut-être parce que nous avons tous vécu de la tristesse ou de l'angoisse et que nous sommes donc moins portés à faire une distinction entre « eux et nous ». Nous pouvons plus facilement nous imaginer que notre tristesse devienne démesurée, débilitante, et qu'elle verse dans la dépression majeure. C'est peut-être aussi parce que les troubles anxieux et la dépression sont quatre ou cinq fois plus communs que la schizophrénie ou la bipolarité. Nous sommes donc tous plus susceptibles de connaître personnellement quelqu'un qui souffre de dépression que quelqu'un qui souffre de schizophrénie.

Nous savons que pour tout groupe stigmatisé, la meilleure stratégie pour faire tomber la discrimination et les stéréotypes est de connaître personnellement quelqu'un qui fait partie de ce groupe. Puisque notre sœur fait une dépression et que nous aimons notre sœur, nous sommes moins portés à juger les gens qui ont la même maladie qu'elle. Si notre frère est atteint de schizophrénie et que nous aimons notre frère, nous serons moins enclins à juger d'autres personnes atteintes de schizophrénie. Or, statistiquement, il y a plus de sœurs déprimées que de frères schizophrènes.

Même si la schizophrénie est moins commune que les troubles anxio-dépressifs, les expériences psychotiques sont quant à elles moins rares. Après une garde de trente-six heures à l'unité des soins intensifs néonataux, je suis rentrée chez moi épuisée pour me mettre au lit. Mais voilà qu'il y a un bébé qui ne cesse de brailler. Je me lève donc pour fermer la fenêtre afin de couper le bruit. Je me recouche, mais je l'entends toujours. Puis une alarme se fait entendre. Comment m'endormir dans ce vacarme? Je mets un oreiller sur ma tête pour couper le bruit et c'est là que je me rends compte que le vacarme est dans ma tête. J'ai des hallucinations auditives : mon cerveau continue de me faire jouer les bruits que j'ai entendus au cours des dernières trente-six heures. Heureusement pour moi, j'ai fini par m'endormir et les hallucinations avaient disparu à mon réveil. J'ai tiré de cette expérience une compréhension expérientielle de l'impact déroutant des hallucinations.

Finalement, certains troubles sont plus dérangeants que d'autres. La personne dépressive ne sortira pas de chez elle, la personne en phase maniaque pourra faire des excès de vitesse, être irritable avec ses proches et même apostropher les passants.

Par ailleurs, notre société confond parfois le traitement d'un trouble mental avec l'assurance de la paix sociale. Elle met le fardeau des comportements déviants sur le dos de la maladie mentale et du psychiatre qui a failli dans son devoir de la traiter. Il faut préciser ici qu'un comportement déviant n'est pas nécessairement lié à une pathologie. J'enseigne régulièrement aux étudiants en médecine que les gens ont le droit d'être marginaux et qu'un comportement agressif peut découler de la simple méchanceté. Il faut éviter d'amalgamer agressivité et trouble mental.

Cet amalgame fait malheureusement partie de nos lois. En effet, nous sommes légitimés d'utiliser la coercition en psychiatrie lorsqu'il y a un risque grave pour la personne elle-même ou pour autrui. L'essai sur la coercition comme résultante de la stigmatisation, au chapitre 5, m'a fait réfléchir. En tant que psychiatre œuvrant à l'urgence, j'utilise d'abord la prise de décision partagée, mais parfois aussi la persuasion ou même la coercition pour accueillir un patient en crise. Je trouve malheureux que des patients souffrant terriblement de leurs symptômes, le plus souvent psychotiques, ne croient pas avoir une maladie mentale, ont des explications autres pour leurs souffrances et des demandes d'aide influencées par leur délire : « Je n'ai pas besoin de traitement en psychiatrie, j'ai besoin que vous envoyiez la police arrêter les gens qui entrent chez moi et me donnent des décharges électriques pendant la nuit » ou « Je n'ai pas besoin d'un psychiatre, j'ai besoin d'un chirurgien pour m'enlever la puce dans la jambe ». Il est triste de voir des patients très souffrants qui restent sans traitement parce qu'ils ne sont pas « dangereux ». C'est difficile de dire aux familles que si leur être cher n'est pas dangereux et qu'il ne veut pas notre aide, même s'il est très malade, il n'y a rien que l'on puisse faire. Donc, comme clinicienne, je suis parfois coupable de paternalisme quand je vois une souffrance que je peux soigner chez une personne qui ne peut apprécier la nature de sa maladie.

Par ailleurs, il y a effectivement des pratiques discriminatoires qui, même si elles émanent d'un élan de bienveillance, n'ont plus leur raison d'être puisque les effets de la discrimination sont pires que les problèmes que ces pratiques tentent de régler. En voici trois exemples.

Mettre les patients en pyjamas d'hôpital d'une couleur précise peut éviter que des patients errants se perdent et nous rassurer que les patients n'ont pas dans leurs poches des objets dangereux. Or, j'observe régulièrement que les patients sont plus vulnérables et ont l'air plus malades en pyjama. Lorsqu'ils se promènent dans l'hôpital, ils sont d'emblée étiquetés comme fous.

La *Loi sur les services de santé et les services sociaux* stipule que tout patient a le droit de voir son dossier, à moins que cela ne crée un préjudice grave à sa santé. Les employés des archives demandent systématiquement aux psychiatres si leurs patients peuvent avoir accès à leur dossier, mais ne le font pas systématiquement pour les patients soignés en dermatologie, en oncologie ou en orthopédie. On peut comprendre que l'on tente de protéger les patients, mais cela émane de notions erronées sur les maladies mentales et conduit à des délais inutiles pour toute une population de patients.

Les patients souffrant d'une maladie mentale souffrent aussi de discrimination étatique lorsqu'il s'agit du droit à l'aide médicale à mourir.

En effet, les arguments avancés pour justifier cette discrimination sont que l'on ne peut être certain de l'aptitude des personnes aux prises avec des troubles mentaux, signe d'un stéréotype véhiculé selon lequel les troubles mentaux rendent *de facto* inapte. On ajoute que l'on ne peut statuer que leur souffrance est irréversible, signe que la psychiatrie est prise moins au sérieux que les autres branches de la médecine, et que l'on ne peut faire la distinction entre une idée suicidaire et un désir d'aide médicale à mourir pour mettre un terme à une souffrance inapaisable, autre indice que la psychiatrie ne serait pas une spécialité fiable.

L'Association des médecins psychiatres du Québec a réfuté ces arguments dans son document de réflexion « Accès à l'aide médicale à mourir pour les personnes atteintes de troubles mentaux », en novembre 2020 (https://ampq.org/wp-content/ uploads/2020/12/ampqdocreflexio-nammfinal.pdf). Malheureusement, pour l'instant, la discrimination persiste dans la législation canadienne.

Finalement, au terme de ma réflexion, le travail de déstigmatisation demeure toujours pertinent. Le sujet n'est pas nouveau, mais la discrimination existe encore bel et bien envers les personnes avec troubles mentaux. C'est en prenant conscience de nos préjugés et de leurs répercussions que l'on peut instaurer des changements de société. Cet ouvrage m'y a fait réfléchir. J'espère qu'il en sera de même pour vous.

Karine Igartua, M.D., CM, FRCPC

Prix du public
Meilleure présentation

Journée scientifique 2018
Regroupement stratégique Santé mentale
en partenariat avec le
Regroupement stratégique Inégalités sociales de santé et Équité
7 mai 2018
Université de Montréal (Campus Laval)

Luc Vigneault et Tania Lecomte

La stigmatisation en santé mentale

Réseau de recherche
en santé des populations
du Québec

Arnaud Duhoux, Ph. D.
Responsable du regroupement *Santé mentale*

CHAPITRE 1

Ma longue marche à travers la stigmatisation en santé mentale

Auteur : Luc Vigneault,
avec la collaboration spéciale de **Catherine Munger**

Il faut parler de la stigmatisation en santé mentale. Pourquoi? Parce que la stigmatisation est le principal frein au rétablissement des personnes vivant avec un trouble mental. La peur d'être jugé, dévalorisé, ou la crainte que le regard des autres change, tout cela empêche plusieurs personnes souffrantes de demander de l'aide. On estime que les deux tiers des individus aux prises avec des problèmes de santé mentale n'osent pas consulter, et ce, par crainte d'être étiquetés « malade mental » [1]. Ça fait beaucoup de monde qui souffre inutilement. C'est pour tout ce monde que j'ai décidé de vous proposer ce livre.

Par ce livre, je ne souhaite ni me plaindre ni dénoncer ni non plus raconter des anecdotes ou rapporter des ouï-dire. Je veux présenter à la fois les assises scientifiques et celles du savoir expérientiel de la stigmatisation pour éveiller les consciences. Souvent, la stigmatisation est involontaire. Les actions stigmatisantes partent d'une bonne intention, d'un désir de protéger les personnes ayant un trouble mental.

À titre d'exemple, dans un hôpital psychiatrique, une amie a dû revêtir une jaquette différente de la traditionnelle jaquette bleue ou verte qui habille toutes les personnes hospitalisées. La jaquette réservée pour la psychiatrie était plutôt brune et sans attaches au cou, et avait pour but de repérer plus rapidement les patients qui s'évadaient de l'unité. Aussi, ce modèle présentait, dans l'esprit des gestionnaires et non dans la littérature scientifique, moins de risques de pendaison. Que du bon... en apparence! Sauf pour les patients qui se voyaient autorisés de se déplacer dans l'hôpital ou qui devaient se rendre dans un autre département pour un examen (p. ex., cardiologie). Dans les corridors de l'hôpital, cette jaquette transforme le patient en dangereux criminel ou en fou furieux aux yeux de ceux qu'il croise. Cette jaquette génère la crainte, des regards suspicieux et des chuchotements plus ou moins subtils. Elle n'a rien d'agréable pour la personne qui la porte.

Bien que le Protecteur du citoyen et le ministère de la Santé et des services sociaux du Québec aient récemment reconnu cette pratique comme discriminatoire et stigmatisante, plusieurs patients doivent encore porter cette jaquette brune. La stigmatisation est si forte que les gestionnaires et cliniciens du système de santé imposent encore cette fameuse jaquette, sans aucune conséquence. De plus, il a été démontré qu'aucun incident n'a été répertorié en lien avec les attaches des jaquettes régulières. Cette décision a été prise sur la seule et unique suspicion qu'engendre la stigmatisation, le fameux « au cas où ». Cet exemple met en lumière la stigmatisation, bien présente dans le réseau de la santé : on se sent bien souvent comme un prisonnier, un dangereux criminel, une nuisance.

Des données scientifiques récentes, que nous vous présentons dans ce livre, confirment ce que j'ai vécu personnellement : la plus grande stigmatisation est rencontrée au cœur du système de santé.

« Un trouble mental entraîne souvent la stigmatisation, la ségrégation, l'acculturation, la diminution de l'estime de soi et l'institutionnalisation. Les incapacités vécues ne sont pas inhérentes au trouble lui-même. Elles sont plutôt des conséquences prenant source dans la façon qu'a une société d'y répondre » (Becker et Drake, 2003). D'ailleurs, la D[re] Gro Harlem Brundtland, directrice générale de l'Organisation mondiale de la santé de 1998 à 2003, résume bien ce propos : « La maladie mentale n'est pas un échec personnel. En fait, l'échec, s'il y en a un, se trouve dans notre manière de répondre aux personnes qui en sont atteintes. » [2]

La rencontre avec la stigmatisation : le choc

Chaque jour depuis deux ans, vous vivez la pire journée de votre existence. La énième nuit sans sommeil qui s'achève vous a convaincu d'en finir. Vous avez tout préparé pour mourir en soirée. Tout est planifié, sauf la visite d'un collègue préoccupé. Malgré vos efforts, vous n'arrivez pas à lui cacher votre détresse. Il ne mérite pas le sentiment de culpabilité que lui causerait votre décès. Vous acceptez de vous rendre à l'hôpital, bien que vous soyez convaincu que votre cause est désespérée.

Imaginez l'état d'esprit dans lequel vous êtes à ce moment.

Imaginez ce qui vous ferait du bien… Eh bien, c'est tout le contraire qui vous attend.

« Bonsoir, monsieur Vigneault. Retirez tous vos vêtements et enfilez cette jaquette.

— …

— Non, vous ne pouvez pas garder vos sous-vêtements, il faut tout enlever.

— …

— Donnez-moi votre portefeuille, vos clés, votre téléphone. Les cigarettes aussi.

— …

— Non, vous ne pouvez pas garder un peu d'argent pour un café.

— …

— Mettez votre manteau et vos bottes dans ce grand sac à ordures.

— …

— Votre auto restera dans le stationnement, vous ne pourrez pas la déplacer. Oui, je sais que ça va coûter cher.

— …

— Non, vous ne pouvez pas garder votre calepin et votre crayon, car c'est dangereux.

— …

— N'hésitez pas à me faire signe si vous avez besoin d'Ativan.

— …

— C'est un tranquillisant, pas mal tout le monde ici en prend.

— …

— Je comprends, mais vous pouvez changer d'avis. »

Parce qu'on a tous des préjugés

Je ne lance pas de pierre, car je pense qu'on a tous des préjugés. Moi-même, avant d'être touché par la schizophrénie et la dépression, j'avais d'énormes préjugés envers les personnes atteintes de maladie mentale. J'étais convaincu qu'elles étaient TOUTES dangereuses et incapables d'étudier ou de travailler.

On ne le dira jamais assez : la maladie mentale ne fait aucune discrimination. Elle en fait toutefois vivre à ses victimes. On croit souvent, à tort, que les personnes affectées par des troubles mentaux ont une intelligence inférieure à celle de la population générale ou encore qu'elles sont faibles. Ce qui est vrai, c'est que ces personnes doivent composer avec des déficits cognitifs variés qui affectent leur mémoire, leur capacité de concentration ou de réflexion et même leur aptitude à interagir avec les autres. En effet, la maladie mentale peut nuire grandement aux capacités cognitives d'un individu, incluant la cognition sociale. Cette dernière permet, par exemple, de décoder le langage non verbal de ses interlocuteurs. Ces déficits cognitifs peuvent expliquer pourquoi les personnes malades ne se sentent pas elles-mêmes, peuvent sembler déconnectées de leur entourage ou agir « bizarrement ».

Il est important de bien comprendre comment se manifestent les déficits cognitifs. Déjà, de pouvoir les reconnaître est un pas dans la bonne direction! Les trousses Cerveau qu'a mises au point la professeure Caroline Cellard permettent de bien comprendre ces difficultés tant chez les adolescents que chez les adultes. Des stratégies d'aide sont aussi proposées dans ces trousses, qui sont d'ailleurs offertes gratuitement. C'est un outil d'accompagnement destiné aux professionnels de la santé pour mieux accompagner les personnes qui présentent ces difficultés. Un cerveau « animé » est également disponible pour bien illustrer les difficultés à l'aide de brèves capsules vidéo. J'apporte ici de l'espoir : ces difficultés cognitives sont parfois temporaires et réversibles grâce entre autres à certaines interventions neuropsychologiques.

Les services psychologiques constituent un élément central du rétablissement. Il existe plusieurs outils qui permettent d'aider les personnes à cheminer. Je pense ici à l'application ChillTime, qu'a mise au point Antoine Pennou, un étudiant au doctorat en psychologie clinique de l'Université de

Montréal, sous la direction de la coauteure de ce livre, la psychologue Tania Lecomte, vise une meilleure régulation des émotions. D'autres outils très pertinents sont répertoriés sur un site Web de réhabilitation psychosociale (https://centre-ressource-rehabilitation.org/). Vous y trouverez des témoignages de personnes rétablies, des conférences et même une section sur le « déstigmatisation ». Vous pouvez propager la bonne nouvelle et consulter ce site gratuitement.

Bref, il est donc important de faciliter l'accès à des ressources et aux services de réhabilitation psychosociale. Il faut aussi convaincre les personnes souffrant de troubles cognitifs ou d'autres difficultés psychologiques et sociales de les utiliser. Les individus aux prises avec des problèmes de santé mentale se jugent généralement très sévèrement; on parle alors d'autostigmatisation. Il faut que cela cesse.

Traiter l'autre de « malade mental », une insulte courante

Les préjugés envers la maladie mentale prennent souvent racine dans notre éducation, dans le discours populaire ou dans les insultes qu'on croit innocentes. Sans trop s'en rendre compte, on intègre et nourrit ces préjugés. Et puis, un jour, si on se trouve soi-même en détresse, le premier réflexe sera de se traiter de fou, de débile, de lâche, de faible plutôt que de se traiter avec bienveillance et de chercher de l'aide. Cette autostigmatisation acquise nuit énormément à la guérison.

Heureusement, notre société évolue : par exemple, les insultes à caractère raciste ou homophobe, tolérées il y a encore quelques années, ne passent plus. La dénonciation des agressions sexuelles est fortement encouragée. Lorsque j'ai été violé à l'âge de dix ans, cela était considéré comme une « tache » sur la réputation de la famille par la société. Les victimes étaient affligées de honte et on n'osait pas parler de cette terrible épreuve dont nous n'étions aucunement responsables.

On doit faire le même travail de sensibilisation avec les affronts impliquant la maladie mentale. Une mère m'a raconté qu'elle est interpellée par le personnel de l'école si un de ses enfants fait une blague raciste, mais qu'elle ne le sera pas si la blague consiste à traiter son ami de « débile mental ». Le but ici n'est pas de culpabiliser qui que ce soit. Je veux simplement que l'on prenne conscience que l'on a tous un rôle à jouer. Si on veut se défaire de ses préjugés, il faut prendre conscience qu'on a des préjugés.

Le syndrome du coco vide

J'ai longtemps pensé que je n'étais pas intelligent. J'ai de la difficulté à me concentrer longtemps, je pars dans la lune et je ne me souviens pas de ce que j'étais en train de faire. Aussi, j'oublie de répondre à un message que j'ai lu sur Messenger si je ne le fais pas tout de suite. Ce matin encore, j'ai mis le sac de recyclage dans le coffre arrière de l'auto afin de le déposer dans le bac près du chemin, avec l'intention de partir ensuite faire des courses, sauf que, comme souvent, j'ai oublié de le faire et je suis parti faire les courses. Pire encore, j'oublie par le même procédé le sac d'excréments du chien, qui reste dans l'auto. Imaginez l'odeur lorsque je sors de l'épicerie!

Je comprends maintenant que l'intelligence se définit bien plus largement que par la mémoire, l'attention et la concentration. Il reste que j'aurais aimé le comprendre plus tôt dans ma vie! Je me serais fait davantage confiance pour entreprendre les projets qui me tiennent à cœur et que je réussis bien, finalement, avec certains accommodements, malgré mes limites.

Dans l'unité de soins d'un hôpital, un psychiatre m'a interpellé en me posant cette question : « Luc, certains de mes patients n'ont pas de mémoire, ils sont incapables de s'orienter dans l'hôpital et oublient un tas de choses. Moi, j'appelle cela le syndrome du coco vide. Est-ce que tu sais pourquoi? » Je suis resté bouche bée devant cette question. Les problèmes mentionnés par ce psychiatre sont connus de la science depuis fort longtemps. Ils composent la famille des « dys » : dyslexie, dyspraxie, dysphasie, etc. Je souffre personnellement de dyslexie, entre autres, et ça ne fait pas de moi un coco vide.

C'est dans ta tête

Combien de fois ai-je entendu cette expression? La crédibilité des personnes aux prises avec des troubles mentaux en souffre également. Je suis patient partenaire au sein d'un groupe de recherche en France qui a pour nom Canopée, qui se penche sur les cancers chez les personnes suivies pour des troubles psychiques sévères, à l'Institut de recherche et documentation en économie de la santé à Paris [3].

Ce groupe s'intéresse d'ailleurs au fait que les maladies physiques, comme le cancer, sont sous-diagnostiquées chez ces personnes. Il n'est pas rare qu'un patient avec un dossier psychiatrique ne soit pas pris adéquatement en charge s'il se présente à l'urgence pour des symptômes physiques. On ne le croit pas toujours, on croit qu'il imagine ses symptômes, que c'est « dans sa tête ». Il est bien vrai que c'est parfois le cas et qu'il peut être difficile de départager le vrai du faux. Ce que je veux dire, c'est qu'il faut absolument éviter de penser systématiquement que ce n'est que la maladie mentale qui s'exprime quand une personne rapporte des symptômes physiques. Un autre élément à garder à l'esprit : plusieurs patients prennent des médicaments neuroleptiques qui ont pour effet d'anesthésier la douleur. Alors, quand ils se plaignent de douleur, cela devrait allumer une lumière au tableau de bord. La personne doit être en très grande souffrance pour se plaindre ainsi!

Aussi, on a souvent tendance à blâmer la personne anxieuse pour le stress qu'elle vit. Une personne « normale », sans diagnostic de trouble mental, qui perd son emploi, déménage ou se sépare vivra fort probablement du stress. Ce stress ne sera pas remis en cause, car on présume que c'est normal compte tenu de sa situation. Une personne diagnostiquée d'anxiété généralisée qui perd son emploi, déménage ou se sépare vivra aussi ce stress « normal ». Toutefois, son entourage aura tendance à penser que c'est son anxiété qui prend encore le dessus. Évidemment, l'anxiété aura son rôle à jouer, mais ce ne sera pas la seule cause de la détresse éprouvée.

Une de mes amies est atteinte d'anxiété généralisée, mais elle mène quand même une vie riche et bien remplie. Quand son fils avait trois ans, elle s'inquiétait de son développement qu'elle jugeait plus lent que celui des autres enfants de son âge. Elle en a fait part à son médecin de famille. « C'est du grand Lucie ça, lui a-t-il répondu. Tu t'en fais toujours pour rien. Ton problème, c'est que tu lis trop, tu t'informes trop. J'aime mieux suivre les jeunes mères qui s'inquiètent pas mal moins. »

Elle a donc attendu. Puis, convaincue que ce n'était pas uniquement son anxiété qui parlait, elle a décidé de cogner à d'autres portes et a fait plusieurs démarches. On a finalement diagnostiqué un trouble d'acquisition de la coordination motrice et visuospatiale chez son fils. Si son médecin s'en était mêlé plus tôt, ils auraient gagné du temps de réadaptation précieux. Ce n'était pas juste dans sa tête après tout!

Le savoir expérientiel n'est pas vraiment reconnu

Comme mon amie Lucie, j'ai constaté que le savoir expérientiel n'est pas vraiment reconnu et que les tests médicaux font foi de tout. J'ai subi les effets désagréables de l'andropause avec des excès de chaleur extrême, et ce, jour et nuit. Comme tout bon citoyen, j'en parle à ma médecin de famille de l'époque, qui me dit que c'est impossible puisque, selon elle, je suis trop jeune à quarante-huit ans pour souffrir d'andropause. Après trois rendez-vous, j'ai insisté pour lui dire que je me réveillais détrempé la nuit et que ma femme et moi n'en finissions plus de régler le thermostat.

Elle me prescrit, enfin, des tests. Je retourne la voir pour les résultats et elle me dit : « Monsieur Vigneault, je vous annonce que vous êtes officiellement en andropause! Vous devez avoir des bouffées de chaleur? » Ha! Maintenant j'ai le droit d'avoir des excès de chaleur! Avant les tests, je n'avais pas ce droit.

Cette histoire est plutôt cocasse et sans vraiment de conséquences graves. Maintenant, imaginez ce qui se produit quand on se plaint de troubles mentaux, pour lesquels il n'existe pas de tests, pas de prises de sang, pas de rayons X. Ce n'est pas évident d'avoir de la crédibilité.

Emploi : le travail c'est la santé!

Imaginez, dans les années 1960, lors d'un témoignage livré devant un comité parlementaire du Canada, le président de la compagnie de chemin de fer Canadien National, Donald Gordon, justifie l'absence de francophones parmi les dix-sept vice-présidents de l'entreprise qu'il dirige en déclarant que les francophones n'ont pas les compétences voulues pour pourvoir ces postes. On ne peut imaginer aujourd'hui une société d'état qui refuse d'employer des personnes qui ne parlent qu'une des deux langues officielles du Canada. J'entends encore ce discours, mais cette fois en ce qui a trait aux personnes aux prises avec un trouble mental. Les responsables de l'embauche disent que « ceux-ci n'ont pas les compétences requises pour pourvoir ces postes ».

L'accès au marché du travail constitue un défi de taille pour les personnes atteintes d'une maladie grave de santé mentale : 80 % de ces personnes sont sans emploi au Québec. Dans le contexte actuel de pénurie de main-d'œuvre, ce pourcentage est difficile à accepter. Il est cependant assez facile à expliquer. Les services d'intégration et de maintien en emploi se font très rares pour cette clientèle. On peut soupçonner que derrière cette offre limitée de services se cache un manque de conviction, de la part des membres du réseau de la santé et des services sociaux ainsi que des employeurs, quant à la capacité des personnes qualifiées à dénicher et à conserver un boulot. Pourtant, la science démontre que plusieurs personnes vivant avec un trouble de santé mentale peuvent intégrer et conserver un emploi rémunéré avec seulement un minimum d'accompagnement. Les programmes de soutien à l'emploi permettent d'ailleurs d'aider plus de 50 % des personnes avec un trouble mental à se trouver un emploi régulier. De plus, 90 % des mesures d'accompagnement représentent une dépense de moins de 90 $! L'accompagnement sert autant aux employés qu'aux employeurs qui nourrissent des appréhensions face à l'arrivée d'un employé avec un problème de santé mentale.

Il y a quelques années, j'ai décidé de me faire plaisir. Je n'ai pas acheté de décapotable ou flambé une fortune au casino. Non, j'ai pris le risque de quitter mon emploi pour me lancer en affaires. Je voulais poursuivre ma mission, mais différemment. J'aime communiquer et je reconnais, bien humblement, qu'on aime souvent m'écouter. J'allais donc devenir conférencier. Pour passer du rêve à la réalité, j'ai cogné à la porte d'Emploi-Québec, qui offre des programmes d'accompagnement pour les nouveaux entrepreneurs. J'ai rempli le formulaire d'application en toute honnêteté.

Quelques semaines plus tard, une responsable du programme m'informe que l'on a refusé ma demande : « Vous savez, c'est stressant de devenir travailleur autonome. Avec votre maladie mentale, on ne pense pas que c'est une bonne idée. » Je n'étais pas surpris de cette réponse, je m'y étais même préparé. J'ai donc acheminé un certificat signé de mon médecin me déclarant « apte au travail ». L'intervenante d'Emploi-Québec n'y a pas vu un argument suffisant : « Votre médecin a tort. Vous allez décompenser. »

Je ne fus pas surpris de cette seconde réponse et j'ai choisi de me déplacer. J'ai rencontré cette intervenante pour lui dire qu'en rendant une décision sans assise solide, faisant fi de l'avis du médecin, elle faisait clairement de la stigmatisation. J'ai conclu en affirmant qu'en passant la porte de son bureau, j'entreprendrais des démarches pour faire respecter mes droits. L'intervenante y a vu un argument suffisant. J'ai été admis au programme et savez-vous quoi? Mon entreprise a vu le jour, existe toujours et je n'ai pas décompensé!

Ce genre de situation me fâche encore, mais ne me décourage plus. Avec le temps et les victoires, j'ai appris à me faire confiance et à me tenir debout. Je pense par contre que plusieurs, notamment les plus jeunes, n'auraient peut-être pas osé contester. Au début, on ne connaît pas nécessairement ses recours, on pense que la personne en face de nous sait mieux que nous.

La pair-aidance : donner un sens à son expérience

Je n'ai pas choisi de vivre avec la maladie, qui a transformé ma vie en course à obstacles. En les surmontant un à un, j'ai pris de l'expérience. Bien que toute cette expérience m'aide à escalader plus aisément les nouveaux murs qui se dressent sur mon chemin, c'est par la pair-aidance que je sens que mon expérience est la plus utile. Je suis le premier pair-aidant rémunéré au Canada. Je milite en faveur d'une présence toujours plus grande de pairs-aidants dans le réseau de la santé, car c'est une solution gagnante pour tous, patients, pairs-aidants et équipe traitante. Il existe une multitude de recherches qui démontrent l'efficacité des pairs-aidants. La littérature parle entre autres d'une réduction de 20 à 50 % du taux d'hospitalisation.

La durée de l'hospitalisation diminue de 30 à 50 % avec l'intégration d'un pair-aidant dans l'équipe soignante [4]. Signe que le concept a fait du chemin, le Québec a reconnu, dans son plan d'action en santé mentale de 2005 [4], la pair-aidance et l'importance d'embaucher des pairs. Des formations ont alors été offertes et des projets pilotes lancés. Malheureusement, il aura fallu près de quinze ans pour que le réseau de la santé et des services sociaux inclue le terme « pair-aidant » à sa nomenclature des titres d'emploi, détail qui peut sembler futile, mais qui complique énormément le processus d'embauche.

J'en sais quelque chose. J'ai aussi été témoin de la crainte de certains gestionnaires et responsables de ressources humaines à l'idée d'embaucher des personnes ayant un dossier psychiatrique. Des doutes planaient quant à leur capacité à respecter l'horaire de travail et à offrir une prestation assidue. On craignait également qu'ils tentent de jouer le rôle des autres professionnels. De plus, le personnel des ressources humaines des hôpitaux psychiatriques refusait d'engager des pairs-aidants de peur qu'ils ne coûtent trop cher en assurances; ils anticipaient un taux élevé d'absentéisme en raison de leurs troubles mentaux.

Cette stigmatisation persiste toujours au sein du système de santé québécois. C'est comme si on nous disait : « Nos services de soins sont tellement mauvais que nous ne pouvons embaucher ceux et celles que nous avons soignés. » Comment voulez-vous convaincre les employeurs privés d'embaucher des personnes aux prises avec un trouble mental si notre propre système de santé refuse de le faire? Bref, leurs inquiétudes sont légitimes, mais en dépit de l'armada de données scientifiques et probantes, la stigmatisation a guidé les décisions de ces professionnels œuvrant dans les instituts en santé mentale. Ils n'ont pas lu la littérature qui affirme que les pairs-aidants sont parmi les employés comptant le plus faible taux d'absentéisme [2] et qu'ils facilitent l'intervention des professionnels. Le rôle des pairs-aidants est « d'ouvrir la carapace » de la personne à traiter afin que le personnel soignant puisse à son tour effectuer son travail.

La quête de la perle de la Direction de la protection de la jeunesse

La perle se forme par suite de l'introduction d'un irritant dans l'huître. Cette dernière enrobe le corps étranger d'une couche de nacre. La perle est donc le résultat d'un mécanisme de défense face à une agression. Pour accéder à cette perle et en faire un bijou, il faut réussir à ouvrir l'huître. Le travail du pair-aidant est de donner accès à la perle!

Cette analogie de la perle me rappelle une autre histoire dans laquelle la stigmatisation s'est invitée : la démarche que ma femme et moi avons faite auprès du Centre jeunesse pour servir de famille d'accueil. Ne sert pas de famille d'accueil qui veut et c'est tout à fait normal. Les enfants qui sont confiés aux candidats retenus sont vulnérables, blessés et ont besoin de stabilité. Les candidatures sont donc passées au peigne fin, incluant une analyse psychosociale détaillée.

On nous a dit qu'on ne cherche pas seulement de bons parents, qu'on cherche des perles rares. On nous a aussi dit que ma conjointe et moi étions des perles rares! Malgré tout, c'est la stigmatisation qui a eu le dessus.

Nathalie et moi souhaitions ardemment fonder une famille. Si la décision d'aller vers l'adoption a été déchirante, celle de nous tourner vers la banque mixte (en devenant famille d'accueil d'un enfant abandonné, négligé ou victime de violence familiale) s'est faite presque naturellement. C'est donc en janvier 2011 que commence l'aventure pour être inscrits à la banque mixte du Centre jeunesse, avec la soumission de notre imposant dossier de candidature. Nous étions très confiants de réussir le processus de sélection haut la main. En plus de pouvoir offrir de bonnes conditions de vie à un enfant (maison, emplois, santé, finances), notre expérience de vie nous rendait aptes à bien gérer les défis qui accompagnent souvent l'accueil d'un enfant déraciné. (Outre ma situation personnelle bien connue publiquement, mon épouse Nathalie a connu un épisode d'arrêt de travail pour trouble d'adaptation.)

Malheureusement, nous avons appris en septembre 2014 que le personnel du Centre jeunesse, lui, n'avait pas confiance. Il a reconnu que nous ferions d'excellents parents, que nous étions capables de nous occuper d'un enfant. Mon psychiatre a confirmé que mon état était stable et qu'il n'avait aucune objection à notre projet d'adoption. Toutefois, la médecin généraliste de ma femme a soulevé un doute quant à la capacité de Nathalie à gérer le retour possible de l'enfant dans sa famille biologique (situation qui ne se produit que dans 5 % des cas), et ce, sans évaluation précise de sa part; sa décision a été prise à la lumière des préjugés qu'elle entretient envers les malades mentaux. La médecin avait exprimé sa crainte que Nathalie ne développe à nouveau un trouble d'adaptation de type dépressif (ce médecin a, depuis, nuancé ses propos et l'a fait savoir au Centre jeunesse).

Qu'une telle possibilité soit source de tristesse, nous en convenons. Nathalie, moi et certainement n'importe quelle personne en pareille situation serions attristés de perdre la garde d'un enfant qu'elle a élevé avec amour. Mais de là à occasionner un problème de santé mentale? Même les spécialistes les plus aguerris ne peuvent affirmer une telle chose. Malheureusement, le mal était fait et la décision fut sans appel.

Ce refus de considérer la candidature de personnes avec un trouble mental, et ce, sans aucune évaluation, relève à mon avis d'eugénisme social. L'eugénisme est une théorie et des pratiques visant à créer la race parfaite, fondée sur la génétique. La plus illustre utilisation de l'eugénisme est celle des nazis, qui ont envoyé à la chambre à gaz les malades mentaux, les déficients intellectuels, les handicapés physiques et les Juifs. N'allez pas penser que le Canada était beaucoup plus civilisé. Hélas non! Au Canada, l'eugénisme était autorisé jusque dans les années 1970. Ainsi, on stérilisait les déficients intellectuels, les malades mentaux et les autochtones, sans leur consentement. Chercher le parent parfait (qui n'existe pas dans la vraie vie) est une forme d'eugénisme. J'ose espérer que nos autorités politiques vont mettre fin à cette pratique barbare et ainsi offrir une véritable évaluation parentale bien ancrée dans la réalité.

Aide médicale à mourir et santé mentale

Je suis un patient-partenaire de recherche dans un projet doctoral qui s'intéresse à mieux comprendre comment bien accompagner les personnes avec une maladie mentale qui demandent une aide médicale à mourir. Cette étude menée par Caroline Favron-Godbout, candidate au doctorat en bioéthique à l'École de santé publique de l'Université de Montréal sous la supervision du Dr. Eric Racine, tombe à point nommé. L'idée n'est pas de prendre position pour ou contre l'aide médicale à mourir pour les gens aux prises avec une maladie mentale, mais plutôt d'élaborer un outil d'accompagnement à l'intention des personnes ayant des troubles mentaux, de leurs proches et de leurs intervenants, afin de les appuyer à travers cette délicate demande. Ayant moi-même fait une telle demande, je suis en mesure de témoigner de toute la stigmatisation dont j'ai été victime.

Depuis plusieurs années, j'éprouve d'intenses douleurs chroniques au dos. Le suivi de cette condition était assuré par l'équipe d'une clinique de la douleur et par mon médecin de famille. L'an dernier, alors que mes douleurs avaient atteint un niveau humainement intolérable, j'ai perdu le soutien de tous mes soignants habituels. La pandémie, la pénurie de main-d'œuvre dans le réseau de santé et le chaos dans les urgences des hôpitaux compliquaient grandement mon accès aux soins. En d'autres termes, obtenir un rendez-vous pour apaiser mes douleurs équivalait à gagner le gros lot!

Bien que je paie des impôts pour le système de santé québécois qui ne peut m'aider, je dois désormais débourser des sommes importantes pour une armada de praticiens en médecine alternative. Malgré tout, il ne se passe rien, et mes douleurs persistent. Mes soignants me répètent *ad nauseam* que je dois apprendre à vivre avec les douleurs et qu'il n'y a rien à faire. À force d'entendre qu'il n'y a rien à faire, l'espoir disparaît. Cette souffrance incommensurable rendait ma vie impossible. J'ai donc discuté avec ma femme de l'aide médicale à mourir. À son grand regret, elle m'a appuyé dans cette démarche.

J'ai finalement réussi à obtenir un rendez-vous avec un spécialiste à la clinique de la douleur, qui me dit textuellement : « C'est parce que vous avez une maladie mentale que vous parlez ainsi. Vous verrez, la semaine prochaine vous n'y penserez plus. » Aucune écoute. Aucune empathie. Que des préjugés et de la stigmatisation. Ma femme et moi sommes sortis de son bureau avec, disons-le, de la rage.

J'ai poursuivi mon périple à la clinique de mon ancien médecin de famille, au service de consultation sans rendez-vous. La secrétaire m'informe qu'il faut un rendez-vous pour le service sans rendez-vous! Et dire que c'est moi qu'on traite de fou! Bref, elle me donne un rendez-vous et, enfin, de l'espoir. J'ai rencontré une jeune généraliste d'une compétence exceptionnelle couplée d'une empathie remarquable. Cette femme m'a cru. Elle a mis la stigmatisation de côté et m'a proposé d'autres traitements. Elle m'a appelé en soirée pour me rassurer et pour s'informer si son traitement avait fonctionné et m'a dit qu'elle recommuniquerait avec moi la semaine suivante. L'idée d'avoir recours à l'aide médicale à mourir a été écartée en même temps que la stigmatisation!

Un dossier en psychiatrie, une condamnation à vie? Tout ce que vous direz pourrait être retenu contre vous!

Dans une de mes nombreuses évaluations en santé mentale, une gentille travailleuse sociale me demande de signer une autorisation lui donnant accès à l'intégralité de mes dossiers médicaux. Elle dit en avoir besoin pour évaluer ma capacité à prendre soin de moi et des autres, et qu'elle doit prendre connaissance de *tous* les dossiers remplis par *tous* les professionnels que j'ai consultés dans ma vie. J'étais au début de la cinquantaine.

Des questions me viennent à l'esprit : « Dites-moi ce que vous voulez faire avec mon dossier d'hospitalisation lorsque j'avais vingt ans. Dites-moi à quoi cela vous servira de juger de mon aptitude, là, ici et maintenant. » Elle a bafouillé que c'était « la procédure ». À cette étape, il est important de souligner que je l'autorisais déjà à consulter les dossiers de mon médecin de famille ainsi que de mon psychiatre actuel. De plus, j'avais donné mon consentement pour que mes médecins discutent de mon cas avec la travailleuse sociale.

Il est évident que lorsque j'étais dans la vingtaine et non traité, j'étais parfaitement inapte par moments. Aujourd'hui, avec le recul, j'en prends encore plus conscience. Je tiens à souligner que depuis que je suis en rétablissement, de façon très engagée, je n'ai jamais été déclaré inapte.

Revenons à mon entretien avec la travailleuse sociale. Elle voulait aussi voir le dossier qui traitait de ma consultation à l'âge de trente ans pour un viol que j'ai subi quand j'avais dix ans.

Quand nous consultons un professionnel de la santé, nous lui disons tous ce que nous avons dans la tête. On nous encourage à le faire si nous voulons mettre toutes les chances de notre côté, si nous voulons que la thérapie nous aide vraiment. Le professionnel porte au dossier tout ce que nous lui disons. Jusque-là, tout va bien puisque cela l'aide à mieux nous soigner. Le hic, c'est que lorsqu'un autre professionnel consulte ce dossier vingt ans plus tard, il en fait sa propre interprétation et cela risque de nous nuire. Pourquoi cela? Parce que les évaluations psychiatriques ne sont pas conçues pour soutenir le patient et lui offrir des mesures d'accommodement. Non, ces évaluations sont faites pour trouver les failles, les déficiences du patient.

Même si vous avez consulté une seule fois au cours de votre vie, on va vous demander pour le reste de votre vie : « Avez-vous déjà consulté en santé mentale? » Vous allez vous le faire demander pour un nouveau travail, pour obtenir votre permis de conduire, pour souscrire une assurance, etc. Cela vous suit même quand vous consultez pour un mal physique. Votre dossier psychiatrique sera toujours présent, et ce, même si vous êtes parfaitement rétabli. Bref, il vous suit toute votre vie.

Que faire?

Sachez que lorsqu'un professionnel, un responsable des ressources humaines ou toute autre personne vous demande d'avoir accès à votre dossier, vous avez le droit d'en restreindre l'accès et de bien baliser ce que ce professionnel peut savoir. Élément essentiel à préciser : la date butoir de l'autorisation. Vous pouvez également discuter avec votre médecin, votre psychologue ou autre thérapeute de ce que vous l'autorisez à divulguer. Par exemple, au moment de renouveler mon permis de conduire, mon médecin me demande en signant le formulaire : « Savent-ils que tu as un dossier en psychiatrie? »

– « Non! »

— Très bien, ce n'est pas nécessaire qu'ils le sachent, puisque ça n'a aucune incidence sur ta façon de conduire. »

De plus, pendant une consultation, sensibilisez le professionnel à ce qu'il inscrit dans votre dossier; vous pouvez même lui demander ce qu'il inscrit. Par ailleurs, un professionnel n'est pas un confident ni le représentant d'un culte religieux. Vous n'êtes pas tenu de tout lui dire. Prenez le temps de bien réfléchir si c'est pertinent pour régler la situation pour laquelle vous consultez. Enfin, quand on vous demande d'avoir accès à vos dossiers, il ne s'agit pas d'une ordonnance de la cour. Ne donnez votre consentement qu'aux seuls professionnels tenus de gérer votre situation actuelle.

En terminant, dans le cadre des cours que je donne à l'université aux futurs professionnels de la santé (médecins, psychologues, pharmaciens, etc.), je sensibilise ces derniers à l'impact majeur que peuvent avoir les informations portées aux dossiers sur la vie de leurs patients. Avant d'écrire quoi que ce soit, prenez quelques secondes pour vous demander : « Mes notes risquent-elles de lui nuire? »

Les syndicats invoquent sans cesse la « dangerosité » pour justifier leurs revendications

Lors de négociations syndicales à l'hôpital psychiatrique où je travaillais, le syndicat revendiquait une « prime de dangerosité » pour tous les employés de l'établissement, y compris le personnel de soutien, qui ne rencontrait jamais les patients. Les représentants répétaient que c'était dangereux de travailler à l'hôpital. Ils ont même eu l'audace de dire, dans le journal local, que le danger était tel que les gardes de sécurité devaient escorter le personnel administratif jusqu'à leur poste de travail [6]. Ils ont même ajouté : « C'est la règle, et ce n'est pas pour rien. »

J'ai été profondément choqué, outré, voire scandalisé par les propos fallacieux de la présidente du syndicat. Jamais au grand jamais je n'ai vu un membre du personnel (administratif ou médical) être escorté pour se rendre à son poste de travail. Affirmer que tous les membres du personnel administratif sont escortés par des agents de sécurité relève de la pure mauvaise foi!

La stigmatisation est notre plus grand obstacle, à mes pairs et moi-même; cette syndicaliste nous plonge encore plus profondément dans les préjugés et cultive la méfiance du public envers nous, stigmatisation que je tiens à dénoncer publiquement parce que cette situation est blessante, discriminatoire et surtout parce qu'elle tue l'espoir. Toutes les luttes à la stigmatisation anéanties par une porte-parole syndicale!

Je circule dans les corridors d'hôpitaux psychiatriques chaque semaine depuis plusieurs décennies. Je n'ai jamais été témoin d'une seule agression hors des unités de soins. Pourquoi? Parce que les personnes potentiellement dangereuses sont confinées dans des unités de soins dédiées, avec un personnel hautement qualifié pour évaluer leur état mental et apporter les soins nécessaires à leur rétablissement. J'ai toutefois déjà vu des représentants syndicaux manifester devant la porte centrale de l'hôpital sans aucun agent de sécurité pour les protéger. Je me suis fait la réflexion ironique suivante : « Oh! Mon Dieu! Sont-ils en danger? »

Références

[1] ELKOURI, RIMA. « Les patients oubliés », *La Presse* du 3 novembre 2020, https://www.lapresse.ca/actualites/2020-11-03/les-patients-oublies.php.

[2] BECKER, DEBORAH R., DRAKE, ROBERT, R. E. *Working life for people with severe mental illness,* Oxford University Press, 2003.

[3] https://www.irdes.fr/recherche/projets/canopee-cancers-chez-les-personnes-suivies-pour-troubles-psychiques-severes/actualites.html.

[4] FRANCK, N., CELLARD, C. *La pair-aidance en santé mentale : une entraide professionnalisée*, Elsevier Masson, 2020.

[5] Le plan d'action en santé mentale 2005-2010 du ministère de la Santé et des services sociaux du Québec, cible l'embauche de pairs-aidants dans 30 % des équipes de suivi intensif et de soutien d'intensité variable. En lien avec cet objectif, le ministère finance le développement et l'implantation du programme Pairs-aidants réseau (PAR). Outre la promotion et la sensibilisation des milieux à l'embauche de pairs-aidants, le PAR offre de la formation préparant les pairs-aidants à l'exercice de leur rôle de même que des mesures de soutien aux équipes et aux pairs-aidants à la suite de leur embauche, Harvey et Lagueux, 2006, 2007, Pairs-aidant-synthese.pdf (aqrp-sm.org).

[6] Le lecteur pourra lire l'article en question au https://www.lesoleil. com/2016/12/15/fin-des-conges-mobiles-au-personnel-non-soignant-a-liusmq-0f428ab0f4f70c4fbd040778b7cee2de.

CHAPITRE 2

Stigmatisation et discrimination : les comprendre pour les combattre

Auteures : Aude Caria, Sophie Arfeuillère,
Céline Loubières et **Estelle Saget** (Psycom)

Nous d'un côté de la rive, nous de l'autre côté.
Nous enfermés dedans, nous enfermés dehors.
Nous, arrachés les uns des autres, privés
les uns des autres, orphelins les uns des autres.
J'ai pensé, en attendant, qu'il fallait que je prête
une grande attention à tous nos moments semblables.

– Marie Desplechin, *Au bois dormant*

En cinquante ans, la plupart des pays occidentaux sont passés de soins psychiatriques prodigués essentiellement à l'hôpital à des soins majoritairement ambulatoires. Désormais, une multitude de services participent à l'accompagnement global des personnes atteintes de troubles psychiques (soins, logement, travail, insertion sociale). Cette évolution a fait émerger la question de l'intégration citoyenne des patients et de la lutte contre leur stigmatisation et leur discrimination. Afin d'agir efficacement contre ces phénomènes, tant sur le plan individuel que collectif, il convient de comprendre leurs mécanismes et de s'appuyer sur des recommandations issues d'études. La bonne volonté et les bonnes intentions ne suffisent pas à changer des stéréotypes ancrés depuis des lustres dans nos imaginaires.

Qu'est-ce que la stigmatisation?

La stigmatisation est un phénomène de société qui entraîne la mise à l'écart des personnes stigmatisées du fait de la couleur de leur peau, leur sexe, leur âge, leur handicap ou leur trouble psychique.

Bien que la santé mentale devienne un sujet de société abordé plus fréquemment, notamment dans les médias, les représentations sociales fausses ou négatives liées à la santé mentale en général et aux troubles psychiques en particulier demeurent (Caria, 2017; Giordana, 2010).

La stigmatisation *fait souffrir* la personne qui la subit, parfois même plus que le trouble en lui-même, comme souligné dans l'étude britannique qui a pour titre « Les personnes vivant avec des troubles disent souffrir davantage de cette stigmatisation que des symptômes mêmes de la maladie » (Hamilton, 2016).

De plus, une personne stigmatisée est souvent moins bien traitée que d'autres lorsqu'il s'agit d'accéder à un emploi, à des soins, à un logement ou à des services comme les loisirs. Ce traitement moins favorable est qualifié de discrimination.

Stigmatisation, discrimination, quelle différence?

La stigmatisation relève d'une dévalorisation de la personne, tandis que la discrimination implique une action pour lui nuire ou la mettre à l'écart. Faire l'expérience de la stigmatisation ou de la discrimination rend la vie plus difficile et ajoute de la souffrance psychique. C'est pourquoi il est important de prendre conscience de ces mécanismes.

Toute personne concernée par un trouble psychique gagne à comprendre ce qu'est la stigmatisation afin d'y faire face et, éventuellement, de s'en affranchir. De même, tout individu, s'il est averti, peut prendre conscience qu'un mécanisme de stigmatisation s'enclenche chez lui ou chez les autres, et intervenir pour éviter qu'elle se produise (Caria, 2019).

Les discriminations, ce qu'en dit la loi française

En France, comme dans d'autres pays, les discriminations sont punies par la loi. Ainsi, depuis 2001, une situation est reconnue comme une discrimination si elle remplit certains critères : « En droit, une discrimination est un traitement défavorable qui doit généralement remplir deux conditions cumulatives : être fondé sur un critère défini par la loi (sexe, âge, handicap...) ET relever d'une situation visée par la loi (accès à un emploi, un service, un logement...). À ce jour, la loi reconnaît plus de 25 critères de discrimination. Ainsi, défavoriser une personne en raison de ses origines, son sexe, son âge, son état de santé, son handicap, ses opinions... est interdit par la loi et les conventions internationales auxquelles adhère la France » (Défenseur des droits, autorité administrative indépendante, www.defenseurdesdroits.fr).

La discrimination est également constituée lorsqu'elle prend la forme d'un harcèlement, c'est-à-dire de comportements ou de remarques répétées liés à un des critères fixés par la loi et qui portent atteinte à l'intégrité d'une personne.

Quand la société produit des discriminations

Parfois, c'est le comportement d'un individu vis-à-vis d'un autre qui entraîne une discrimination. C'est le cas, par exemple, de celui ou celle qui a un diagnostic psychiatrique et qui se présente aux urgences générales pour un symptôme physique et qui ne reçoit pas les soins médicaux adéquats, après qu'il ait mentionné son suivi psychiatrique et son traitement neuroleptique.

D'autres fois, ce n'est pas la relation entre deux individus qui est en cause, mais la manière dont la société est organisée. En effet, la société est régie par des institutions comme l'école, les hôpitaux, la justice ou la police. Ces structures génèrent parfois une inégalité de traitement entre les citoyens. On parle alors de discrimination *institutionnelle*, ce qui renvoie au fonctionnement des institutions et des organisations. Par exemple, un enfant avec des troubles du comportement se retrouve scolarisé à la maison, faute d'un accompagnement adapté à ses besoins dans le système scolaire ordinaire.

À l'échelle de la société tout entière, on retrouve une discrimination dite *structurelle*. Celle-ci est ancrée dans la culture qui s'est construite à travers l'histoire d'un pays et qui se transmet, entre autres, par les médias, la littérature, le cinéma. Par exemple, les personnes dépressives sont souvent confrontées au préjugé selon lequel elles manquent de volonté et qu'il leur suffirait de se secouer un peu pour aller mieux.

On parle aujourd'hui d'une discrimination *systémique*, à l'échelle d'un pays ou d'une organisation. La notion de système permet d'englober à la fois les actions des individus et le fonctionnement des structures (Dhume, 2016).

Les formes de discrimination liées aux institutions ou à la culture sont beaucoup moins visibles que les autres. Pourtant, à la manière d'un iceberg dont on ne voit que la partie émergée, elles forment la base qui permet aux discriminations les plus flagrantes de se produire, comme le montre l'illustration ci-après.

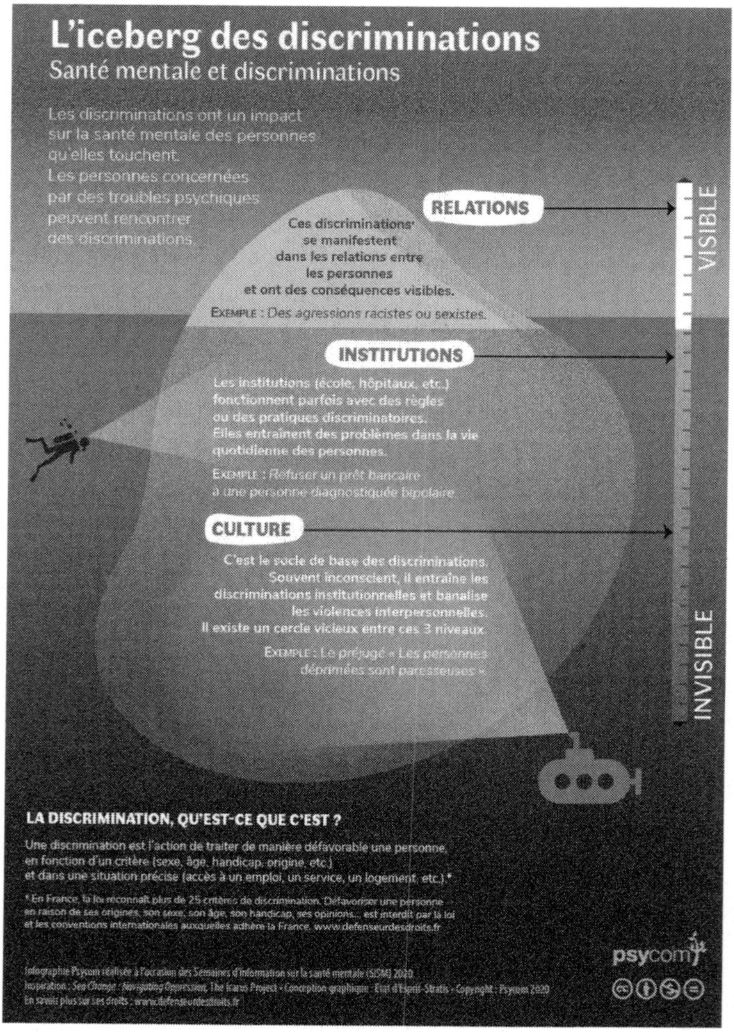

La santé mentale, source de stigmatisation

Vis-à-vis des personnes suivies en psychiatrie

Les personnes qui ont un problème de santé mentale ou qui sont suivies en psychiatrie sont généralement moins bien considérées. Leur image sociale est dévalorisée. En effet, les études montrent que les préjugés vis-à-vis des troubles psychiques et de la psychiatrie ont un impact majeur sur la vie de ces personnes (Giordana, 2010).

Cette stigmatisation peut se matérialiser par un acte discriminatoire comme le refus d'accès à un service (par exemple, l'inscription à un club de sport), un droit (par exemple, exercer son droit de vote en période d'hospitalisation ou à l'achat d'une maison). Rappelons qu'en France, comme au Québec, ces actes sont interdits par la loi et punis au pénal (la branche du droit traitant des conduites que la société réprime) dans le cadre de la lutte contre les discriminations. Les peines encourues incluent des amendes et des années d'emprisonnement.

La stigmatisation peut aussi se manifester sous des formes qui échappent à la loi définissant les discriminations. Il est alors possible d'être confronté au rejet, à la mise à l'écart, de se retrouver isolé. Il arrive aussi que les personnes subissent des micro-agressions, c'est-à-dire une répétition de propos, de commentaires ou de remarques qui se voudraient insignifiants, mais qui est un rappel récurrent d'échappement à la norme. Cela peut toucher aussi bien les relations intimes que les relations amicales ou professionnelles.

Même si, en France, la justice ne prend pas en compte de telles situations, cette stigmatisation est également lourde de conséquences. Elle amène bien souvent les personnes touchées par un trouble psychique à cacher leur situation, comme le montre une étude réalisée en France chez des personnes ayant un diagnostic de schizophrénie (Daumerie, 2010).

Au-delà des personnes directement concernées par un trouble psychique, la stigmatisation s'étend à leurs proches et au monde de la psychiatrie dans son ensemble. Les hôpitaux psychiatriques, ainsi que ceux qui y travaillent, sont mal vus par une grande partie de la société. Il en résulte une méfiance vis-à-vis de ces lieux, dommageable du fait qu'elle retarde l'accès aux soins des personnes qui en auraient besoin.

Vis-à-vis de ceux qui pourraient consulter un spécialiste de la santé mentale

On parle de plus en plus de santé mentale dans les médias, les livres, le cinéma, à la télévision et sur les réseaux sociaux. Les conseils abondent, les témoignages se multiplient. Pourtant le tabou, la peur et la honte persistent autour de ce sujet. Parler de sa santé mentale, en particulier lorsqu'elle est fragilisée, reste difficile. Il reste plus facile d'encourager les autres à consulter un spécialiste de la santé mentale que de faire la démarche soi-même. Selon plusieurs enquêtes françaises, un grand nombre de personnes conseillerait à un proche de consulter, alors que 75 % des Français ne consultent pas eux-mêmes (Roelandt et coll., 2010; sondage TNS Sofres pour *Psychologies Magazine,* 2013; sondage Médiaprism, 2014).

S'il reste difficile de prendre soin de sa santé mentale, c'est sans doute parce que la société porte un jugement sévère sur ceux qui le font ouvertement. Demander de l'aide reste synonyme de faiblesse, aller voir un « psy » est encore tabou. La peur d'être étiqueté « malade psy » est généralement plus forte que le désir de parler de ses difficultés et de chercher de l'aide.

Vis-à-vis des personnes elles-mêmes

Tous ces phénomènes de stigmatisation à l'échelle de la société entraînent une forme beaucoup moins consciente de stigmatisation, que l'on appelle *l'autostigmatisation*. Celle-ci trouve son origine dans des croyances négatives sur soi-même, suscitant une faible estime de soi. Ce processus mental est particulièrement actif chez ceux qui souffrent psychiquement. Or, l'autostigmatisation amène la personne à se limiter dans des activités importantes pour elle. Par exemple, elle renoncera à postuler à un emploi bien qu'elle possède les qualifications requises, estimant que d'autres seront bien plus compétents. L'autostigmatisation a de nombreuses conséquences : isolement social, attitudes de retrait et d'inhibition, tendance à se dénigrer, sentiment de honte, de culpabilité, attente permanente d'être mis à l'écart et rejeté, perte de l'espoir d'une guérison (Park, 2013); voir à ce propos le chapitre 7 de ce livre.

Comment s'enclenche la stigmatisation

Tout le monde peut stigmatiser une personne ou un groupe de personnes. Le processus est, la plupart du temps, inconscient. Il se découpe en un enchaînement d'étapes qu'il est utile de connaître afin d'en prendre conscience.

Tout commence avec un stigmate

Le point de départ du processus est l'identification d'un stigmate chez la personne ou le groupe (Lacaze, 2012). Il s'agit d'un signe visible qui peut être un marqueur, c'est-à-dire une caractéristique que l'on remarque, par exemple parler avec difficulté, parler très lentement, ou parler tout seul; c'est l'étape de l'étiquetage.

L'étape suivante est celle du stéréotypage. Cela consiste à attribuer à ce stigmate des qualificatifs réducteurs, le plus souvent infondés, comme d'associer la personne qui parle toute seule à quelqu'un de dangereux, ou encore de considérer que la personne qui répète une série de gestes est idiote. Ces associations ont été fabriquées au contact de groupes sociaux comme la famille, les amis, les corps de métier. Les médias et la culture dans laquelle nous évoluons jouent aussi un rôle dans la production de ces croyances. Les qualificatifs ainsi appliqués constituent ce que l'on appelle des stéréotypes.

La troisième et dernière étape de la stigmatisation est celle de la séparation. Elle est l'aboutissement du processus de catégorisation qui distingue cet autre, porteur d'un stigmate auquel est appliqué un stéréotype, de moi-même. Je vais penser, par exemple : d'un côté il y a les fous, de l'autre les sains d'esprit comme moi.

Ces trois étapes s'enchaînent très rapidement dans la tête. Le cycle complet favorise des actes tels que le rejet, les agressions et les discriminations.

Comment éviter de stigmatiser?

Écouter, se questionner, s'éduquer

La prise de conscience de ces mécanismes est une première étape, mais elle n'est pas suffisante pour changer profondément de regard. Bien souvent, la simple volonté ne suffit pas à surmonter les résistances décrites plus haut. Il faut trouver, en plus, des avantages à changer, une motivation pour engager une remise en question de ses représentations. Elle sera différente pour chacun d'entre nous. Cela pourrait être l'envie de vivre dans une société où il est possible de dévoiler ses vulnérabilités sans risquer la réprobation. Pour un psychiatre ou un infirmier, ce sera peut-être d'améliorer la relation avec ses patients (voir le chapitre 9). Mais il faudra se confronter plusieurs fois à ses croyances et vivre plusieurs expériences qui les contredisent pour que s'opère un changement de perception profond.

Se mettre en mouvement collectivement

Aujourd'hui, il existe quelques repères pour agir collectivement sur ces questions au sein d'un groupe d'usagers, au cours d'un événement ou en tant que professionnels d'un établissement de santé mentale. Comme les mécanismes sont forts et souvent inconscients, une seule action ne suffit pas. Ces repères sont donc nécessaires pour orienter le plus efficacement sa stratégie anti-stigmatisation.

Les sciences sociales et les évaluations d'actions de sensibilisation en santé mentale ont permis d'établir six critères pour agir plus efficacement contre la stigmatisation en santé mentale. On retrouve ces critères notamment dans l'outil GPS anti-stigma développé par Psycom dans le cadre d'un groupe de travail ministériel, comme expliqué sur la page GPS Anti-Stigma du site www.psycom.org. Au moment d'organiser une action anti-stigmatisation, le fait de tenir compte de ces recommandations augmente les chances que celle-ci produise un effet sur la stigmatisation.

Chaque critère renvoie à des enjeux différents dans la lutte contre les idées reçues sur la santé mentale et la stigmatisation :

1. **Participation de personnes directement concernées par un trouble psychique**

   La parole des personnes concernées renforce l'impact positif que peuvent avoir des messages anti-stigmatisation qui portent des valeurs d'espoir, de rétablissement, de diversité des parcours de vie, etc. La parole, le témoignage, le partage des savoirs d'expérience des personnes concernées par ces problématiques contrecarrent la déshumanisation et l'étiquette qui réduit au trouble.

   La déconstruction des idées reçues en santé mentale est une tâche ardue et lente qui ne peut se faire sans la participation active, pleine et entière de ceux qui subissent au quotidien les conséquences de la stigmatisation du fait de leurs troubles psychiques. Il est donc essentiel que leur parole, leurs savoirs et leurs expériences soient de plus en plus entendus, connus et reconnus par le plus grand nombre.

2. Promotion des droits des personnes directement concernées par un trouble psychique

Réaffirmer la pleine citoyenneté des personnes concernées par un trouble psychique permet de lutter contre les conséquences de la stigmatisation, c'est-à-dire les discriminations.

3. Information sur les troubles psychiques et les possibilités de rétablissement

Mieux connaître les possibilités de se rétablir d'un trouble psychique aide à ne pas réduire le trouble à une étiquette diagnostique figée, à un état mental qui n'évoluerait pas. Il s'agit de contrer les effets négatifs d'un pronostic fataliste qui enferme la personne diagnostiquée dans des perspectives d'évolution réduites.

4. Partenariat local

Les phénomènes de stigmatisation sont systémiques, c'est-à-dire qu'ils agissent à tous les niveaux de notre société, de nos institutions et de nos relations personnelles. C'est donc l'ensemble de la société qui doit prendre conscience de la stigmatisation et contribuer à agir contre elle. Pour cela, il est plus efficace d'agir au niveau local, en mobilisant des acteurs et des institutions variées.

5. Public ciblé

On ne s'adresse pas de la même façon à des jeunes, des élus, des professionnels qui soignent et accompagnent ou des journalistes. Un message unique adressé au grand public aura peu de chances de faire évoluer des idées reçues bien ancrées dans l'imaginaire collectif. Pour aider un public à prendre conscience des mécanismes de stigmatisation et à en comprendre les enjeux, il faut proposer des messages sur mesure, dans un langage adapté qui fait référence aux préoccupations qui le concernent.

6. Médiatisation de l'action

Les médias sont des relais d'information incontournables (presse écrite et en ligne, télévision, radio, réseaux sociaux, etc.). La plupart touchent un vaste auditoire, proposent des supports variés (documentaires, émissions, témoignages, dossiers d'actualité ou d'investigation, balados, etc.). Cette force de diffusion est précieuse pour toucher toutes les strates de la société, en particulier pour agir sur la discrimination dite structurelle.

Le GPS anti-stigma a été développé par notre organisme, Psycom, afin d'évaluer une action ou un programme anti-stigmatisation au regard de ces différents critères et aussi d'en identifier les points forts et ceux qui pourraient être améliorés. Il s'agit avant tout d'une guidance pour mobiliser les énergies efficacement et ainsi participer à l'effort collectif qui mène au changement des stéréotypes.

Conclusion

La déconstruction des idées reçues sur les troubles psychiques ou mentaux, les personnes dites malades et les soins psychiatriques est une tâche ardue et lente. Elle ne peut être efficace et pertinente sans la participation active, pleine et entière des personnes qui subissent au quotidien les conséquences de la stigmatisation du fait de leurs troubles psychiques. Il est essentiel que leur parole soit de plus en plus entendue et que leur savoir expérientiel acquis tout au long de leur maladie soit connu et reconnu par le plus grand nombre. Ces prises de parole publiques contribuent aux trois étapes de changement des représentations : transmettre du savoir pour aider à comprendre, éclairer la réflexion en permettant aux individus de se questionner et construire un raisonnement pour adopter une nouvelle posture (Loubières, 2019).

En santé mentale, les idées reçues sur les diagnostics et les soins, mais aussi sur les capacités des personnes concernées et leur pouvoir d'agir, de travailler, d'aimer, d'avoir la meilleure vie possible, sont nombreuses et anciennes. Elles compromettent souvent la citoyenneté à laquelle toute personne a droit. Comme dans d'autres domaines, il revient donc à chacun, dans son for intérieur, d'interroger ses propres stéréotypes, de réviser ses jugements, de prendre conscience de ses croyances, de déconstruire ses préjugés, de modifier sa vision du monde et sa posture afin de changer celles des autres, et de chercher le semblable plutôt que la différence.

Références

CARIA, A., ARFEUILLERE, S., LOUBIÈRES, C. « Changer les regards sur la santé mentale », *La santé en action*, Santé publique France, 2017.

DAUMERIE, N., VASSEUR BACLE, S., GIORDANA, J. Y., BOURDAIS MANNONE, C., CARIA, A., ROELANDT, J. L. « La discrimination vécue par les personnes ayant reçu un diagnostic de troubles schizophréniques », premiers résultats français de l'étude INDIGO. *L'Encéphale*, 2011.

DHUME, F. « Du racisme institutionnel à la discrimination systémique : reformuler l'approche critique », *Migrations Société*, 2016.

GIORDANA, J.-Y. *La stigmatisation en psychiatrie et en santé mentale*, Édition Masson, 2010.

HAMILTON, S., PINFOLD, V., COTNEY, J., ET COLL. « Qualitative analysis of mental health service users' reported experiences of discrimination », *Acta Psychiatria Scandinavia*, août 2016, 134, supp. 446, 14-22.

LACAZE, L. « Le stigmate : une « seconde maladie? », Empan, 2012-2013, 87, 121-131.

LOUBIÈRES, C., ARFEUILLÈRE, S., CARIA, A. « Prendre la parole pour déconstruire les idées reçues sur les troubles psychiques », *L'information psychiatrique*, 2018/10, vol. 94.

PARK, S., BENNETT, M., COUTURE, S., BLANCHARD, J. « Internalized stigma in schizophrenia : relations with dysfunctional attitudes, symptoms, and quality of life », *Psychiatry Research,* 30 janvier 2013, 205 (1-2), 43-47.

ROELANDT, J.-L., CARIA, A., DEFROMONT L., ET COLL. « Représentations sociales du "fou", du "malade mental" et du "dépressif" en population générale en France », *L'Encéphale*, vol. 36, n° 3, supp. 1, 2010, pp. 7-13.

Revue en ligne contre toutes les formes de discriminations : www.dieses.fr.

PSYCOM, QU'EST-CE QUE C'EST?

Psycom est un organisme national d'information sur la santé mentale et de lutte contre la stigmatisation. Il propose :

une information fiable, accessible et indépendante via son site www.psycom.org, ses brochures d'information et sa présence sur les réseaux sociaux ;

une boîte à outils pour agir contre la stigmatisation grâce à des trousses pédagogiques, des outils de médiation, un accompagnement à la prise de parole publique, des sensibilisations pour le grand public.

CHAPITRE 3

Avez-vous dit dangerosité ou *dérangerosité*? Analyse d'une prophétie autoréalisatrice en violence et santé mentale

Auteures : **Marichelle Leclair**, M. Sc., candidate au doctorat et boursière Vanier, et **Anne G. Crocker,** Ph. D., professeure à Université de Montréal et Institut national de psychiatrie légale Philippe-Pinel

Force est de constater que certaines perceptions résistent aux tentatives répétées de démentir, démystifier ou nuancer et restent profondément incrustées dans les croyances collectives. Parmi celles-ci, le classique « ceux qui ont un trouble mental sont *dangereux* ». Des émissions pour enfants aux bulletins de nouvelles en passant par les films psychologiques à suspense, les médias représentent souvent les personnes atteintes d'un trouble mental comme étant « imprévisibles », « irrationnelles » ou « bizarres », ce qui est — pour l'être humain détestant l'incertitude et la perte de contrôle – synonyme de violence potentielle.

Selon Erving Goffman, ces étiquettes négatives constituent un stigmate qui réduit la personne stigmatisée de personne entière capable de contribuer à sa communauté à une personne entachée et isolée (Goffman, 1963, p. 3). S'ils émergent souvent des médias, ces stéréotypes circulent également parmi les intervenants, les personnes avec des troubles mentaux elles-mêmes et leurs proches, qui internalisent ce stigmate. Des dizaines, voire des centaines de milliers de gens au Québec et ailleurs se trouvent ainsi discrédités alors que la vaste majorité d'entre eux ne présentent en réalité aucun risque pour autrui.

D'où provient cette idée de dangerosité, si difficile à démonter? A-t-elle un fond de vérité? Est-il possible que la stigmatisation des personnes ayant un trouble mental contribue elle-même au risque de violence? Ce chapitre est un résumé de l'état des connaissances scientifiques sur la santé mentale et la violence qui vise l'analyse de ces enjeux sous l'angle de la théorie de l'étiquetage, une théorie centrale à la stigmatisation.

Démêler la relation entre troubles mentaux et violence n'est pas une mince tâche. La relation est beaucoup plus complexe que ce que les médias laissent souvent transparaître et elle fait l'objet de vives discussions même entre experts. On peut toutefois dire avec assurance que la vaste majorité des gens atteints d'un trouble mental ne commettront jamais d'actes violents et que la plupart de ceux dans la société qui commettent des actes violents n'ont pas de trouble mental. Même lorsque cela se produit, d'autres facteurs expliquent souvent mieux les gestes accomplis, comme l'exclusion sociale, le traumatisme, la consommation problématique de drogues et d'alcool ou les traits de personnalité antisociale.

Alors que les deux concepts qui nous concernent ici apparaissent à première vue assez intuitifs et explicites, ils requièrent de nous y attarder le temps de quelques lignes. Qu'entendons-nous par *troubles mentaux* et, surtout, qu'entendons-nous par *violence*? La liste des différents diagnostics de troubles mentaux est longue et composée de symptômes hétérogènes. Règle générale, lorsque les études se sont penchées sur la relation entre les troubles mentaux et la violence, elles se sont concentrées sur les troubles mentaux chroniques, comme les troubles du spectre de la schizophrénie, les troubles bipolaires ou, plus rarement, les troubles de la dépression. Sauf exception, c'est également la définition que nous adopterons ici.

Le second concept, celui de violence, est plus difficile à circonscrire. Dans un texte précurseur, John Galtung définissait la violence comme étant « la cause de la différence entre le potentiel et le réel » (1969, p. 168; traduction libre). On retient plusieurs choses de cette définition. D'abord, la violence peut être physique autant que psychologique. Ensuite, la violence peut être commise tant par un individu que par des institutions. Dans le premier cas, on parle de violence personnelle, qui prend pour victime soi-même ou encore une autre personne. Dans le deuxième cas, on parle de violence structurelle, c'est-à-dire qu'il n'y a pas d'acteur concret qui commet la violence, mais plutôt que celle-ci est ancrée dans une structure sociétale qui limite les occasions favorables et distribue le pouvoir de façon inégale.

Enfin, on retient que la violence, toujours selon Galtung, est identifiée à travers ses conséquences plutôt qu'à travers l'intention. Cette nuance est particulièrement importante lorsqu'on s'intéresse aux questions de violence et de troubles mentaux. En effet, la nature violente d'un acte repose ainsi pour beaucoup sur sa perception par autrui et sur les conséquences que cette perception a sur la « victime ». Certains comportements dérangeants ou déviants peuvent ainsi être interprétés comme dangereux par ceux qui perçoivent un potentiel de violence chez ceux atteints d'un trouble mental, en cohérence avec les stéréotypes négatifs associés aux troubles mentaux. Nous y reviendrons. On retient malgré tout que la vaste majorité des études reposent sur les données judiciaires qui nous renseignent sur différents types de crimes de violence interpersonnelle, soit physique (p. ex., voies de fait) ou psychologique (p. ex., menaces).

Que disent les études sur la relation entre les troubles mentaux et la violence?

Il est possible que l'impression d'un lien déterministe entre troubles mentaux et violence vienne du fait que les personnes atteintes d'un trouble mental sont surreprésentées dans le système de justice et les services correctionnels. Il est vrai que, lorsqu'on sélectionne un très grand nombre de personnes qui sont nées pendant une certaine période et qu'on les suit sur une longue période au cours de leur vie (ce qu'on appelle une étude de cohorte de naissance), on constate que celles qui ont été hospitalisées pour un trouble mental sont plus susceptibles d'être arrêtées pour un délit violent (Arseneault et coll., 2000; Hodgins et coll., 1996). Autrement dit, si on ne tient compte d'aucun autre facteur, les personnes avec un trouble mental sont plus susceptibles que celles sans trouble mental d'être arrêtées pour violence.

Voici ce que le paragraphe précédent ne dit pas : il ne dit nullement que les troubles mentaux accroissent le risque de violence. Cette nuance est souvent contre-intuitive, et elle est probablement à l'origine du débat qui nous fait rédiger ce chapitre et qui vous le fait lire aujourd'hui. Mais comment les personnes ayant un trouble mental peuvent-elles être plus à risque d'être arrêtées pour un délit violent si les troubles mentaux n'augmentent pas le risque de violence dans notre société?

Pour le comprendre, il faut se pencher sur plusieurs notions : d'abord, sur les facteurs de risque de violence en général; ensuite, sur les notions de causalité et de biais de confusion; et, enfin, sur la théorie de l'étiquetage et le phénomène de prophétie autoréalisatrice.

Quels facteurs expliquent les événements de violence?

En s'intéressant aux différents facteurs qui augmentent le risque de violence, on constate que les troubles mentaux ne jouent tout au plus qu'un petit rôle, d'autres facteurs ayant une incidence bien plus grande sur la violence dans notre société. Prenons l'exemple d'une étude qui a examiné toutes les méta-analyses (approche rigoureuse pour procéder à la synthèse de tous les résultats d'études indépendantes qui sont pertinents à la question de recherche) portant sur les facteurs de risque de violence interpersonnelle (Fazel et coll., 2018). Il s'agit en quelque sorte d'une « super méta-analyse »! Cette dernière a identifié plusieurs facteurs de risque de violence. Les trois facteurs les plus importants qui expliquent tous les gestes de violence interpersonnelle sont la consommation problématique de drogues ou d'alcool, le fait d'avoir été témoin ou victime de violence dans l'enfance et les traits de personnalité, qui ont des répercussions marquées sur le fonctionnement social (comme le trouble de la personnalité antisociale).

Les auteurs ont pu estimer que, si la consommation problématique de drogues et d'alcool disparaissait complètement, on observerait une réduction de 15 % de tous les actes de violence interpersonnelle. On observerait également une réduction de 12 % et de 13 % de tous les actes de violence si disparaissaient, respectivement, la violence en présence d'enfants ou envers ceux-ci et les troubles de la personnalité. En revanche, si la schizophrénie et les troubles bipolaires disparaissaient, on observerait une réduction des actes de violence de seulement 2 % et 3 %, respectivement (Fazel et coll., 2018). On constate qu'à l'exception d'un petit sous-groupe de personnes pour qui les symptômes de psychose causent des événements tragiques, les facteurs qui conduisent à la violence sont les mêmes chez les personnes avec et sans trouble mental.

Quelles sont les preuves de causalité?

Les facteurs jouant un rôle dans la violence sont donc nombreux, et les symptômes psychiatriques ne semblent entrer directement en jeu que pour un petit sous-groupe de personnes. Surtout, il n'est pas du tout clair que la relation entre troubles mentaux et violence en soit une de cause à effet. Cette notion de causalité est extrêmement difficile à démontrer en science, particulièrement lorsque les chercheurs ne déterminent pas les caractéristiques des participants, comme c'est le cas pour les questions qui nous préoccupent ici.

En effet, quand on veut démontrer la causalité, il faut adopter un devis de recherche dit expérimental, comme le fameux essai randomisé contrôlé. Dans ce devis de recherche, on recrute des participants qui sont ensuite affectés aléatoirement à une condition ou à une autre. Par exemple, si on voulait démontrer l'efficacité d'un médicament X pour une maladie Y, on pourrait recruter un certain nombre de participants, par exemple 100, et les assigner aléatoirement à prendre le médicament ou un comprimé de sucre (le fameux placebo). Les deux groupes seraient ainsi similaires en tous points, à l'exception du médicament ou du placebo. En comparant les deux groupes après une période donnée, il serait donc possible de déterminer s'il y a une différence de symptômes entre les deux groupes et, si oui, que cette différence est causée par le médicament.

Si l'on souhaitait établir avec la plus grande certitude s'il existe un lien de cause à effet entre les troubles mentaux et la violence, il faudrait pouvoir recruter des participants, leur assigner aléatoirement la condition « avec un trouble mental » ou « sans trouble mental », et ensuite vérifier si un groupe est plus violent que l'autre. Évidemment, c'est parfaitement impossible et très certainement contraire à l'éthique! Les chercheurs doivent donc se résoudre à utiliser des techniques méthodologiques et statistiques pour approximer le plus possible la causalité à partir de données tirées d'observations.

En l'absence d'un devis expérimental comme l'essai randomisé contrôlé, le principal obstacle à l'identification d'un lien de causalité est celui du biais de confusion, c'est-à-dire que certains facteurs viennent créer l'illusion d'une relation entre deux réalités distinctes. À titre d'exemple, il serait possible d'identifier une relation entre le port de lunettes de soleil et le développement d'un mélanome. Bien entendu, cette relation est farfelue; alors à quoi est-elle due? Elle est simplement due au fait qu'un facteur confondant, ici l'exposition aux rayons ultraviolets, entraîne à la fois le port de lunettes de soleil et le développement d'un mélanome (voir la figure 1).

De nombreux facteurs confondants sont impliqués dans l'association entre les troubles mentaux et la violence, dont l'iniquité sociale et économique vécue par les parents et à l'enfance, les traumatismes de l'enfance, l'adversité sociale chronique pendant l'enfance et l'âge adulte, l'isolement, l'urbanité et la consommation de cannabis. En effet, ces facteurs augmentent à la fois le risque de développer un trouble mental, comme la schizophrénie (Stilo et Murray, 2019), et le risque d'être impliqués dans des incidents de violence. Ce qui est délicat, toutefois, c'est qu'il est parfois difficile de déterminer avec certitude si ces facteurs sont confondants (donc qu'ils causent le trouble mental) ou non (donc, s'ils sont causés par le trouble mental). Dans certains cas, il y a une relation bidirectionnelle.

Quelques études rigoureuses nous aident à démêler cette relation. Par exemple, il a été montré que les personnes vivant à la fois avec un trouble psychotique, comme la schizophrénie, et un problème lié à la consommation d'alcool ou de drogues étaient plus susceptibles de commettre un délit violent comparé à la population générale (28 % c. 5 %). On a constaté qu'une grande part de cette augmentation du risque était attribuable au milieu de vie dans lequel elles avaient grandi, puisque le risque diminuait de plus de la moitié quand on comparait ces personnes à leur frère ou sœur qui n'avait pas de trouble mental (et on peut présumer que les frères et sœurs ont, en général, vécu des iniquités socioéconomiques et des adversités similaires pendant l'enfance). Quant à ceux qui sont atteints d'un trouble psychotique, mais qui n'ont pas de problème de drogues ou d'alcool, ils n'étaient pas plus susceptibles de commettre un délit violent que la population générale (Fazel et coll., 2009). Des résultats similaires ont été trouvés dans les études de cohortes de jumeaux (Coid et coll., 1993).

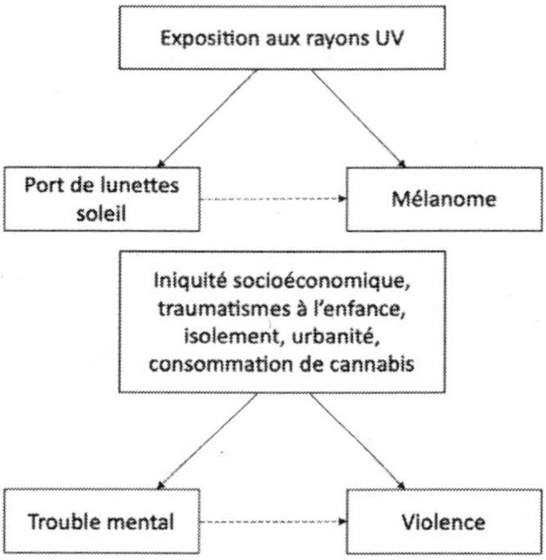

Figure 1. Illustration du phénomène de biais de confusion, où un ou plusieurs facteurs sont associés à deux réalités distinctes et établissent une fausse relation entre elles.

Lorsqu'il y a causalité

Toutefois, même lorsqu'on adopte des approches méthodologiques et statistiques qui permettent de prendre en compte ces facteurs confondants, une certaine relation demeure bien réelle. Cela nous indique que, pour certaines personnes au moins, il y a un lien de cause à effet entre les troubles mentaux et la violence. Cela ne veut pas dire que la causalité est directe, à l'exception d'un sous-groupe de personnes. On estime que moins d'un délit sur cinq parmi tous les crimes commis par des personnes atteintes d'un trouble mental serait influencé principalement ou uniquement par les symptômes psychiatriques. Par comparaison, 65 % des délits n'auraient aucun lien avec les symptômes (Peterson et coll., 2014).

Au Canada, les personnes dont les symptômes psychiatriques les ont menées à commettre un crime sont généralement déclarées non criminellement responsables pour cause de troubles mentaux, c'est-à-dire que leurs symptômes psychiatriques les empêchaient de comprendre ce qu'ils faisaient ou que ce qu'ils faisaient était mal. On peut penser, par exemple, à une situation où les symptômes paranoïdes sont tellement forts que la personne n'est plus en mesure de percevoir la réalité telle qu'elle l'est, et qu'elle peut se sentir menacée à un point où elle sent le besoin de se défendre contre une menace qu'elle perçoit comme bien réelle.

Le rôle de la stigmatisation et de l'étiquetage

La stigmatisation joue un rôle important dans la relation causale entre les troubles mentaux et la violence. Ce rôle en est un de modérateur où, en l'absence de stigmatisation, dans bien des cas, le lien entre troubles mentaux et violence serait complètement absent.

La théorie de l'étiquetage de Becker (1963) nous fait mieux comprendre les contrecoups de la stigmatisation sur celui qui a un trouble mental. Cette théorie de l'étiquetage propose, brièvement, (1) que les étiquettes que l'on appose, consciemment ou inconsciemment, aux personnes influencent notre interprétation de leurs comportements; et (2) que nous intériorisons les étiquettes qui nous sont apposées et les intégrons à notre identité, et éventuellement adoptons des comportements qui sont cohérents avec cette identité. Ces étiquettes peuvent être tant normatives (p. ex., employé, parent) que non normatives (p. ex., déviant, dangereux, imprévisible, bizarre).

Plusieurs études menées en psychologie, en sociologie et en anthropologie ont montré que notre interprétation des comportements d'une personne varie grandement en fonction des étiquettes qui lui sont apposées. S'il est attendu qu'une personne avec des troubles mentaux soit « dangereuse », les comportements ambigus de cette personne seront plus susceptibles d'être interprétés comme dangereux ou violents. Il en ressort que la « dérangerosité » de la personne est souvent interprétée comme de la « dangerosité ».

La recherche suggère que ce biais interprétatif est particulièrement marqué en présence de comportements ambigus, imprévisibles ou

« bizarres » comme les symptômes psychiatriques le sont parfois. Un biais corroborant s'opère, où les observateurs sont plus susceptibles de remarquer les comportements qui sont cohérents avec l'étiquette et d'interpréter les comportements ambigus en cohérence avec l'étiquette, au détriment des comportements ou des interprétations qui nuanceraient ou nieraient l'étiquette. Les observateurs – la population générale, comme les proches et les intervenants – peuvent ressentir de la méfiance, voire de la peur, devant ces comportements ambigus ou étranges et les interpréter en cohérence avec leur émotion de peur, c'est-à-dire comme étant agressifs ou potentiellement violents. Il faut également souligner que plusieurs personnes vivant avec un trouble mental ont été judiciarisées par le passé, le plus souvent pour des délits mineurs et non violents. Cela peut jouer sur la perception de plusieurs, y compris les intervenants, et favoriser la cristallisation de l'étiquette de « dangereux », et ce, même si les délits reprochés n'étaient pas de nature violente.

La figure 2 montre comment l'étiquetage mène à un phénomène de prophétie autoréalisatrice par la marginalisation des personnes et leur internalisation des étiquettes négatives qui leur sont apposées. Ceux qui présentent des symptômes psychiatriques sont étiquetés par la société comme « déviants » ou « dérangeants », voire « dangereux ». Cette stigmatisation fait que ces personnes ne se sentent plus les bienvenues ou sont explicitement exclues de lieux et de cercles sociaux normatifs, préférant s'isoler ou encore développer un nouveau cercle social, souvent composé d'autres personnes qui ont été rejetées par la société parce qu'elles étaient perçues comme déviantes.

On sait, par exemple, que les personnes avec troubles mentaux sont souvent stigmatisées dans leur recherche d'emploi ou de logement et qu'elles sont ainsi plus susceptibles d'être obligées d'habiter dans des quartiers plus pauvres avec une plus grande incidence de criminalité. Dans ce contexte de stigmatisation, ces personnes sont plus susceptibles d'internaliser l'étiquette de déviance ou de dangerosité et, sous l'influence des pairs, d'afficher des comportements qui sont cohérents avec cette nouvelle identité. Ces comportements peuvent être autant des comportements d'agressivité ou de violence que des comportements qui augmentent le risque de violence, comme la consommation problématique de drogues ou le fait de côtoyer des pairs qui ont des attitudes agressives ou antisociales. Même lorsque des intervenants ou les proches agissent avec une sincère bienveillance, leurs actions réitèrent et cristallisent souvent la perception que les personnes avec troubles mentaux sont « négativement différentes » (Estroff, 1981), ce qui les repousse en marge de la société et les cantonne dans leurs retranchements.

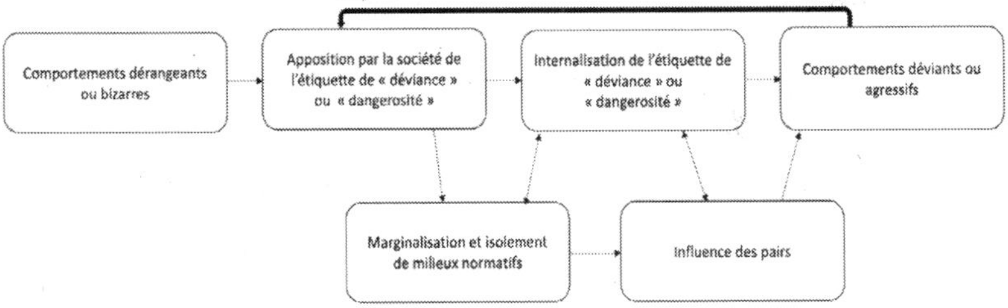

Figure 2. Illustration des contrecoups de la stigmatisation en termes de risque de violence

Plusieurs de ceux atteints d'un trouble mental qui seront en contact avec le système de justice n'internaliseront pourtant pas cette étiquette de « dangerosité » et, au contraire, lutteront contre elle en adoptant une image ou des comportements prosociaux et normatifs dans un effort de gestion des répercussions du stigmate (la gestion de la stigmatisation, Goffman, 1963).

Pourquoi alors sont-elles en contact avec le système de justice malgré tout? On ne peut passer sous silence l'influence majeure des forces structurelles en violence et en santé mentale. Nous mentionnions plus haut que les personnes qui ont un trouble mental sont plus susceptibles, pour plusieurs raisons, d'être contraintes à vivre dans des milieux où les crimes sont fréquents. En fait, cet argument pourrait être élargi de façon à signifier que ces personnes sont plus susceptibles de se retrouver dans des milieux hautement anxiogènes et hautement surveillés. Les hôpitaux psychiatriques, les logements supervisés, la rue, les refuges et les quartiers défavorisés ont tous en commun le fait d'occasionner chez leurs usagers et résidents un manque d'intimité et une hyperproximité qui sont propices aux conflits. En retour, ces conflits sont plus susceptibles d'être judiciarisés, les intervenants et les forces policières s'attendant, par leur formation, à des conflits et à intervenir en pareil cas. En l'absence de lieu intime où s'isoler quelques moments, simplement s'impatienter contre un pair ou une personne en autorité peut rapidement escalader en agressivité ou en violence de part et d'autre.

Les personnes atteintes de troubles mentaux graves sont également plus susceptibles d'habiter plus longtemps au domicile familial. Les études anthropologiques montrent que ce contexte social est propice aux tensions liées à l'autodétermination, à la gestion des finances et aux mesures de contrôle informelles imposées, le plus souvent avec bienveillance, par leurs proches. Ces situations sont également susceptibles de déclencher des comportements dérangeants, voire agressifs, lorsque s'installe la frustration de ne pas pouvoir contrôler son temps, sa liberté de mouvement et ses ressources (Estroff, 1981).

La réponse à cette « dérangerosité » par le biais de la justice contribue sans aucun doute à la prophétie autoréalisatrice. En effet, une étude a montré que l'expérience de la judiciarisation, et particulièrement l'expérience d'une arrestation, augmente en soi le risque de développer des traits de personnalité antisociale, de s'isoler de la société normative et d'intégrer des réseaux sociaux qui sont procriminels ou antisociaux (Prins, 2019). On se souviendra de la description ci-dessus des plus importants facteurs de risque : les traits de personnalité antisociale donnent lieu à six fois plus d'événements violents que les troubles psychotiques (Fazel et coll., 2018).

Conclusion
Opposer rétablissement et sécurité publique, une pratique dangereuse

Nous avons commencé le présent chapitre en donnant une définition de la violence qui met de l'avant que cette dernière peut être interpersonnelle autant que structurelle. Lorsqu'on pense à la violence et à la santé mentale, la plupart d'entre nous pensent automatiquement à la violence interpersonnelle, soit au scénario si souvent véhiculé par les médias de masse dans lequel la personne qui éprouve des symptômes psychiatriques commet des gestes violents envers une victime, parfois un membre de la famille, plus souvent un inconnu. En plus d'être faux, ce scénario fait ombre à un phénomène de violence beaucoup plus pernicieux. Dans les paragraphes précédents, nous avons introduit la notion de violence structurelle, sans vraiment la nommer. Nous la nommons ici.

Les personnes atteintes d'un trouble mental sont l'objet tout au long de leur vie d'une violence structurelle qui fait l'objet de trop peu de recherches. La stigmatisation dont elles font l'objet en raison de cette étiquette de dangerosité les rend plus à risque d'être abattues par les policiers, plus à risque de ne pas recevoir les soins médicaux et les services sociaux adéquats, plus susceptibles de vivre dans des conditions qui limitent leur capacité à contribuer pleinement à la société et, à sévérité de délit égale, plus susceptibles d'être arrêtées, trouvées coupables et incarcérées que les concitoyens vivant sans trouble mental. La population générale, les policiers et plusieurs intervenants du milieu de la santé et des services sociaux ont une compréhension déterministe du lien entre le risque de violence et les troubles mentaux, ce qui donne lieu à une fausse dichotomie entre le rétablissement et la sécurité publique. Pourtant, il a été montré que l'intégration dans la collectivité diminue le risque de violence et de récidive et que les interventions punitives d'une intensité disproportionnée au risque ont plutôt l'effet de l'augmenter, nuisant ainsi à la sécurité publique.

Dans la très grande majorité des cas, la violence chez les personnes ayant un trouble mental n'est pas attribuable à la maladie elle-même, mais plutôt à la façon dont la société traite ces personnes et interprète leurs comportements (Kelly, 2005). Elle est une conséquence de la façon dont nous décidons collectivement de traiter la différence et de punir ceux qui s'éloignent de ce qui est considéré comme la norme. En d'autres termes, elle est la conséquence de la violence structurelle envers les personnes qui dérangent.

Prévenir la violence doit reposer sur des politiques qui réduisent les stigmatisations structurelles et sociales de plusieurs membres de notre société, dont ceux atteints d'un trouble mental. Cette stigmatisation se manifeste dans les interactions sociales, dans la discrimination qui sévit au sein des services sociaux et de santé, dans un manque d'attention aux demandes d'aide et dans notre difficulté à repenser les services. La stigmatisation barre l'accès aux ressources vitales tels un emploi stimulant, des activités porteuses de sens et un réseau social solide qui permettent de s'épanouir au sein d'une communauté. Il faut donc offrir des contextes de vie adéquats, notamment des logements abordables et un revenu assorti d'un minimum de dignité. L'inclusion sociale est un rempart contre la violence.

Références

ARSENEAULT, L., MOFFITT, T. E., CASPI, A., TAYLOR, P. J., SILVA, P. A. « Mental disorders and violence in a total birth cohort : results from the Dunedin study », *Archives of General Psychiatry*, 2000, 57 (10), 979(https://doi.org/10.1001/archpsyc.57.10.979).

BECKER, H. S. *Outsiders : studies in the sociology of deviance*, The Free Press, 1963.

COID, B., LEWIS, S. W., et REVELEY, A. M. « A twin study of psychosis and criminality », *British Journal of Psychiatry*, janvier 1993, 162, 87–92 (https://doi.org/10.1192/bjp.162.1.87).

ESTROFF, S. E. *Making it crazy : an ethnography of psychiatric clients in an American community*, University of California Press, 1981.

FAZEL, S., LANGSTRÖM, N., HJERN, A., GRANN, M., LICHTENSTEIN, P. « Schizophrenia, substance abuse, and violent crimes », *Journal of the American Medical Association*, 2009, 301 (19), 2016–2023.

FAZEL, S., SMITH, E. N., CHANG, Z., GEDDES, J. R. « Risk factors for interpersonal violence : an umbrella review of meta-analyses », *British Journal of Psychiatry*, 2018, 213 (4), 609–614 (https://doi.org/10.1192/bjp.2018.145).

GALTUNG, J. « Violence, peace and peace research », *Journal of Peace Research*, 1969, 6 (3), 167-191; traduction libre.

GOFFMAN, E. *Stigma : notes on the management of spoiled identity*, Prentice Hall, 1963.

HODGINS, S., MEDNICK, S. A., BRENNAN, P. A., SCHULSINGER, F., ENGBERG, M. « Mental disorder and crime : evidence from a Danish birth cohort », *Archives of General Psychiatry*, 1996, 53 (6), 489-496 (https://doi.org/10.1001/ archpsyc.1996.01830060031004).

KELLY, B. D. « Structural violence and schizophrenia », *Social Science and Medicine*, 2005, 61 (3), 721-730 (https://doi.org/10.1016/j.socscimed.2004.12.02).

PETERSON, J. K., SKEEM, J. L., KENNEALY, P., BRAY, B., ZVONKOVIC, A. « How often and how consistently do symptoms directly precede criminal behavior among offenders with mental illness? », *Law and Human Behavior*, 2014, 38 (5), 439-449 (https://doi.org/10.1037/lhb0000075).

PRINS, S. J. « Criminogenic or criminalized ? Testing an assumption for expanding criminogenic risk assessment », *Law and Human Behavior*, 2019, 43 (5), 477-490 (https://doi.org/10.1037/ lhb000034).

STILO, S. A., MURRAY, R. M. « Non-Genetic Factors in Schizophrenia », *Current Psychiatry Reports*, 2019, 21 (10), 100 (https://doi.org/10.1007/s11920-019-1091-3).

CHAPITRE 4

Ça prend un malade mental pour faire ça : la stigmatisation dans les médias

Auteure : Karina Marceau, journaliste,
animatrice et documentariste

Quand Luc Vigneault a communiqué avec moi pour me demander si je pouvais écrire un chapitre sur les préjugés qu'entretiennent et diffusent les médias au sens large à l'égard des personnes atteintes de troubles psychiques, j'ai été surprise, voire un peu agacée en toute franchise.

La fiction, au cinéma, à la télévision ou en littérature peut, à certains égards, propager de fausses idées préconçues sur les maladies mentales, mais les journalistes de métier?

Je suis une professionnelle de l'information depuis plus de vingt-cinq ans. La multiplication des différentes plateformes, notamment les réseaux sociaux, a certes permis l'émergence de créateurs et diffuseurs d'information aux standards d'éthique et de qualité diversifiés (disons-le comme ça pour être polis). Il n'en demeure pas moins que je considère que la vaste majorité de mes collègues, accrédités par notre fédération professionnelle des journalistes du Québec et œuvrant dans des médias reconnus, sont consciencieux, vérifient les faits qu'ils communiquent au public et ne colportent pas de stéréotypes ou préjugés à l'égard de groupes minoritaires afin d'éviter la stigmatisation de qui que ce soit. La réflexion sur la façon de bien faire notre travail est continuelle.

Avec sa douceur, son flegme et son humour habituels, Luc m'a tout de même invitée à m'arrêter un instant afin de regarder, analyser et réfléchir avec lucidité et sens critique à la question fondamentale qu'il me posait : les médias, par leurs reportages, articles, émissions radiophoniques ou œuvres de fiction, peuvent-ils être des vecteurs de transmission de préjugés à l'égard des maladies mentales et de ceux et celles qui en souffrent?

Je connais Luc depuis de nombreuses années. Il a participé à l'un de mes documentaires sur la violence dans le réseau de la santé. Dans ce film, il m'a raconté avoir frappé violemment des infirmiers pendant une psychose. Grâce à sa sagacité, son sens pointu de l'analyse et ses talents de communicateur, il a su expliquer ce qui a fomenté l'escalade qui a mené à la bagarre, dans sa perspective d'homme souffrant de schizophrénie. Luc nous fait voir et sentir l'expérience et le point de vue de ceux et celles qui ont peu de voix et d'écoute dans la sphère publique : les personnes atteintes de maladie mentale. Je perçois cet homme comme un pertinent et chaleureux traducteur, un trait d'union nécessaire entre le grand public et les personnes atteintes comme lui de troubles mentaux. Dès ce premier projet, j'ai su que notre relation n'allait pas s'arrêter là. J'ai été charmée par l'humain et le professionnel qu'il est. Au fil du temps, Luc et moi avons donc souvent échangé sur différents sujets liés aux enjeux de santé mentale. Le dialogue se poursuit avec cette préface.

À la suite de l'appel de Luc, je me suis questionnée sur mon propre regard de journaliste à l'égard de la maladie mentale. A priori, j'estime que je n'ai pas de biais conscient ou inconscient qui pourrait faire que l'un de mes textes ou projets à la télévision ou à la radio propage quelque idée stéréotypée sur les hommes et les femmes aux prises avec des problèmes de santé mentale. Si ça se trouve, je me prétends plutôt sensibilisée. J'accompagne une dame atteinte de schizophrénie depuis plus de trente ans dans une relation de type « grande sœur ». J'aborde, sans malaise, la dépression que j'ai faite au début de ma vingtaine. J'ai signé quelques projets sur les maladies mentales, dont l'un d'eux m'a valu un prix de l'Association des groupes d'intervention en défense des droits en santé mentale du Québec. C'est pourquoi j'ose me considérer comme une femme ouverte et sans jugement en ce qui a trait aux questions de santé mentale.

Or, à la fin de mon examen de conscience professionnel, qui s'est échelonné sur plusieurs semaines, j'arrive à un tout autre constat, un choc qu'il m'apparaît primordial de partager.

Voici le fruit de ma démarche.

Dans un premier temps, je me suis interrogée non pas sur le travail des journalistes, mais sur les représentations de personnes atteintes de troubles mentaux au cinéma et dans les œuvres de fiction télévisuelle, univers médiatique dans lequel je n'évolue que de façon sporadique, mais qui alimente grandement ma créativité de documentariste et d'auteure. Par conséquent, ce premier examen s'avérait pour moi moins frontal.

De *Vol au-dessus d'un nid de coucou* (1975) en passant par la série d'horreur *Halloween* (initiée en 1978), *Rain Man* (1988), *Un homme d'exception* (2001), *A Dangerous Method* (2011) et j'en passe, j'ai réfléchi et lu à propos de films où évoluent des hommes et des femmes souffrants. La thèse de maîtrise d'Emily Landry-Lajoie, doctorante en études cinématographiques à l'Université de Montréal [1] fut particulièrement nourrissante. Ses recherches visent à étudier les étapes de conceptualisation de projets scénaristiques mettant en scène des personnages ayant des troubles mentaux.

D'entrée de jeu, précisons que le propre des œuvres de fiction, contrairement aux productions journalistiques, documentaires ou d'affaires publiques, n'est pas d'informer ou d'éduquer, mais de divertir. La fiction, par sa définition même, n'est pas la réalité. Elle est une construction de l'imagination, même si son réalisme peut parfois être confondant.

Toutefois, force est de constater que cela ne signifie pas que ces productions n'ont pas d'impact sur le monde réel. Des recherches démontrent que de nombreux films propagent de fausses idées, privilégient souvent des représentations caricaturales ou impropres des troubles mentaux et contribuent malheureusement à nourrir l'opprobre social envers ceux qui en souffrent.

« On a constaté que les émissions de télévision de divertissement, en particulier, dépeignaient des images de personnages largement irréalistes, sensationnalistes et exagérées [2] et la présentation de ceux qui souffrent d'une maladie mentale ne fait pas exception » [3].

Généralement, les fictions ont tendance à mettre en scène les phases maniaques, d'embrasement ou de délire, qui sont nettement plus spectaculaires que les épisodes dépressifs pourtant beaucoup plus fréquents dans la vie d'un malade.

« Les stéréotypes négatifs sur les patients atteints de maladie mentale ont une longue histoire à Hollywood. Les représentations inexactes ont un effet négatif important et sous-estimé sur la perception des personnes atteintes de troubles mentaux par le public, les législateurs, les familles et les patients eux-mêmes. » [4]

Emily Landry-Lajoie, qui a fait un travail nettement plus exhaustif que le mien, a relevé plusieurs stéréotypes fréquemment utilisés dans les productions cinématographiques et télévisuelles en lien avec les troubles mentaux. Un archétype trompeur que les scénaristes semblent affectionner particulièrement est celui de la patiente séductrice qui tente de charmer le professionnel affecté à ses soins, un scénario récurrent dans *A Dangerous Method* (2011), *Augustine* (2012), *Nelly* (2017) ou *Effets secondaires* (2013).

Encore une fois, la recherche tend à démontrer que la fiction peut avoir une emprise sur le réel, notamment pour les personnes souffrantes.

« Les analyses des représentations télévisées, imprimées et cinématographiques révèlent également que les thérapeutes sont largement dépeints comme se livrant à un comportement contraire à l'éthique et sexuellement inapproprié, et comme étant incompétents [5, 6, 7, 8]. Ces images peuvent cultiver des attentes inexactes vis-à-vis les thérapeutes ainsi que l'expérience de thérapie. Ces attentes pourraient, en fin de compte, entraîner une diminution de l'utilisation des services de santé mentale. » [3]

Les représentations de la maladie mentale chez les hommes sont aussi souvent réductrices ou incomplètes. Elles se divisent principalement en deux catégories : le génie et le maniaque.

Dans le premier cas, pensez à *Rain Man* (1988), *Un homme d'exception* (2002), *The Big Bang Theory* (2007-2019) et *The Good Doctor* (2017 à ce jour).

Bien que *Rain Man* soit une production cinématographique magistrale, légitimement récompensée de quatre oscars, cette œuvre et celles qui s'attardent à présenter l'autisme par les traits d'un surdoué, en sont venues à donner une fausse représentation du spectre de l'autisme. Rappelons que la prévalence estimée des capacités savantes dans l'autisme est de 10 %. [9]

« Le film est devenu un tel raccourci que moi et toutes les personnes autistes que je connais, devons immédiatement faire la mise en garde suivante : "Je suis autiste, mais je ne suis pas Rain Man." Les gens autistes sont fréquemment confrontés à la même question qu'un médecin pose à Raymond dans le film : "A-t-il des capacités spéciales?" *Rain Man* est aussi le berceau de ce qui est maintenant devenu un tronc commun des représentations autistes au cinéma et à la télévision : les savants autistes. La plus récente incarnation est Shaun Murphy, personnage que joue Freddie Highmore dans *The Good Doctor*. L'idée que tous les autistes sont des génies ou qu'ils ont tous des capacités de savant, comme une mémoire extraordinaire, est un mythe, un mythe qui est largement vivant » [10].

« L'idée que les gens atteints de troubles mentaux sont en réalité doués (ou du moins indemnisés pour leurs troubles) et dotés de pouvoirs hors du commun suggère qu'ils peuvent se débrouiller par eux-mêmes à condition qu'ils aient les gestionnaires appropriés (pensez au rôle de Tom Cruise dans *Rain Man*) pour les orienter dans l'exploitation de leurs pouvoirs. Cela sous-entend qu'ils ont un cadeau spécial lié à leur maladie et suggère que le traitement du trouble détruira le cadeau (et le pouvoir) qui l'accompagne. Beaucoup de nos patients qui pourraient s'identifier à de tels personnages peuvent être amenés à croire qu'ils feraient mieux d'interrompre la prise de leurs médicaments et de renoncer à un traitement pour leurs troubles mentaux, de peur d'avoir à renoncer à leur "cadeau" s'ils contrôlent leurs symptômes. » [4]

La seconde représentation des hommes atteints de troubles mentaux dans la fiction cinématographique et télévisuelle est celle d'un individu violent, voire d'un tueur sanguinaire. Cette proposition est à la base des intrigues de la série *Halloween* (parus entre 1978 et 2022), *Schizophrenia* (1983), *Le silence des agneaux* (1991), *American Psycho* (2000) et *Split* (2017), notamment.

« Des histoires sensationnelles sur des tueurs malades mentaux perpétuent les peurs du public et idées fausses liées aux maladies mentales » (Wahl, 2009 [11]).

Pendant une discussion avec la psychiatre Marie-Ève Cotton, spécialiste très sensible à la stigmatisation des personnes ayant une maladie mentale, la professionnelle avait en main d'autres études qui corroborent les données présentées plus haut.

« Dans les films, 72 % des personnages ayant une maladie mentale commettent des gestes de violence, selon une étude. Dans la vraie vie, toutefois, seulement 3 à 5 % des actes violents sont commis par des gens atteints de maladie mentale. C'est vrai qu'au cinéma, tout le monde est plus violent que dans la réalité, mais les personnes avec maladie mentale sont particulièrement ciblées et dépeintes dans les fictions comme des individus violents, primitifs ou inintelligents. Quand des personnages évoluent dans une unité psychiatrique dans une fiction, les patients sont souvent étranges, ont des tics ou des comportements absurdes, comme nager dans le vide, ce qui n'a rien à voir avec la réalité », précise Mme Cotton.

Ça prend un malade mental pour faire ça!

Lors de notre conversation, la docteure Cotton et moi avons bifurqué de la fiction aux reportages et œuvres journalistiques. Je lui ai indiqué que, selon ma perception, mes collègues et moi étions sensibilisés et soucieux de ne pas stigmatiser les personnes avec troubles mentaux.

Bien qu'il nous reste du chemin à faire, nous traversons une période de grande réflexion et d'évolution quant à la façon d'aborder les troubles mentaux dans nos médias respectifs. La plupart d'entre nous ne réduisent désormais plus l'individu à sa maladie. Au lieu de faire référence à un dépressif ou une psychotique, nous évoquons plutôt l'homme souffrant de dépression ou la femme en état de psychose.

Lorsque l'actualité met en exergue des événements liés à des problèmes mentaux, certains collègues saisissent l'occasion pour expliquer ou vulgariser les maladies, leurs symptômes et leur prévalence. De plus, le dévoilement de personnalités qui osent parler publiquement de leurs troubles psychiques est très généralement salué par les journalistes et chroniqueurs. L'époque où la maladie mentale était perçue comme un signe de faiblesse serait peut-être en voie d'être révolue. À cet égard, les artistes ou sportifs qui ont levé le voile sur leur maladie reçoivent dorénavant des éloges pour leur courage et des tribunes leur sont offertes pour parler de leurs expériences. Pensons, au Québec, aux humoristes Michel Courtemanche, atteint de bipolarité et d'anxiété, et François Massicotte, aussi atteint de bipolarité. Pénélope McQuade, Jonathan Roberge, Safia Nolin, Phil Roy, Florence K, Marilou et Mike Ward ont également été applaudis pour leur contribution à libérer la parole.

Au cours des dernières années, de nombreux articles et reportages ont été diffusés sur le parcours d'athlètes de haut calibre de renommée internationale qui révèlent leur côté humain en abordant les problèmes mentaux qui affectent leur existence : Simone Biles, la gymnaste la plus décorée de l'histoire, le nageur Michael Phelps, la joueuse de tennis Noami Osaka, les gardiens de but Carey Price et Robin Lehner, pour ne nommer que ceux-là. La liste pourrait être beaucoup plus longue.

Bien qu'elle soit d'accord avec tous les exemples présentés, la psychiatre Cotton m'a toutefois posé une question, en toute délicatesse, qui m'a forcée à revoir ma perception : « Pourquoi, lorsque des meurtres terribles sont perpétrés, les médias se demandent-ils souvent, dès les premières heures suivant le drame, de quelle maladie mentale le meurtrier peut bien être atteint? »

À titre d'exemple, la spécialiste est revenue sur l'attaque sordide qui s'est produite dans le Vieux-Québec le soir de l'Halloween 2021, alors qu'un homme vêtu d'un costume médiéval a tué deux personnes en plus d'en blesser cinq autres à l'aide d'un sabre japonais.

Il est vrai que l'association entre l'agression funeste et un potentiel problème de santé mentale chez l'assaillant a été faite très rapidement. Les journalistes ont fait spéculer des psychiatres sur des hypothèses de maladies mentales. Je dois avouer que si, cette nuit-là, j'avais été cheffe de pupitre dans une salle de nouvelles, j'aurais assurément affecté l'un de mes journalistes à l'examen de la maladie mentale à l'origine d'un tel carnage, car dans ma perception, il faut être malade mental pour tuer des innocents à coups de sabre!

C'est vrai pour cette sordide attaque et toutes les autres où il ne semble plus rester une once d'humanité chez l'agresseur : tueries de masse, meurtres d'enfants, crimes avec violence extrême, etc. Et je suis loin d'être la seule. Après l'attaque perpétrée au sabre le soir de l'Halloween 2021, le maire de Québec, la vice-première ministre et le premier ministre de la province ont fait le même lien. Le maire Labeaume a été le premier à plaider pour qu'un débat de société se fasse sur la santé mentale en affirmant que « les maladies psychologiques sont la plus grave menace à la sécurité des villes », insinuant qu'il était difficile de prévoir les conséquences de la folie découlant visiblement de problèmes de santé mentale.

La vice-première ministre, Geneviève Guilbault, a renchéri en disant ce qui suit : « C'est un enjeu majeur qui a été trop longtemps et trop souvent oublié. [...] C'est un enjeu dont on est tout à fait conscients et auquel on travaille. C'est un problème des grandes villes. Il faut faire la réflexion tous ensemble. »

Dans la foulée de la tuerie de Québec, cent millions de dollars d'argent frais en santé mentale ont été annoncés par le gouvernement du Québec. Or, au moment d'écrire ces lignes, plus d'un an après les événements, rien n'a été confirmé quant à une possible maladie mentale dont pourrait souffrir celui qui est accusé dans cette tragédie. On sait seulement que le meurtrier subira un examen psychiatrique.

« Le problème est que les médias, certains décideurs et intervenants, tiennent pour acquis qu'il faut être malade mental pour perpétrer des gestes horribles comme ceux-là. Or, quand on part d'un a priori comme celui-là, quatre fois sur cinq, on se trompe », affirme madame Cotton.

Chiffres à l'appui, la docteure Cotton souligne que, dans les tueries de masse, la majorité des assassins n'avaient pas de troubles mentaux. La recherche démontre que seulement 22 % des tueurs ont un trouble psychique. « Et ça ne veut pas dire que c'est la maladie et uniquement la maladie qui leur a fait commettre l'impensable », précise la psychiatre. Les criminels possédaient plusieurs autres facteurs de risque reconnus : 96 % étaient des hommes, 70 % des solitaires, 61 % avaient des problèmes de drogue ou d'alcool et 43 % avaient été victimes de harcèlement ou d'intimidation.

À cet égard, la spécialiste tient à préciser les principaux facteurs de risque menant à la perpétration d'un crime avec violence. Bien que les maladies mentales graves telles que la schizophrénie, les troubles psychotiques et la maladie bipolaire de type 1 augmentent de quatre à sept fois les risques de violence par comparaison avec une personne sans maladie mentale, 90 % des gens qui en souffrent ne seront jamais violents. En fait, les prédispositions les plus souvent retrouvées chez les agresseurs avec violence sont les suivantes :

- Avoir déjà commis un geste violent;
- Vivre dans des milieux violents ou avoir subi soi-même de la violence;
- Précarité financière ou sans emploi;
- Exclusion sociale ou isolement;
- Personnalité antisociale;
- Avoir un problème d'alcool ou de toxicomanie;
- Être un homme de 40 ans ou moins.

Une étude réalisée en 1996 s'est intéressée à l'impact des médias quant à la manière dont ils rapportent les nouvelles liées aux troubles mentaux. Les chercheurs Thornton and Wahl ont souligné que les journaux et les médias télévisés font un usage répété du lien entre violence et maladie mentale.

« Les reportages sensationnels des médias renforcent les croyances inculquées par les films, qui décrivent les patients atteints de problèmes mentaux comme des "tueurs incontrôlables". » [12]

« Des études montrent constamment que les médias de divertissement et d'information offrent des images extrêmement dramatiques et déformées de la maladie mentale, qui mettent l'accent sur la dangerosité, la criminalité et l'imprévisibilité. [...] Les conséquences négatives des images médiatiques des personnes atteintes de maladie mentale sont profondes, car ces dernières altèrent l'estime de soi, le comportement de recherche d'aide, l'adhésion aux médicaments et le rétablissement global. » [13]

Cette distorsion fait en sorte que certaines maladies sont de plus en plus stigmatisées. « Si la dépression et les troubles anxieux ou alimentaires sont de mieux en mieux perçus par le public en général, la population a aujourd'hui 2,5 fois plus tendance à associer la schizophrénie à la violence qu'en 1950. La raison en est simple : on parle surtout des troubles psychotiques quand il y a un crime sordide », souligne Marie-Ève Cotton.

La triste ironie en lien avec violence et maladie mentale est qu'en fait, les hommes et les femmes qui en sont atteints sont nettement plus souvent victimes qu'agresseurs. En effet, ils sont de sept à dix-sept fois plus susceptibles de subir des gestes violents que la population en général, alors que seulement 3 % à 5 % des actes de violence dans l'ensemble de la société sont perpétrés par des gens atteints d'une maladie mentale.

« On risque beaucoup plus d'être tué par son conjoint ou son enfant que par une personne atteinte de maladie mentale. Il est aussi nettement plus probable d'être tué par une personne qui a été arrêtée une fois pour conduite en état d'ébriété que par quelqu'un qui a une maladie mentale. Ce sont des réalités beaucoup plus troublantes que de s'imaginer être tué par un malade mental anonyme », conclut la psychiatre.

Ce lien que nous établissons entre tueur, violence et maladie mentale nous permet peut-être de nous rassurer en pensant que « ça prend un malade mental pour faire ça ». Eh bien, non, voilà la grande leçon nécessaire que je tire de la réflexion à laquelle Luc m'a conviée. Un véritable choc de constater que, moi, qui me pensais si sensibilisée aux problèmes de santé mentale, je pouvais aussi contribuer à alimenter les préjugés à l'égard de ceux qui en souffrent.

La prochaine grande question est la suivante : quelles sont les solutions à mettre de l'avant pour que s'amenuise la stigmatisation dans les médias? La réflexion doit se poursuivre et s'approfondir chez tous ceux et celles qui possèdent un pouvoir médiatique. J'ignore l'impact qu'aura mon texte, si ce n'est qu'il m'aura au moins permis de me sensibiliser davantage. Merci, Luc, de m'avoir invitée à m'interroger sur cet enjeu social fondamental.

Références

[1] LANDRY-LAJOIE, EMILY. *La représentation des maladies mentales dans les œuvres cinématographiques et télévisuelles*, mémoire présenté à la Faculté des études supérieures en vue de l'obtention d'une maîtrise ès arts en études cinématographiques, Université de Montréal, mai 2019.

[2] GERBNER, G., GROSS, L., MORGAN, M., SIGNORIELLI, N., SHANAHAN, J. « Growing up with television : cultivation processes », dans *Media effects : advances in theory and research*, Lawrence Erlbaum Associates Publishers, 2002.

[3] VOGEL, DAVID L., GENTILE, DOUGLAS, A., KAPLAN, SCOTT A. « The influence of television on willingness to seek therapy », *Journal of Clinical Psychology*, 2008, 64 (3), 276-295.

[4] HYLER, STEVEN H. « Stigma continues in Hollywood », *Psychiatric Times*, 2003, 20 (6), 2.

[5] DOMINO, J. « Impact of the film « One flew over the cuckoo's nest » on attitudes towards mental illness », *Psychology Reports*, 1983, 53 (1), 179-182; https://doi.org/10.2466%2Fpr0.1983.53.1.179.

[6] EBER, M., O'BRIEN, J. M. « Psychotherapy in the movies », *Semantic Scholar*, 1982; DOI : 10.1037/H0088410.

[7] SCHNEIDER, C. *Children's television : the art, the business, and how it works*, NTC Business Books, 1987.

[8] SIGNORIELLI, N. « Television and conceptions about sex roles : maintaining conventionality and the status quo », *Sex Role,* 1989, 21, 341-360; https://doi.org/10.1007/BF00289596.

[9] EDLESON, STEPHEN, M. « An overview of autism », Autism Research Institute, https://www.autism.org/an-overview-of-autism-by-stephen-m-edleson-phd/.

[10] TISSERON, S., TORDO, F., ET COLL. *Robots, de nouveaux partenaires de soins psychiques : avancées et limites*, éditions Erès, 2018.

[11] WAHL, OTTO F. « News media portrayal of mental illness : implication for public policy », *American Behavioral Scientist*, 2009, 46 (12), 1594-1600.

[12] ARBOLEDA-FLÓREZ, JULIO. « Considerations on the stigma of mental illness », *The Canadian Journal of Psychiatry*, 2003, 48 (10), 647-648.

[13] STUART, HEATHER. *Media portrayal of mental illness and its treatments : what effect does it have on people with mental illness?*, ID PubMed : 16478286; DOI: 10.2165/00023210-200620020-00002.

CHAPITRE 5

Coercition et stigmatisation, un lien complexe

Auteurs : Marie-Hélène Goulet, infirmière, Ph. D., professeure adjointe, Faculté des sciences infirmières de l'Université de Montréal, chercheure régulière, Centre de recherche de l'Institut universitaire en santé mentale de Montréal; **Clara Lessard-Deschênes**, infirmière, M. Sc., étudiante au doctorat, Faculté des sciences infirmières de l'Université de Montréal, Centre de recherche de l'Institut universitaire en santé mentale de Montréal; **Vincent Billé**, infirmier, M. Sc., infirmier en pratique avancée en santé mentale et psychiatrie, Centre hospitalier Charles-Perrens, Bordeaux.

Dans ce chapitre, nous examinerons le lien complexe entre les différentes formes de coercition et de stigmatisation dans les soins en santé mentale. La coercition réfère au fait de contraindre une personne (c.-à-d. contre son gré) à faire ou à ne pas faire quelque chose lors des soins psychiatriques. Les mesures coercitives font référence aux mesures restrictives utilisées dans différents contextes de soins en psychiatrie (par exemple : la contrainte physique, chimique ou psychologique). Nous proposons la stigmatisation en tant que conséquence de la coercition, mais aussi en tant que facteur influençant la décision de recourir ou non à la coercition.

Cela n'est pas nouveau, les différents médias véhiculent des représentations particulièrement négatives à l'encontre de la psychiatrie. La diffusion répétée de ces stéréotypes médiatiques est en partie responsable des représentations sociales des troubles psychiatriques et de la stigmatisation qui en découle. La personne souffrant d'un trouble psychiatrique y est le plus souvent associée à la notion de dangerosité et de violence.

Une association française rassemblant des personnes souffrant de schizophrénie et leurs proches a effectué une recension des écrits sur tous les articles parus entre 2011 et 2015 dans huit quotidiens français et a trouvé que dangerosité et schizophrénie étaient associées dans 58 % des articles [1]. Plus récemment au Québec, l'exemple d'une personne schizophrène ayant attaqué des passantes a été publicisé dans une série de chroniques portant sur le fardeau sociétal des personnes atteintes de troubles mentaux apparemment non traitées : « On fait quoi, comme société, quand une personne en psychose refuse de s'aider? Réponse : on respire par le nez et on fait notre possible à l'intérieur des limites de la loi. Et on croise les doigts. Certains disjonctent, tuent. » [2]. Les propos du journaliste y sont stigmatisants et non fondés sur les données probantes. En effet, rappelons que les personnes atteintes d'un trouble mental sévère sont plus à risque d'être victimes de violence que le reste de la population.

Nous pouvons aussi faire référence à tous les films d'horreur et films à suspense où les personnages « psychotiques » sont des « fous dangereux ». Les soins psychiatriques y sont également présentés majoritairement sous le spectre de la contrainte, du contrôle, voire de l'univers carcéral où les soignants ont le plus souvent pour rôle de contraindre, voire de maltraiter les patients (par exemple : *Vol au-dessus d'un nid de coucou*). Le stéréotype de la camisole de force (qui n'est plus utilisée dans les soins psychiatriques) est présent dans de nombreux films, notamment *Mommy* où le jeune homme en est revêtu en raison de ses troubles comportementaux pour ensuite lui être retirée à la suite de sa « bonne conduite ». Il en résulte une représentation hostile des soins psychiatriques et une banalisation de la coercition.

Également tributaire de cette perception de la maladie mentale et de la psychiatrie, l'univers politique international participe à véhiculer les stéréotypes en y associant les mesures coercitives, comme en atteste ce discours de Donald Trump, alors président des États-Unis, en juillet 2019 : « Nous devons réformer nos lois sur la santé mentale pour mieux identifier les personnes souffrant de troubles mentaux, susceptibles de commettre des actes de violence, et veiller à ce que ces personnes ne soient pas seulement traitées, mais, si nécessaire, détenues préventivement. [...] Ce sont la maladie mentale et la haine qui appuient sur la gâchette, pas l'arme. »

Ces puissants médias de communication influencent l'acceptation sociale des mesures coercitives pour favoriser la sécurité publique en entretenant le sentiment de danger et de peur au sein de la population à l'égard des usagers des services de soins de santé mentale et de psychiatrie. Ces représentations de la psychiatrie font partie de notre culture télévisuelle, cinématographique, politique et journalistique. En influençant les attitudes de la population générale, les différents médias participent donc amplement à la stigmatisation et à la discrimination des personnes avec un trouble psychiatrique. Cela est majoré par la banalisation des mesures coercitives à l'encontre de ces patients comme « traitement » régulier, en simplifiant la problématique et en éludant les réflexions sur les droits de la personne.

Bien que la stigmatisation et la coercition prédominent dans les représentations sociales, il existe peu de littérature scientifique s'intéressant à la fois à ces deux phénomènes. C'est pourquoi nous vous proposons ici une réflexion à partir des écrits scientifiques traitant du lien entre ces deux concepts, ainsi qu'à partir de notre perspective de chercheuse, d'infirmière et d'infirmier. La visée de ce chapitre n'est donc pas de se positionner pour ou contre la coercition en santé mentale. Néanmoins, pour cet enjeu délicat et sensible, nous souhaitons faire preuve de transparence et éclairer le lecteur quant à notre position. Nous nous rallions à l'énoncé de la Commission européenne qui stipule que la coercition ne devrait jamais être perçue comme une thérapie, mais comme une mesure d'exception et de dernier recours lorsque toutes les alternatives se sont avérées infructueuses [3].

Coercition

Le domaine de la santé mentale et de la psychiatrie demeure immanquablement associé à la coercition. De manière générale, on parle de coercition lorsqu'une personne est contrainte à faire quelque chose contre son gré, ici la médication, l'hospitalisation ou le suivi auprès d'une équipe spécialisée en santé mentale. Ce concept est pourtant particulièrement complexe et ne peut être défini aussi simplement. En effet, la présence de la coercition dans les soins en santé mentale découle non seulement de lois permettant son utilisation, mais également d'une dynamique fondamentalement déséquilibrée entre ceux qui reçoivent les soins et ceux qui les prodiguent.

Ainsi, la coercition se manifeste de multiples façons dans le traitement des personnes aux prises avec un trouble mental, pouvant aller de simples insinuations (p. ex., « Si vous ne prenez pas vos médicaments, vous ne pourrez pas avoir congé de l'hôpital. ») à l'emploi de la force physique. Dans la littérature, on retrouve donc trois formes de coercition, soit la coercition formelle, informelle et perçue (tableau 1). Une présentation de ces trois déclinaisons permettra d'abord de mieux saisir l'ampleur de ce phénomène en santé mentale, puis d'exposer les liens complexes entre coercition, santé mentale et stigmatisation.

Tableau 1. Les différentes formes de coercition en santé mentale [4, 5]

	FORMELLE	INFORMELLE	PERÇUE
Définition	Utilisation de mesures coercitives encadrées par la législation (variable d'un pays à l'autre) visant à permettre le traitement ou prévenir les risques	Différentes formes de pressions exercées sur la personne dans le but de lui faire accepter un traitement	Perception de vivre de la coercition dans les soins reçus
Exemples	Isolement	Persuasion	Expérience subjective, propre à chaque personne.
	Contentions	Pression relationnelle	
	Hospitalisation involontaire (sous contrainte)	Incitation	
	Autorisation judiciaire de soins (ordonnance de traitement)	Menaces	

La coercition formelle est le type de coercition le plus évident en santé mentale. Son encadrement législatif et la reconnaissance de sa nécessité (lorsque la situation l'exige), tant par les professionnels de la santé que par la population générale, contribuent à son acceptabilité et à sa prévalence dans le milieu psychiatrique. Différents types de coercition formelle existent et sont encore utilisés dans les établissements de santé (tableau 2). Néanmoins, plusieurs écrits soulignent les effets néfastes sur les personnes qui en font l'objet, tels des blessures, des sentiments de honte et d'injustice, un traumatisme ou la réactivation d'un traumatisme antérieur, ainsi qu'une réduction de l'alliance thérapeutique, ayant même été jusqu'au décès dans le cas des contentions [6]. Il n'y a pourtant pas de données probantes quant à leurs effets thérapeutiques. Ainsi, depuis plusieurs années, un consensus international se forme sur la nécessité de diminuer certaines formes de coercition formelle, tels l'isolement et les contentions [3], et de nombreuses initiatives ont été mises en place à cette fin [7].

Bien que le recours à la coercition formelle soit une pratique controversée, son utilisation persiste encore et se fait selon des lois propres à chaque pays et à partir du processus décisionnel des professionnels de la santé. Confrontés à leur utilisation dans leur pratique quotidienne, ces derniers ne sont pas indifférents au caractère sensible de ces mesures, éprouvant parfois de l'anxiété, de la frustration et un sentiment d'impuissance à cet égard. En effet, les écrits sur le sujet soulignent l'intention bienveillante des professionnels de la santé lorsqu'ils évaluent la nécessité de recourir à des méthodes restrictives. La justification des intervenants est la promotion des meilleurs intérêts du patient, tout en étant conscients qu'elle se fait au détriment de son autonomie; il y a alors recherche d'équilibre entre les principes éthiques de bienfaisance et de malfaisance.

Tableau 2. Différentes mesures de coercition formelle

TYPE	DÉFINITION
ISOLEMENT	Confinement d'une personne dans un lieu (p. ex. : chambre d'isolement), pour un temps déterminé, d'où elle ne peut sortir librement.
CONTENTIONS	Différents moyens utilisés en dernier recours pour empêcher ou limiter la liberté de mouvement d'une personne lorsqu'elle risque de se blesser ou de blesser autrui : 1. **Mécanique :** en utilisant par exemple ceinture abdominale, sangles aux poignets et sangles aux chevilles; 2. **Physique :** en utilisant la force physique; 3. **Chimique :** en utilisant un médicament visant la sédation des symptômes comportementaux [8].
HOSPITALISATION INVOLONTAIRE	Au Québec, il est question de garde forcée en établissement, qui peut être préventive, provisoire ou autorisée. Cette garde consiste à hospitaliser sans son consentement une personne qui représente un danger pour elle-même ou autrui. Ailleurs dans la francophonie, on parle d'hospitalisation sous contrainte.
AUTORISATION JUDICIAIRE DE SOINS	Autorisation de la cour de traiter une personne jugée inapte et qui oppose un refus catégorique aux soins prescrits.

Moins souvent abordée auprès du public et plus subtile que la coercition formelle, la coercition informelle est pourtant largement employée contre les personnes qui souffrent d'un trouble mental afin de favoriser leur adhérence au traitement. La coercition informelle a souvent été présentée comme une hiérarchie de comportements qu'adoptent les professionnels de la santé, allant de l'incitation jusqu'à la menace [5] (voir tableau 1). Plusieurs formes de coercition informelle seraient alors utilisées par les professionnels de la santé, jusqu'à l'acceptation du traitement par le patient ou l'imposition d'une contrainte (coercition formelle).

L'utilisation de méthodes coercitives informelles est complexe et semble résulter de plusieurs facteurs entourant les soins psychiatriques. D'abord, malgré l'essor d'approches mettant la personne au cœur du traitement (telle que l'approche du rétablissement), la psychiatrie demeure fondamentalement ancrée dans une perspective paternaliste de « prise en charge ». Le professionnel de la santé y occupe une position d'expert agissant dans le meilleur intérêt du patient. Dans ce contexte, les valeurs d'autonomie et de respect des droits de la personne sont difficilement mises de l'avant. Ensuite, les professionnels de la santé rapportent des sentiments de responsabilité et d'imputabilité dans l'exercice de leur pratique, craignant d'être blâmés advenant l'échec du traitement ou un événement malheureux [9]. Cette pression ressentie, jumelée à la croyance de savoir ce qui est mieux pour le patient, encourage l'utilisation de méthodes de coercition informelle.

Bien que répandue, la coercition informelle soulève, au même titre que la coercition formelle, un malaise chez plusieurs professionnels de la santé. En effet, une étude auprès de professionnels de la santé menée dans dix pays nous informe que ces derniers sont ambivalents quant à l'utilisation de la coercition informelle, mais qu'ils peinent pourtant à ne pas l'employer en pratique [9].

Enfin, la coercition perçue est probablement la forme de coercition la moins discutée à ce jour. Ce concept, qui réfère à l'expérience subjective de la coercition telle que la vit la personne, est pourtant rapporté par un nombre considérable de personnes ayant été hospitalisées pour un trouble psychique, soit 74 % de celles admises involontairement et 25 % de celles admises de manière volontaire [4]. La coercition perçue peut découler de l'utilisation de méthodes coercitives formelles et informelles, mais n'en dépend pas exclusivement. Par exemple, il semblerait que les personnes ayant été hospitalisées contre leur gré par le passé soient plus susceptibles de percevoir de la coercition dans les soins qu'on leur prodigue [10]. En outre, les interactions avec les professionnels de la santé sont particulièrement importantes dans la perception qu'aura la personne de son expérience avec le milieu de la psychiatrie. Une approche respectueuse et axée sur la collaboration permettrait ainsi de diminuer la coercition que peut percevoir la personne.

La coercition, qu'elle soit formelle, informelle ou perçue, soulève des questionnements de nature éthique. L'utilisation de mesures formelles de coercition est notamment remise en question étant donné ses effets néfastes sur les patients, le manque de données quant à leur efficacité véritable et l'atteinte aux droits fondamentaux de la personne [6]. Malgré cela, nous assistons à une hausse de l'utilisation de certaines mesures de coercition dites formelles, telles que l'autorisation judiciaire de soins, la contention chimique et l'hospitalisation involontaire [11]. Cette hausse reflète-t-elle une solution pour pallier le manque de ressources, comme le proposent Pariseau-Legault et Vallée-Ouimet [12]? Ou est-ce un moyen de garantir un encadrement suffisamment serré des personnes aux prises avec un trouble mental sous prétexte d'assurer la sécurité publique?

La sécurité de tous est effectivement souvent invoquée lorsqu'il est question de justifier la coercition. Dans ce contexte, un équilibre entre droits de la personne et sécurité publique est difficilement atteignable. En outre, la coercition informelle met en opposition la valeur d'autonomie de la personne et celle d'efficience du milieu de la santé. En souhaitant à tout prix faire retrouver au patient une qualité de vie et un fonctionnement jugé comme acceptable par la société, les professionnels de la santé risquent de brimer l'autonomie de la personne en lui imposant un idéal qui n'est pas nécessairement le sien. Dans l'étude de Valenti et Banks [9] portant sur la coercition informelle, un intervenant questionné à ce propos évoque que, bien que partant d'une intention bienveillante, les professionnels de la santé ont intégré de manière subconsciente l'idée de savoir ce qui est mieux pour la personne et tentent alors de le lui imposer de manière coercitive. Cela reflète une perspective paternaliste qui subsiste encore dans les milieux de soins.

Coercition et stigmatisation

La coercition et la stigmatisation en santé mentale, bien que constituant deux notions distinctes et relevant de dynamiques différentes, semblent pourtant intrinsèquement liées. Quelle est la nature de ce lien? À la lumière des écrits et de nos travaux, nous proposons que la coercition soit à la fois cause et conséquence de la stigmatisation.

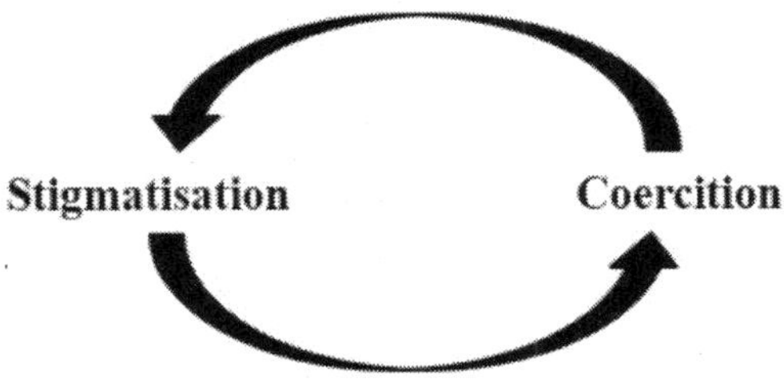

Figure 1. Lien entre stigmatisation et coercition

Rappelons d'abord qu'il existe trois formes principales de stigmatisation en psychiatrie et en santé mentale [13] :

- La stigmatisation sociale est celle qu'attribue la population générale à certaines caractéristiques associées aux personnes souffrant d'un trouble mental, à leur famille et aux professionnels de la santé mentale : les stéréotypes que la population partage, le soutien aux politiques discriminatoires, etc.

- La stigmatisation structurelle désigne la discrimination existante dans la législation et les institutions.
- L'autostigmatisation fait référence à l'intégration et à l'application à soi-même, par l'individu stigmatisé, des stéréotypes, préjugés et attitudes discriminatoires issus de la stigmatisation publique : c'est la stigmatisation intériorisée (je suis « schizophrène », donc je ne peux pas avoir d'emploi, vivre en couple, etc.).

La stigmatisation comme vecteur du recours à la coercition

La stigmatisation, qu'elle soit sociale, structurelle ou auto-infligée, a le potentiel de contribuer au recours à la coercition. Plusieurs dynamiques sont alors en jeu.

L'acceptation sociale de la coercition et de la stigmatisation. Quand on porte un regard sur la stigmatisation encore omniprésente dans la société, il est légitime de se demander si elle influence le recours à la coercition dans les soins de santé. Trois croyances seraient à la base de la perception de la société : les personnes aux prises avec un trouble mental sont 1) incapables d'autonomie dans leur prise de décision, 2) à risque de violence envers elles-mêmes ou autrui et 3) soumises de manière justifiable à la coercition afin de réduire le risque pour la population. Dans une étude réalisée auprès de 1444 Américains, des chercheurs ont établi que la plupart des citoyens appuyaient l'usage de la coercition pour obliger le traitement et qu'une majorité était en faveur de son utilisation lorsqu'il était question du risque de violence [14].

Si la société perçoit la coercition comme une solution logique à la gestion du risque de violence, l'acceptabilité sociale de la coercition en est nécessairement affectée, nonobstant les débats sur l'éthique de son utilisation. Il est toutefois nécessaire de nuancer : tout comme il existe différentes intensités de coercition, il existe différentes positions quant à son utilisation. En effet, deux positions ont été identifiées au sein même de l'Organisation des Nations unies : les tenants du *statu quo,* qui stipulent qu'une utilisation exceptionnelle est acceptable, et celle des abolitionnistes, qui soulignent que toute coercition est inacceptable en regard des droits de la personne [15].

La stigmatisation structurelle. Les positions des soignants ne reflètent-elles pas les valeurs de la société? Peu d'écrits existent à cet effet, mais ils permettent néanmoins d'établir des parallèles entre les croyances identifiées au sein de la population et celles des professionnels de la santé. Les études menées sur la stigmatisation ont montré que les soignants, tous milieux confondus, ne sont pas neutres et qu'ils exercent un certain degré de stigmatisation. Parmi les troubles mentaux, la schizophrénie est associée à l'une des plus mauvaises représentations chez les professionnels de santé mentale. Bien que ces derniers entretiennent moins de croyances stigmatisantes que la population générale quant aux troubles mentaux, ils auraient néanmoins des préoccupations liées à la violence, à la dangerosité et au pronostic de la maladie, et auraient une tendance à s'en distancier sur le plan social. Cela serait induit par la limitation de leur vision de la pathologie mentale aux formes rencontrées dans leur exercice professionnel, où ils sont davantage confrontés aux moments de crise qu'aux périodes de rétablissement de la personne.

Selon un sondage australien mené auprès de 1150 participants, les patients, proches et professionnels sont généralement d'avis que les mesures de contrôle peuvent avoir des conséquences délétères, telles une violation des droits de la personne et une altération de la relation thérapeutique et de la relation de confiance entre les patients et les professionnels [16]. Par contre, ces derniers étaient ceux qui percevaient le moins de conséquences négatives et le plus d'avantages à ce type de coercition formelle, tel que le maintien de la sécurité de la personne, des autres patients et de l'équipe traitante. Malgré une perception plutôt positive des troubles mentaux, les professionnels de la santé mentale soutiennent généralement le recours aux mesures coercitives.

La décision de recourir à une mesure coercitive et d'ainsi brimer les droits de la personne, relève d'une *évaluation du risque.* Les professionnels de la santé sont ainsi tenus de faire appel à leur jugement clinique et aux outils d'évaluation afin d'apprécier le risque de violence d'une personne, c'est-à-dire le danger potentiel qu'elle constitue pour les autres ou pour elle-même. L'examen de la littérature nous permet pourtant de constater qu'il semble y avoir une surreprésentation de certaines caractéristiques sociodémographiques dans l'utilisation de mesures coercitives, suggérant que l'évaluation du risque réel de la personne est teintée par des préconceptions qui lui sont associées. Ainsi, les personnes issues de minorités visibles ou de cultures exprimant l'agressivité différemment de la norme culturelle de l'intervenant sont associées à une stigmatisation accrue. Par exemple, les personnes issues des Premières Nations subissent davantage d'isolement que les allochtones, surtout ceux âgés entre 25 à 34 ans [17].

Des auteurs ont mis à jour le rôle central de la *relation thérapeutique* dans le processus où la stigmatisation augmente la coercition perçue. Dans leur étude, ils ont questionné plus de 270 personnes hospitalisées en psychiatrie qui ont fait l'objet d'une mesure de contention. Il en ressort qu'une stigmatisation perçue élevée, une alliance thérapeutique faible avec le soignant et une estime de soi faible sont toutes associées à un niveau élevé de coercition perçue [18]. Ce constat est facilement compréhensible puisqu'une relation thérapeutique peut difficilement se développer dans un contexte où l'intervenant porte un jugement, conscient ou non, sur la personne qu'il accompagne dans son rétablissement. Les jugements portés découlent certainement de la stigmatisation des troubles mentaux au sein des institutions de santé, qui contribuent à leur tour à l'autostigmatisation des personnes atteintes. Dans ce contexte, les professionnels de la santé, manquant de connaissances, se distancient des personnes, ce qui nuit à l'établissement de la relation thérapeutique.

Au contraire, une relation thérapeutique satisfaisante peut diminuer la coercition perçue, par exemple dans le contexte d'une autorisation judiciaire de soins où la personne et son intervenant se voient à des intervalles réguliers, ce qui favorise l'établissement d'une relation de confiance. Il est alors possible qu'un lien de confiance se tisse, ou que la personne sous autorisation judiciaire de soins « joue le jeu » afin que les intervenants aient le moins souvent recours à la coercition formelle pour l'obliger à suivre son traitement, ce qui relève dans ce cas de figure de la coercition perçue [19]. Il s'agit encore une fois d'une dynamique complexe, la relation thérapeutique étant à la fois un modérateur de la coercition perçue, mais aussi tributaire d'une interaction exempte de stigmatisation.

Autostigmatisation et trajectoire de coercition. En lien avec la trajectoire de soins de la personne aux prises avec un trouble mental, cette dernière suit souvent un long parcours en santé mentale et en psychiatrie qui décuple les occasions d'être l'objet de stigmatisation et de coercition. Nous proposons dès lors de parler plutôt de trajectoire de coercition, qui accroît la possibilité d'internaliser une certaine vision hiérarchisée des soins et de renforcer l'autostigmatisation. Certains auteurs proposent d'ailleurs que la répétition d'événements perçus comme stigmatisants serait susceptible d'épuiser les ressources de régulation émotionnelle, ce qui diminue la capacité de réponse adaptative des personnes qui en font l'objet face aux stimuli déclencheurs d'émotions négatives [20]. Ces émotions négatives réfèrent ici au traumatisme cumulatif logique qui pourrait aussi bien s'appliquer à l'accumulation d'expériences de coercition, qu'elles soient de nature formelle, informelle ou perçue.

Pour illustrer ces propos, prenons l'exemple de l'hospitalisation involontaire associée au stress de la stigmatisation, c'est-à-dire à l'incapacité à gérer le stress que cause la stigmatisation, ce qui augmenterait les idées suicidaires dans les deux ans suivant la mesure coercitive [21]. Ainsi, lorsqu'un patient fait face à un cumul d'événements coercitifs et stigmatisants, il est peut être d'autant plus fragilisé et il est possible que ses ressources internes et externes s'épuisent rapidement. Dans le contexte où un patient présentant un niveau élevé de stigmatisation perçue subit une mesure coercitive, il est donc susceptible d'être excessivement alerte et réactif, ce qui accroît son niveau de coercition perçue.

Il est somme toute possible de constater que différentes perceptions se retrouvent chez les intervenants, selon un continuum allant d'une attitude paternaliste qui cautionne la coercition à la remise en question de cette pratique. Il existe des situations où toutes les options thérapeutiques ont échoué et où l'intervenant doit y faire appel, bien que ce soit une pratique qui puisse aller à l'encontre de ses valeurs personnelles et professionnelles, ce qui peut parfois mener à de la détresse morale chez les intervenants.

Cette diversité de points de vue, bien que moins présente dans les discours, est aussi documentée chez ceux qui subissent la coercition, le continuum allant cette fois de l'acceptation passive à la résistance active de ces personnes [19]. La perception de l'acceptabilité de la coercition ne relève donc pas d'un bloc monolithique, mais d'une pluralité de positions, tant dans la société que chez les intervenants et ceux qui en font l'objet. En revanche, il existe des cultures de soins où l'intervenant, bien qu'ayant sa propre perception, se voit obligé, pour une multitude de raisons, de se plier à la pratique de l'équipe ou de l'organisation.

La stigmatisation comme conséquence de la coercition

Soulignons encore une fois que l'évaluation du risque est la pierre d'assise du recours à la coercition en soins de santé mentale. Nous avons vu précédemment que l'évaluation du risque, s'agissant d'un processus basé sur des échelles validées et le jugement clinique, est susceptible d'être influencée par des stéréotypes et des préjugés. Bien que nécessaire dans les milieux psychiatriques pour juger de la probabilité qu'une personne affiche un comportement violent ainsi que pour planifier des interventions préventives à cet égard, il n'en demeure pas moins qu'elle constitue une forme d'étiquetage. Bien sûr, s'il y a antécédent de violence, ce facteur de risque est documenté dans la littérature, mais ce risque est basé sur des statistiques et ne peut à lui seul prédire la survenue d'un comportement qui nécessiterait une mesure de contrôle, puisqu'une personne ne peut se résumer à des statistiques. Il y a dès lors présence d'un cercle vicieux : si la personne est identifiée à risque, on recourt plus rapidement à des mesures coercitives [12], mais l'évaluation du risque tient compte de facteurs tels que des antécédents de coercition, ce qui peut mener à une hausse des mesures coercitives qui elles-mêmes fragilisent et stigmatisent la personne.

L'évaluation du risque influence donc la trajectoire de coercition. À cet effet, le rapport publié en 2021 par le collectif pour la défense des droits en santé mentale Action Autonomie montre que le fait d'être hospitalisé sous contrainte augmente le risque de faire l'objet d'une autorisation judiciaire de soins, puisque 46,4 % des personnes sous autorisation judiciaire de soins avaient déjà eu une garde en établissement. Ce constat est cohérent avec les études démontrant que des antécédents d'hospitalisation involontaire sont associés à un plus haut degré de coercition perçue [10].

La coercition mène aussi à une stigmatisation des soins proposés en santé mentale et en psychiatrie. Ainsi, que ce soit en raison de leur représentation sociale ou d'antécédents de coercition, il peut y avoir une diminution du recours aux soins et services par la personne aux prises avec des problèmes de santé mentale si elle entrevoit une possibilité qu'il y ait de la coercition [22]. Notamment, les personnes et leurs proches se questionnent quant au manque d'alternatives à l'utilisation de l'isolement et des contentions.

Il semble en effet exister une interaction forte entre le refus d'être stigmatisé et les soins sous contrainte. Il en résulte que le refus des soins par certains patients, afin d'éviter la stigmatisation associée à leur trouble, peut se solder par l'imposition de ces soins quand la personne se retrouve finalement à risque imminent de violence pour les autres ou pour elle-même. L'anticipation ou la peur de la coercition peuvent mener à la recherche de stratégies alternatives aux soins de santé professionnels pour la gestion de la souffrance et des symptômes de la personne.

L'expérience de la coercition peut conduire à un sentiment intériorisé d'être « fou et mauvais », ce qui entraîne une faible estime de soi, l'auto-stigmatisation et la discrimination après la sortie de l'hôpital. Il est d'ailleurs reconnu que la mesure de contrôle peut constituer en soi un traumatisme menant à des symptômes du trouble de stress post-traumatique ou réactiver des traumatismes antérieurs [6].

Stratégies à envisager pour réduire la coercition perçue

Compte tenu de la dynamique complexe entre la stigmatisation et la coercition, deux cibles d'action semblent pertinentes à ce stade : les initiatives visant une réduction de la stigmatisation et celles visant la réduction de la coercition.

Réduire la stigmatisation. Ici et là dans le monde, il est apparu de nombreuses opérations de déstigmatisation qui ont pour but d'améliorer les attitudes de la population et de diminuer les discriminations abordées dans les différents chapitres de ce manuel. Par exemple, le programme américain Honest, Open, Proud invite les participants à échanger sur le dévoilement de la maladie psychique. Le GPS Anti-stigma, est un outil pédagogique d'actions contre la stigmatisation qui a été mis au point en France. L'intégration de patients partenaires dans des équipes de soins, de gestion et de recherche, par leurs témoignages et le partage de leurs connaissances issues de leur savoir expérientiel, peut contribuer significativement à promouvoir la santé et le rétablissement, et plus précisément à lutter contre la stigmatisation et les préjugés.

Il semble aussi qu'un niveau d'éducation élevé soit associé à une perception de coercition plus élevée chez les patients. Ce résultat soulève plusieurs questions. Une personne avec davantage d'éducation est-elle plus au fait de ses droits fondamentaux? S'attend-elle à une relation égalitaire? A-t-elle plus de facilité à reconnaître une situation où ses droits sont brimés et à prendre la parole pour se défendre? Ces résultats ne constituaient pas l'objectif primaire de cette étude, mais ils ouvrent néanmoins la porte à une piste de solution beaucoup moins explorée dans la littérature, celle de l'enseignement des droits de la personne aux clientèles vulnérables. Cela n'est pas sans se rappeler le rôle important que jouent les infirmières dans la promotion des droits des personnes en situation de vulnérabilité, par exemple dans un contexte où elles ne pourraient s'exprimer. Il est d'ailleurs de plus en plus question d'approches en santé mentale basées sur les droits humains, qui exigent un plus grand respect du patient tout en proposant une amélioration de son état clinique [23].

Réduire la coercition. De nombreux programmes et initiatives ont pour leur part ciblé l'isolement et la contention, deux formes de coercition formelle. Voici les principales composantes identifiées dans une revue systématique que nous avons menée à cet égard [7] :

1. ***Leadership*** : volonté des gestionnaires gouvernementaux et institutionnels de mettre en œuvre une philosophie de réduction de la coercition, par exemple par la mise en place de politiques nationales à cet effet.
2. ***Formation du personnel*** : enseignement donné dans le but d'améliorer les compétences des intervenants dans la prévention des comportements violents, telles les techniques de désescalade et de pacification.
3. ***Retour post-isolement*** : retour sur la situation qui peut être fait à différents niveaux (patient, équipe et institution) afin d'en prévenir la récurrence et les conséquences négatives.

4. ***Implication des patients*** : participation des patients au continuum de soins, qu'il s'agisse des soins reçus, de l'institution ou de la recherche. Par exemple, le plan de crise conjoint est un document élaboré en collaboration avec la personne et les intervenants pour identifier les mesures à privilégier en cas de crise. Dans la francophonie, il y a notamment des initiatives documentées à cet égard en Suisse, en France et au Québec.

5. ***Outils de prévention*** : utilisation de différents outils, telles des échelles validées qui permettent de soutenir le jugement clinique dans l'évaluation du risque d'agression à court terme et de mettre en place des interventions préventives, comme celles préalablement identifiées dans le plan de crise conjoint.

6. ***Environnement thérapeutique***. Aménagement de l'environnement physique et relationnel afin de faciliter les interactions patient-patient et patient-intervenant. Par exemple, des salles d'apaisement, des espaces multisensoriels et une approche de soins sensible au traumatisme favorisent une diminution du recours à l'isolement et aux contentions.

En revanche, il existe moins d'initiatives quant aux types de coercition formelle tels l'hospitalisation et le traitement involontaires. Dans certains cas, ces derniers peuvent même être privilégiés à une trajectoire carcérale, par exemple par le biais des tribunaux spécialisés en santé mentale qui proposent généralement un programme d'accompagnement par une équipe spécialisée en justice et en santé mentale.

Alors que la nécessité de réduire le recours aux mesures de contrôle n'est plus à démontrer, il est maintenant nécessaire de s'attaquer à la coercition informelle et perçue. La coercition perçue par la personne atteinte d'un trouble mental découle largement de ses interactions avec les professionnels de la santé. Miser sur la relation thérapeutique et la qualité des interactions semble donc être une avenue intéressante. La relation thérapeutique est un élément clé de la profession infirmière, particulièrement en soins de santé mentale, et pourtant, peu de données existent pour améliorer et soutenir sa qualité.

Parmi les interventions proposées pour favoriser la relation thérapeutique, il est notamment question d'augmenter le temps d'interaction entre les infirmières et les patients afin de permettre la prise de décision partagée et de miser sur des interventions éducatives visant à améliorer les habiletés relationnelles, les attitudes et les connaissances des infirmières [24].

De telles initiatives permettraient à la fois de diminuer la perception de coercition tout en favorisant l'implication du patient.

Conclusion

Dans ce chapitre, nous avons tenté de rendre compte de la complexité de l'association qui unit la stigmatisation et la coercition, où l'une peut mener à l'autre et vice-versa. En effet, le risque est considéré comme plus élevé par les intervenants lorsqu'il y a des antécédents de coercition formelle, alors que celle-ci conduit aussi à une fragilisation de la personne et à une méfiance de sa part envers les institutions. Les représentations des troubles mentaux ont nécessairement une incidence sur la perception du risque de violence et sur la mise en œuvre conséquente des pratiques permettant une atteinte minimale aux droits de la personne [12]. L'internalisation des codes sociaux liés à la culture psychiatrique implique aussi d'apprendre et de comprendre les dynamiques en jeu afin d'éviter la coercition.

Néanmoins, soulignons qu'ayant traité la coercition dans le présent chapitre comme un concept plutôt homogène, plusieurs enjeux par rapport à chaque type de coercition n'ont pu être abordés. Il sera aussi nécessaire de mieux comprendre le vécu du phénomène de stigmatisation chez les personnes ayant subi de la coercition afin de mieux cibler des interventions à cet égard. Par exemple, il sera pertinent de se questionner sur l'opérationnalisation des orientations émises par l'Organisation mondiale de la santé, telle l'implantation de formations sur les droits de la personne et du plan de crise conjoint.

D'autre part, au cours des prochaines années, les réflexions éthiques sur la coercition et la stigmatisation seront sans doute teintées par l'utilisation de plus en plus importante des technologies en santé. À cet effet, plusieurs études sont en cours sur l'utilisation de l'intelligence artificielle pour identifier les personnes à risque à partir de leur dossier informatisé. Dans le même ordre d'idées, des organismes américains ont décidé d'émettre un « drapeau rouge » par le biais d'une fenêtre d'alerte s'affichant chaque fois qu'un intervenant ouvre le dossier informatisé d'une personne souffrant d'un trouble psychique et ayant été identifiée à risque par le passé, peu importe la raison de la consultation médicale en cours [25]. Or, ce type d'étiquetage ne perpétue-t-il pas l'intrication entre la stigmatisation des troubles psychiatriques et l'usage éventuel de la coercition pour prévenir un risque dont l'évaluation n'a pas été actualisée dans le contexte du soin actuel?

En terminant, nous nous permettons une digression et proposons de réfléchir au récent cas de la chanteuse Britney Spears, qui représente un mouvement sociétal en faveur des droits et libertés d'une femme dont l'état de santé mentale a longtemps été abordé de manière négative et stigmatisante dans les médias internationaux. Bien que cette histoire témoigne d'un changement de positionnement du public à l'égard d'une personne dont les problèmes de santé mentale ont été médiatisés, il est préoccupant de constater qu'encore aujourd'hui, il aura fallu la situation d'une vedette internationale pour qu'une discussion soit entamée au sein de la population. Il convient dès lors de se demander qui prend la parole pour toutes les autres personnes victimes de stigmatisation et de coercition.

Références

[1] ObSoCo., « L'image de la schizophrénie à travers son traitement médiatique », *L'Observatoire Société et consommation*, 2015, 1-67.

[2] LAGACÉ, P. « L'hôpital psychiatrique à ciel ouvert (3) », *La Presse*, 2021.

[3] Organisation des Nations Unies. *Rapport du rapporteur spécial sur la torture et autres peines ou traitements cruels, inhumains ou dégradants*, Haut-commissariat des Nations Unies aux droits de l'Homme, 2013.

[4] NEWTON-HOWES, G., STANLEY, J. « Prevalence of perceived coercion among psychiatric patients : Literature review and meta-regression modelling », *The Psychiatrist*, 2012, 36 (9), 335-340.

[5] SZMUKLER, G., APPELBAUM, P. S. « Treatment pressures, leverage, coercion, and compulsion in mental health care », *Journal of Mental Health*, 2008, 17 (3), 233-244.

[6] CHIEZE, M., ET COLL. « Effects of seclusion and restraint in adult psychiatry : a systematic review », *Frontiers in psychiatry*, 2019, 10, p. 491.

[7] GOULET, M.-H., LARUE, C., DUMAIS, A. « Evaluation of seclusion and restraint reduction programs in mental health : a systematic review », *Aggression and Violent Behavior*, 2017, 34, 139-146.

[8] HUPÉ, C., ET COLL. « Quality Standards of nursing care for the use of chemical restraints : a realist review », *Journal of nursing care quality*, 2020, 35 (3), 270-275.

[9] VALENTI, E., ET COLL. « Informal coercion in psychiatry : a focus group study of attitudes and experiences of mental health professionals in ten countries », *Social psychiatry and psychiatric epidemiology*, 2015, 50 (8), 1297-1308.

[10] JAEGER, S., ET COLL. « Long-term effects of involuntary hospitalization on medication adherence, treatment engagement and perception of coercion », *Social Psychiatry and Psychiatric Epidemiology*, 2013, 48 (11), 1787-1796.

[11] ACTION AUTONOMIE. « Trop souvent un abus, toujours un échec : portrait du recours à l'AJSH en santé mentale par les établissements de santé montréalais », *Action Autonomie,* 2021, 1-135.

[12] PARISEAU-LEGAULT, P., ET COLL. « Intégration des droits humains dans la pratique du personnel infirmier faisant usage de coercition en santé mentale : recension systématique des écrits et métaethnographie », *Recherche en soins infirmiers*, 2020 (3), 53-76.

[13] CORRIGAN, P. W., KERR, A., KNUDSEN, L. « The stigma of mental illness : explanatory models and methods for change », *Applied and Preventive Psychology*, 2005, 11 (3), 179-190.

[14] PESCOSOLIDO, B.A., ET COLL. « The public's view of the competence, dangerousness, and need for legal coercion of persons with mental health problems », *American Journal Of Public Health*, 1999, 89 (9), 1339-1345.

[15] MARTIN, W., GURBAI, S. « Surveying the Geneva impasse : coercive care and human rights », *International Journal of Law and Psychiatry*, 2019, 64, 117-128.

[16] KINNER, S.A., ET COLL. « Attitudes towards seclusion and restraint in mental health settings : findings from a large, community-based survey of consumers, carers and mental health professionals », *Epidemiology and Psychiatric Sciences*, 2017, 26 (5), 535-544.

[17] HAPPELL, B., KOEHN, S. « From numbers to understanding : the impact of demographic factors on seclusion rates », *International Journal of Mental Health Nursing*, 2010, 19 (3), 169-176.

[18] WANG, X., ET COLL. « Perceived stigma and perceived coercion in psychiatric patients exposed to mechanical restraint during hospitalization in China : the chain-mediating effects of therapeutic alliance and self-esteem », *International Journal of Psychiatry in Clinical Practice,* 1-35; sous presse.

[19] GOULET, M.-H,. ET COLL. « Multiple stakeholders' perspectives of involuntary treatment orders : a meta-synthesis of the qualitative evidence toward an exploratory model », *International Journal of Forensic Mental Health*, 2020 19 (1), 18-32.

[20] GAEBEL, W., ZÄSKE, H. « Coercive treatment and stigma : is there a link? » dans *Coercive treatment in psychiatry : Clinical, Legal And Ethical Aspects*, 2011, 13-32.

[21] XU, Z., ET COLL. « Involuntary hospitalization, stigma stress and suicidality : a longitudinal study », *Social psychiatry and psychiatric epidemiology*, 2018, 53 (3), 309-312.

[22] KNAAK, S., MANTLER, E., SZETO, A. « Mental illness-related stigma in healthcare : barriers to access and care and evidence-based solutions », *Healthcare Management Forum*, 2017.

[23] MANN, S. P., BRADLEY, V. J., SAHAKIAN, B. J. « Human rights-based approaches to mental health : a review of programs », *Health and Human Rights*, 2016, 18 (1), 263.

[24] HARTLEY, S., ET COLL. « Effective nurse-patient relationships in mental health care : a systematic review of interventions to improve the therapeutic alliance », *International Journal of Nursing Studies*, 2020, 102, 103490.

[25] MORRIS, N. P. « Digital technologies and coercion in psychiatry », *Psychiatric* services, 2021, 72 (3), 302-310.

CHAPITRE 6

La stigmatisation, des images fausses qui détruisent l'essence des relations

Auteure : Marie-Ève Côté, pair-aidante en santé mentale

Durant mon enfance, j'ai habité non loin du Centre hospitalier Robert-Giffard. Un jour, j'ai demandé à mon père quel était ce grand édifice là-bas, au loin; je le trouvais imposant et mystérieux. Mon père m'a dit, sans aucune hésitation : « C'est la maison des malades mentaux, c'est la place des fous. » Le dossier fut clos, même si au fond, je ne comprenais pas trop. Nous roulions sur l'autoroute, j'étais très jeune, mais pour une raison que j'ignore, je me rappelle très bien ce moment... de ce premier contact avec la stigmatisation de la maladie mentale. C'est quoi, un fou? À ce moment, je ne me sentais pas concernée par tout ça, mais c'était l'image que j'avais gardée, un endroit pour des gens différents de moi, je me disais. Finalement, pas du tout. C'était la place de gens sensibles comme moi.

Ma vie, avant la psychose, semblait assez normale. Ma famille vivait énormément de choses difficiles, mais moi, je semblais m'en sortir assez bien. Mon père était handicapé, ma sœur avait une maladie depuis l'adolescence, mes deux grands-mères étaient malades, mon oncle était atteint de paralysie cérébrale. Ma mère devait s'occuper de tout ce monde-là et travailler en plus pour subvenir à nos besoins. Mes parents se sont séparés lorsque j'ai eu 18 ans. Bref, les épreuves semblaient frapper tout mon entourage familial, tous sauf moi. Surtout, je me disais que cela ne devait pas m'arriver, ma mère et mon père avaient déjà connu tant de souffrances. Je ne devais surtout pas devenir une source supplémentaire de douleur; il y en avait partout autour de moi et tout le temps.

À 23 ans, j'ai obtenu mon baccalauréat en enseignement et je me suis trouvé un emploi immédiatement après avoir gradué. J'avais de très bons amis, un amoureux depuis cinq ans, gentil et intelligent. De plus, je gagnais bien ma vie, je voyageais et j'étais en excellente forme physique. Je peignais, je jouais un peu de piano et j'adorais la nature. Je faisais beaucoup de jogging pour évacuer mon stress. Bref, mis à part des soirées bien arrosées et un peu de cannabis le week-end, rien ne semblait vraiment clocher. J'avais la vie d'une jeune femme dans la vingtaine, semblable à plusieurs autres à cet âge.

J'avais tout pour moi! Jamais je ne me suis considérée comme problématique ou encore moins comme quelqu'un de malade. Les gens m'aimaient facilement, j'étais souriante et gentille. Ma confiance en moi était bonne, mais j'étais de nature anxieuse. J'étais du genre à vouloir plaire à tout le monde et j'étais perfectionniste. J'adorais la vie, je me sentais pleinement vivante. Le monde me semblait à ma portée et rien ne pouvait vraiment m'arrêter. Mais je me trompais...

À ma mère, pendant une belle marche au lac Beauport, une semaine avant ma première hospitalisation, j'ai dit : « Moi, maman, je suis chanceuse, il ne m'est jamais arrivé de grandes épreuves. » Quelques jours plus tard, je me retrouvais avec une maladie dont je ne connaissais même pas le nom ni même vraiment l'existence.

Ma première psychose est apparue. C'était un délire mystique où, bien sûr, je pouvais enfin sauver le monde de toutes ses souffrances. Je ne savais pas que toutes ces fausses idées étaient reliées à la maladie, je pensais pouvoir faire quelque chose de bien pour l'humanité grâce à cette magie qu'est la manie. Cette folie démontrait toute mon empathie pour les gens et toute ma sensibilité à leur égard. Malheureusement, c'était moi qui devais être sauvée. Je n'ai fait aucun miracle. J'ai plutôt fait ma première entrée dans le monde de la psychiatrie. Et pour la première fois aussi, la stigmatisation a fait partie de ma vie.

À l'urgence psychiatrique, je suis arrivée dans un autre monde. Ma mère m'avait apporté un beau pyjama neuf pour mon hospitalisation, mais je n'ai pas eu le droit de le mettre. Je devais rester en jaquette d'hôpital. J'ai toujours été très fière, mais ce jour-là, c'était fini la coquetterie pour Marie. Je n'ai rien dit, j'étais sous le choc, car je découvrais un milieu complètement nouveau. J'étais anxieuse d'être enfermée, je ne pouvais pas sortir de là et le milieu me troublait terriblement. Je me questionnais : « Dois-je avoir peur de moi? Pourquoi je ne peux pas sortir d'ici? » Ces gens que je ne connaissais pas faisaient maintenant partie intégrante de mon univers de bipolaire.

Moi qui ne connaissais rien à la psychose ou des troubles mentaux, cette réalité est devenue la mienne. J'ai fait mon début dans la classe des fous, dans la classe des gens « mal vus ». Mon ego en a pris un bon coup.

La jeune femme avec l'avenir devant elle, avec plein de rêves dans le cœur, s'est effacée tranquillement et, je dois l'avouer, je me voyais juste comme une maladie et cette maladie me remplissait de frayeur. Elle m'enlevait ma santé, mon énergie, ma confiance, mon travail, mon argent, ma vie de couple et mon autonomie. De plus, elle balayait tous mes espoirs de me réaliser pleinement pour le reste de mes jours.

Avec beaucoup de tristesse au cœur, je suis devenue victime de préjugés. Quand je nommais mon diagnostic de trouble bipolaire, les gens pensaient des choses de moi qui ne me ressemblaient pas du tout. Par exemple, les gens ont très souvent pensé que je faisais de folles dépenses durant mes phases maniaques et pourtant, je n'ai jamais été une personne dépensière. Également, certains ont pensé que je n'avais pas de relations amoureuses stables compte tenu de ma maladie, ce qui a toujours été complètement faux. Lorsqu'ils apprenaient mon trouble mental, les gens m'accolaient des images qui ne me représentaient pas du tout.

Pourquoi devrait-on se réduire à un seul aspect, à une seule caractéristique ou encore à une maladie? Je sentais que j'étais devenue quelqu'un qui perdait sa qualité humaine...

La maladie, en fait, se présente de façons différentes d'une personne à une autre, mais la plupart des gens ne font pas de distinction. On met parfois toutes les personnes bipolaires dans le même bateau, avec des étiquettes dans le dos. C'est un phénomène très dangereux, car nous avons alors honte de notre maladie, qui peut nous définir en un seul mot, en une seule idée. Par exemple, si quelqu'un vous dévoile qu'il fait du diabète, vous ne jugez pas sa personnalité. Par contre, avec un trouble mental, la personne est jugée au niveau de son tempérament instantanément. Le pire, c'est que les gens s'éloignent de vous sans même vous connaître.

La stigmatisation est apparue aussi dans mon parcours professionnel. Dans mon milieu de travail, j'ai parlé de mon trouble mental à quelques personnes de confiance. Assez rapidement, la nouvelle a fait le tour et tout le monde l'a appris. Ce diagnostic a fait très peur aux membres du personnel, qui ont même pensé que je pouvais être dangereuse pour les enfants. Cette remarque m'a tellement blessée, être perçue comme un danger pour des tout-petits. Moi qui pèse toujours mes mots et surveille tous mes gestes pour mettre le plus d'amour dans mon travail avec les élèves, je devenais un monstre aux yeux des autres à cause de ma maladie.

Cette tristesse au fond mon cœur est indescriptible, car j'adore les enfants et jamais je ne ferais de mal à ces petits êtres en évolution. Est-ce que j'étais dangereuse sans même le savoir? Pourquoi me juge-t-on si sévèrement à cause d'un diagnostic? J'en venais à douter de moi, à douter que je fusse une bonne personne, à douter de mes capacités à pouvoir travailler, à douter de ma valeur. Heureusement, l'amour des tout-petits était plus fort que mes craintes et j'ai continué dans l'enseignement malgré les embûches de la stigmatisation. J'ai dû travailler très fort pour garder ma place. Je dois mentionner qu'en quinze ans de carrière, aucune direction n'a jamais mis en doute mon enseignement. On peut dire que je fais tomber des préjugés!

Au-delà des jugements au travail, le pire de tous les jugements stigmatisants serait que l'on me considère comme une mauvaise mère à cause de mon trouble bipolaire. Pendant ma grossesse, j'ai suivi toutes les recommandations médicales avec sérieux. J'ai lu sur la maternité, j'ai demandé de l'aide au besoin. Je suis patiente, attentive et bienveillante avec mon bébé. Bref, je me connais tellement bien maintenant que je sais que je suis une très bonne maman. Un seul mot sur ma capacité d'être une bonne mère à cause de ma maladie serait dévastateur, car j'aime mon petit garçon à la folie et cette folie-là, elle est belle, saine et remplie d'amour! Je vous le dis très sincèrement, mon fils rayonne de bonheur et jamais le trouble bipolaire ne m'enlèvera mes compétences parentales.

En me documentant sur Internet, j'ai lu tous les traits qui définissent le trouble bipolaire afin de mieux comprendre ce que pensent les gens, et j'ai bien remarqué les fausses informations véhiculées sur le sujet. Je trouvais désolant que les gens puissent penser ainsi. J'en suis venue à la conclusion que je devais parler le moins possible de ma bipolarité pour éviter de me retrouver dans la catégorie des gens à éviter. C'était un réflexe normal pour ne pas faire fuir les gens, moi qui veux plaire à tout prix, mais ce n'est pas de cette façon que l'on peut faire tomber les préjugés.

Au contraire, il faut se faire connaître, il faut en parler, il faut s'aimer assez pour dire aux autres que cela fait partie de qui je suis et je suis fière de ce que je suis devenue grâce à ma maladie. Cette maladie, si je vous la cache, c'est comme si j'avais honte de ce que je suis et pourtant, le trouble bipolaire m'a tant appris. J'ai décidé d'en parler, parfois maladroitement, mais c'est normal d'être stressé, car on ne sait pas comment les gens vont nous recevoir. Petit à petit, j'ai raconté mon histoire, et les gens sont de plus en plus réceptifs et attentifs. Après plus de deux ans de pandémie, ils souhaitent en fait parler de plus en plus de santé mentale. Plusieurs ont des questions et ça me fait grand plaisir de parler de mon rétablissement.

Quand quelqu'un s'exprime sur son trouble mental, il suffit de l'écouter sans aucun jugement. Cela peut être très libérateur pour lui de parler de ce qu'il vit, et son interlocuteur apprend beaucoup en même temps.

Ma maladie, je l'aime maintenant. Le trouble bipolaire m'a appris à mieux me connaître, à être humble, courageuse, patiente et résiliente. Il m'a aussi appris la persévérance. Je me suis rendu compte que je suis une meilleure personne depuis que j'ai ce diagnostic, et c'est pourquoi je ne souhaite plus le cacher! La stigmatisation nuit à notre amour-propre. À ceux qui ne connaissent pas cette réalité, je vous demande d'y penser à deux fois plutôt qu'une avant de juger votre prochain, surtout que vous ne connaissez rien de sa réalité et de ce qu'il a pu traverser.

Si j'avais un conseil à donner aux gens, ce serait de regarder l'autre avec leur cœur. La personne atteinte d'un trouble mental peut vivre beaucoup de souffrance, et si vous la stigmatisez en plus, vous ajoutez à cette souffrance et vous augmentez sa détresse. Compte tenu de la présence des troubles mentaux autour de nous, il faut s'entraider, se soutenir et voir au-delà d'un diagnostic. Il faut apprendre à voir au-delà du trouble pour découvrir la personne. Si vous la regardez bien dans les yeux, vous y verrez une grande vulnérabilité et un cri du cœur. Le trouble mental touche des gens sensibles qui ont souvent eu un parcours de vie difficile. Leur histoire vaut la peine d'être racontée et entendue. Pour abattre la stigmatisation, apprenons à regarder l'humain, sans idée préconçue, sans étiquette et avec beaucoup d'amour.

L'acceptation des différences donne de l'espoir. L'absence de jugement augmente l'épanouissement de la personne. La reconnaissance des forces donne la confiance. L'écoute des histoires personnelles ouvre des portes aux autres.

CHAPITRE 7

Comment prévenir ou réduire l'autostigmatisation?

Auteur : **Julien Dubreucq**, M.D., Ph.D., psychiatre-pédopsychiatre, département de psychiatrie périnatale du collège médical de l'Université Érasme de Rotterdam; service de psychiatrie de l'enfant et de l'adolescent, CHU de Saint Étienne et Universités Jean-Monnet et Lyon 1 (unité mixte de recherche 5229 du Centre national de la recherche scientifique), France

« Je me suis perçue, à juste titre, malheureusement, comme ayant un trouble psychique sérieux, et donc comme étant reléguée à ce que j'ai appelé "les déchets sociaux". Je me torturais avec la pensée persistante et répétitive que les gens que je rencontrerais, même les étrangers absolus, ne m'aimeraient pas et souhaiteraient que les personnes "malades mentales" comme moi n'existent pas. À cause de cette pensée, j'aurais pu faire des choses comme m'éloigner des autres aux arrêts de bus et me cacher et ramper vers les coins les plus éloignés du métro. Me percevant moi-même comme un déchet, j'aurais même pu changer de trottoir quand je croisais d'autres personnes, en pensant leur montrer le respect dû aux personnes d'une classe sociale plus élevée. Cette dernière catégorie comprenait, bien sûr, tous les autres êtres humains. » (Kathleen Gallo, « Self-stigmatized », Schizophrenia Bulletin, 1994).

L'autostigmatisation : de quoi parle-t-on?

L'autostigmatisation survient lorsqu'une personne qui a un diagnostic de trouble psychique sévère (comme la schizophrénie, le trouble bipolaire ou la dépression majeure) est consciente des stéréotypes négatifs présents dans la société, les considère comme vrais pour le groupe social auquel elle appartient et les applique à elle-même. Il s'agit d'un processus de remaniement identitaire profond au cours duquel l'identité sociale préexistante de la personne, définie par ses rôles sociaux, est progressivement remplacée par une vision dévalorisée de soi, appelée « identité à la maladie ».

Concrètement, cela veut dire qu'une personne qui a un trouble psychique se met à croire toutes les choses négatives qu'on dit au sujet de ceux qui ont un trouble psychique (par exemple, impossibilité de se rétablir ou d'exercer des responsabilités, comme diriger une équipe ou s'occuper d'enfants), et se perçoit ainsi comme inférieure aux autres, inapte et malade. Certains préjugés influencés par le sexe des personnes concernées (dangerosité pour autrui pour les hommes même s'ils n'ont jamais eu de comportements violents de toute leur vie; infantilisation et confrontation à des attitudes paternalistes pour les femmes) peuvent être véhiculés par les médias, notamment par la presse quotidienne et régionale où l'on parle souvent des « schizophrènes dangereux ».

La façon dont un individu va réagir face à la stigmatisation perçue de son trouble dépend principalement de deux facteurs : 1) S'identifie-t-il au groupe stigmatisé (considère-t-il avoir un trouble psychique)? 2) Accepte-t-il comme étant vrais les stéréotypes négatifs véhiculés sur les troubles psychiques? [1] Si l'autostigmatisation est fréquente chez le tiers environ des personnes avec des troubles psychiques sévères, quel que soit le trouble ou le temps passé depuis le diagnostic [2], il est toutefois à noter qu'elle ne constitue qu'une des réactions possibles d'un individu face à la stigmatisation, car certains vont choisir plutôt la résistance à la stigmatisation, soit l'indifférence ou la colère).

En effet, certains vont réagir avec indifférence à la stigmatisation en ne s'identifiant pas au trouble diagnostiqué : (« Cela ne me décrit pas »). D'autres réagissent par une juste colère en s'identifiant de façon positive au groupe social stigmatisé et en considérant les stéréotypes négatifs concernant les troubles psychiques sévères comme injustes et non pertinents pour les décrire. Le livre de Luc Vigneault, *Je suis une PERSONNE, pas une MALADIE!* est un bon exemple de cette réaction de juste colère [3]. Il s'agit d'un processus de reprise du pouvoir d'agir au cours duquel la personne va s'opposer à la stigmatisation et à ceux qui la véhiculent, en utilisant ses forces, ressources, compétences et expériences pour remettre en cause les préjugés relatifs aux troubles psychiques sévères. Cette juste colère permet d'aider ses pairs à devenir eux aussi en colère en opposition à la stigmatisation, et fait changer les choses sur le plan sociétal [4].

Quels sont les facteurs qui favorisent l'autostigmatisation?

Autostigmatisation et contexte sociopolitique et culturel

L'autostigmatisation est présente partout dans le monde — ce qui semble en contradiction avec les premiers travaux sur le sujet, qui la décrivait comme un produit des sociétés occidentales plus industrialisées et individualistes. Selon les études, nous retrouvons une fréquence plus élevée de l'autostigmatisation en Asie du Sud-Est, au Moyen-Orient et en Europe de l'Est et du Sud qu'en Europe de l'Ouest. Cela s'explique par une stigmatisation plus marquée dans ces aires géographiques et culturelles. En effet, plus il y a de stigmatisation envers les troubles psychiques au sein d'une culture, plus il y a d'autostigmatisation.

La stigmatisation accrue dans certains pays est en lien avec des facteurs sociopolitiques et culturels (p. ex., conservatisme plus marqué en Europe de l'Est qu'en Europe de l'Ouest; attribution du trouble à des causes surnaturelles au Moyen-Orient; peur des conséquences négatives pour l'ensemble de la famille en cas de divulgation des troubles en Asie du Sud-Est [5]). De façon générale, l'autostigmatisation est moins marquée dans les pays où il est facile de parler des troubles psychiques et d'accéder à des informations réelles sur leur traitement et le rétablissement.

Autostigmatisation et facteurs sociodémographiques ou cliniques

L'autostigmatisation est peu influencée par la majorité des variables sociodémographiques ou les symptômes du trouble [6]. On la retrouve autant chez les personnes qui n'ont pas encore un diagnostic clair que chez celles qui ont une histoire de traitement plus longue. Elle ne dépend ni de la durée du trouble, ni du nombre d'hospitalisations, ni du type d'hospitalisation (sous contrainte ou non).

Toutefois, l'on sait que la conscience d'avoir un trouble psychique et de devoir recevoir des soins contribue à la survenue de l'autostigmatisation, surtout lorsqu'il s'accompagne de facteurs qui limitent la possibilité de recourir à des stratégies adaptatives efficaces en situation sociale, comme la présence de troubles cognitifs et métacognitifs (p. ex., des difficultés de mémoire, d'attention ou à comprendre les intentions d'autrui, apparues avec le trouble). Ces facteurs peuvent d'ailleurs conduire à un évitement général des situations sociales pour ne pas être identifiés comme présentant des troubles psychiques et donc confrontés à la discrimination

(une personne pourrait par exemple se dire : « Si j'interagis avec une personne qui n'a pas de troubles, elle verra forcément que je suis malade, je préfère donc éviter de sortir voir des gens. »)

Autostigmatisation et stigmatisation perçue

Les stéréotypes sur les personnes avec troubles psychiques sévères constituent une construction sociale précoce, acquise pendant la petite enfance, soit largement avant le début des troubles. Cette construction peut être favorisée par le traitement des troubles psychiatriques sévères dans les livres, dessins animés ou films destinés aux enfants (p. ex., dans le film *Madagascar* réalisé par les studios Disney, Alex le lion dit des pingouins qu'ils sont psychotiques, car ils souhaitent retourner à l'état sauvage) [7]. La majorité des personnes avec des troubles psychiques sévères sont conscientes de ces préjugés négatifs présents dans la société, et ce, largement avant la pose d'un diagnostic, ce qui contribue alors à augmenter la stigmatisation anticipée et le stress lié à la stigmatisation [8].

Il est à noter que la perception d'attitudes stigmatisantes chez les professionnels de santé mentale contribue à l'autostigmatisation (p. ex., attitudes paternalistes véhiculant des préjugés comme l'impossibilité de se rétablir ou d'exercer un emploi; recours à des mesures marquant une différence de statut social entre les professionnels et les personnes concernées, comme la mise en pyjama, ce qui peut générer des réactions émotionnelles négatives comme la honte ou le mépris de soi en lien avec la perception d'être contraint de façon abusive). La stigmatisation perçue n'est toutefois pas nécessairement associée à l'autostigmatisation, surtout en cas d'identification positive au groupe stigmatisé (p. ex., les participants à un groupe de soutien vont souvent dénoncer les attitudes stigmatisantes perçues).

Autostigmatisation et stigmatisation expérimentée ou anticipée

La stigmatisation, sous différentes formes, est vécue par le quart environ des personnes avec un trouble psychique sévère et anticipée par plus de la moitié d'entre elles dans leur recherche d'emploi, de logement, ou encore au début d'une relation sentimentale. La personne s'attend à vivre un rejet, ou à recevoir des questions ou commentaires basés sur des préjugés et de la désinformation. La stigmatisation et l'autostigmatisation affectent aussi la décision de fonder une famille [8]. Il est à noter que la stigmatisation peut souvent prendre des formes plus subtiles (« micro-agressions ») comme des attitudes paternalistes de l'entourage, un changement dans l'attitude de l'interlocuteur après la divulgation du trouble, ou encore l'exposition à des opinions stigmatisantes sur les réseaux sociaux. Ces micro-agressions, comme les expériences plus franches de discrimination, peuvent contribuer à la crainte d'être l'objet de discrimination en situation sociale et à l'autostigmatisation. À force d'entendre certains propos, la personne se dit que cela doit être vrai.

L'autostigmatisation concerne aussi les personnes présentant des troubles psychiatriques débutants : 21 % des adolescents hospitalisés en psychiatrie anticipaient faire l'objet de discrimination par leurs pairs après leur sortie, alors que 70 % rapportaient des expériences de discrimination après un suivi de six mois. Environ la moitié des personnes ayant eu un premier épisode psychotique se sentait stigmatisées ou rejetées socialement et le quart rapportait des expériences de discrimination, celles-ci étant associées à une diminution de l'estime de soi et de la qualité de vie. Les expériences de discrimination vécues ou anticipées par les personnes présentant des troubles psychiatriques débutants sont déterminantes, car elles viennent freiner le rétablissement et l'espoir face à un futur prometteur [9].

Les expériences de préjudices et de discriminations créent un stress lié à la stigmatisation; lorsque la personne concernée perçoit ce stress comme excédant ses ressources pour y faire face, elle se décourage et n'arrive plus à utiliser des stratégies pour surmonter le stress lié à la stigmatisation. Elle finit aussi par accepter cet état, ce qui contribue à l'autostigmatisation.

Autostigmatisation et soutien social et familial

L'insight parental peut contribuer à l'autostigmatisation chez des adolescents avec troubles psychiatriques débutants. Un soutien social et familial préservé et une satisfaction élevée dans les relations familiales protègent au contraire de l'autostigmatisation en renforçant la résistance à la stigmatisation [10]. De même, la participation à un groupe d'autosoutien ou la pair-aidance – c'est-à-dire l'accompagnement par une personne qui s'est rétablie et a suivi une formation lui permettant d'aider à son tour d'autres personnes – contribue à la réduction de l'autostigmatisation en favorisant une identification positive au groupe stigmatisé et en renforçant la résistance à la stigmatisation.

Quelles sont les conséquences de l'autostigmatisation?

L'autostigmatisation entraîne des croyances défaitistes à plusieurs niveaux : par exemple, pourquoi rechercher un emploi si l'on pense ne pas pouvoir y parvenir ou à le conserver? De même, chercher à se faire des amis ou à s'engager dans une relation sentimentale si on pense ne pas en être capable? Ou encore, pourquoi s'engager dans des soins si on pense qu'il est impossible de se rétablir?

Cet effet délétère sur la motivation à atteindre des objectifs de vie et à s'engager dans les soins, via une diminution de l'espoir, de l'estime de soi et du pouvoir d'agir contribue aux multiples conséquences négatives de l'autostigmatisation sur le devenir des personnes avec un trouble psychique sévère : majoration des symptômes du trouble, anxiété sociale, dépression, risque suicidaire, moins bon fonctionnement psychosocial. L'autostigmatisation est un facteur de risque de transition psychotique via le stress lié à la stigmatisation. Elle limite aussi les avantages d'un accompagnement à la réinsertion professionnelle. Il s'agit d'un frein majeur au processus de rétablissement.

L'autostigmatisation est toutefois sensible au changement, c'est-à-dire que lorsqu'elle est réduite, on observe une amélioration de la santé mentale, de l'estime de soi, du fonctionnement social et professionnel ainsi qu'une amélioration marquée de la qualité de vie pendant un parcours de réadaptation psychosociale [11].

Un cas particulier : l'autostigmatisation des proches

La stigmatisation a aussi des effets par association sur les proches de la personne concernée. Les stéréotypes varient selon le lien avec la personne stigmatisée : responsabilité de l'apparition de la maladie pour les parents ou de la récurrence des troubles pour les conjoints ou les proches vivant sous le même toit, hérédité des troubles pour les enfants. Les proches sont pleinement conscients de cette stigmatisation par association (20-50 % selon le lien de parenté), qui peut revêtir plusieurs formes : exposition à des remarques stigmatisantes sur les personnes avec troubles psychiques sévères; un changement dans l'attitude de leur interlocuteur pouvant aller jusqu'au rejet social (25-50 %).

La stigmatisation par association est associée à de multiples effets négatifs : sentiment de honte pour 20 à 50 % des proches, autodévalorisation, déni, désengagement, niveau plus élevé de frustrations exprimées à la maison et évitement des contacts sociaux. Même si cela reste peu étudié, la stigmatisation par association pourrait contribuer à l'autostigmatisation de la personne concernée. En effet, les proches qui se blâment et qui vivent dans la honte risquent de ne pas aider la personne à se battre contre les préjugés et les croyances stigmatisantes [12].

Prévenir ou réduire l'autostigmatisation : comment le faire en pratique?

Si les campagnes de lutte contre la stigmatisation n'ont pas modifié de façon majeure les représentations du grand public des personnes avec troubles psychiques sévères, elles ont toutefois permis — par une amélioration de la présentation des troubles psychiques dans les médias — de réduire la stigmatisation perçue et expérimentée par les personnes concernées [4, 5]. Promouvoir dans les médias des témoignages de personnes rétablies ou de pairs-aidants pourrait prévenir l'autostigmatisation et faciliter l'accès aux soins par une identification positive au groupe associé au trouble psychique. Certaines personnes, qui parlent ouvertement de leur trouble et de leur parcours de soins, souvent difficile, deviennent des vedettes inspirantes pour celui qui apprend à vivre avec son trouble et qui ne souhaite pas adhérer aux propos stigmatisants.

Prévenir l'autostigmatisation repose toutefois principalement sur la transformation des pratiques au sein des services de soins en santé mentale. La stigmatisation dans les services de santé mentale est multifactorielle, sous-tendue principalement par certains facteurs influençant la qualité de la relation entre les professionnels et les usagers (p. ex., organisation des soins et des locaux). La prévention de la stigmatisation passe donc par une relation collaborative, d'égal à égal, entre le professionnel et la personne recevant des soins et la création d'un environnement favorable au rétablissement, c'est-à-dire porteur d'espoir, focalisé sur les ressources (et non sur les difficultés liées à la pathologie), favorisant le rétablissement et soutenant l'autodétermination et l'autogestion de sa vie par la personne [7].

Décrites dans plusieurs guides d'appui : (« Faire du rétablissement une réalité » [8]; Guide de référence pour les pratiques axées sur le rétablissement [7]), les pratiques orientées vers le rétablissement peuvent être synthétisées en dix points principaux :

Après chaque interaction, le professionnel de la santé mentale devrait se demander, s'il a :	
1	Écouté activement la personne pour l'aider à comprendre ses problèmes de santé mentale?
2	Aidé la personne à préciser ses objectifs personnels et à établir ses priorités pour se rétablir, et non ceux identifiés par les professionnels?
3	Montré qu'il croyait dans les forces et les ressources existantes de la personne pour atteindre ces objectifs?
4	Donné des exemples tirés de son vécu ou du vécu d'autres usagers qui inspirent la personne ou valident ses espoirs?
5	Prêté une attention particulière à l'importance des objectifs qui sortent la personne de son rôle de malade et qui lui permettent de contribuer activement à la vie des autres?
6	Recensé des ressources autres qu'en santé mentale — amis, contacts, organismes — qui pourraient jouer un rôle dans l'atteinte des objectifs?
7	Encouragé la gestion des problèmes de santé mentale par la personne elle-même en lui fournissant de l'information, en renforçant ses stratégies d'adaptation existantes, etc.?
8	Discuté du genre d'interventions thérapeutiques que veut la personne, p. ex., traitements psychologiques, thérapies non conventionnelles, plan conjoint de crise, en respectant ses choix autant que possible?
9	En tout temps fait preuve d'une attitude respectueuse à l'égard de la personne et d'un désir de travailler ensemble d'égal à égal, montrant une volonté de faire un effort supplémentaire?
10	Tout en acceptant que l'avenir soit incertain et que des revers se produisent, continué d'exprimer son appui à la possibilité d'atteindre ces objectifs autodéterminés – garder espoir et avoir des attentes positives

Figure 1. Les 10 principes d'une pratique orientée vers le rétablissement [8]

La formation des professionnels de la santé aux pratiques orientées vers le rétablissement apparaît cruciale pour réduire la stigmatisation et prévenir l'autostigmatisation [1]. Parmi les programmes de formation aux pratiques orientées vers le rétablissement (apprentissage en ligne, cours en ligne ouverts sans contingentement ou diplômes universitaires), REFOCUS est une formation de trois jours aux pratiques axées sur le rétablissement pour les professionnels de la santé mentale, développée au Royaume-Uni [9] et mise en œuvre avec succès par la suite en Australie et prochainement en France (RETAFORM).

Ces formations aident à modifier les pratiques des professionnels vers le rétablissement : pratique plus collaborative et davantage basée sur les forces, les ressources préservées et les objectifs de vie des patients; abord de nouveaux sujets de conversation (sexualité et vie sentimentale, spiritualité). Les personnes concernées ont aussi rapporté un renforcement de leur pouvoir d'agir, de l'espoir et de leur perception d'avoir des forces et des ressources. Ce type de formation a aussi montré des effets positifs sur le rétablissement des personnes concernées et la réduction des coûts associés aux troubles mentaux [9]. Ses effets potentiels sur la réduction de la stigmatisation et de l'autostigmatisation sont en cours d'investigation.

La décision médicale partagée, c'est-à-dire que la personne discute avec son équipe soignante et décide de la médication et de la mise en œuvre de son plan de crise conjoint, facilite l'engagement dans les soins, réduit le stress lié à la stigmatisation et prévient ainsi l'autostigmatisation [1]. L'adoption de pratiques réduisant le recours à l'isolement et à la contention contribue également à prévenir ou à réduire l'autostigmatisation. La mise en œuvre de pratiques axées sur le rétablissement dans les services de santé mentale pourrait par ailleurs augmenter la satisfaction au travail et prévenir l'épuisement chez les professionnels de la santé mentale, contribuant ainsi à la réduction de la stigmatisation perçue par les personnes concernées ainsi que de l'autostigmatisation [1].

La participation à des groupes d'entraide mutuelle ou d'autosoutien contribue aussi à réduire l'autostigmatisation [1]. L'intervention de pairs-aidants dans les équipes de soins – et plus particulièrement la réalisation de plans personnalisés de rétablissement par des pairs-aidants au décours de l'hospitalisation aux urgences – a montré une efficacité dans la prévention de la réhospitalisation en psychiatrie après un épisode aigu. De plus, le fait de côtoyer un pair-aidant renforce le pouvoir d'agir et l'estime de soi des usagers et favorise leur rétablissement. La pair-aidance facilite l'orientation des pratiques vers le rétablissement dans les services de santé mentale. Les pairs-aidants pourraient aider à prévenir ou du moins à réduire l'autostigmatisation en étant vecteurs d'espoir et d'identification positive à une personne rétablie [1].

La mise en place rapide de traitements psychosociaux reconnus (et non uniquement médicaux) pourrait prévenir l'autostigmatisation en réduisant la durée de la psychose non traitée et en acquérant des stratégies adaptatives efficaces prévenant la désinsertion sociale, scolaire et professionnelle [1]. Les soins de réhabilitation psychosociale permettent de réduire significativement l'autostigmatisation. Cela peut potentiellement s'expliquer par la réduction de l'intensité et du stress associés aux symptômes, la réduction des croyances dysfonctionnelles liées au trouble, l'acquisition de stratégies adaptatives efficaces pour gérer le stress ou interagir avec autrui, une amélioration du fonctionnement cognitif et psychosocial, la reprise du pouvoir d'agir ou encore par le renforcement de la résistance à la stigmatisation [1, 2].

Plusieurs études ont montré que les personnes trop conscientes de leur trouble et des conséquences négatives associées (p. ex., des difficultés accrues et de la stigmatisation vécue) vivent ce qu'on appelle les effets délétères de l'insight. Ces personnes avec trop d'insight ont tendance à s'autostigmatiser, à devenir plus déprimées et plus suicidaires comparées à celles qui ne croient pas avoir un trouble psychique [1, 2]. Il devient impératif d'offrir rapidement, dès l'apparition du trouble, des programmes psychosociaux visant le rétablissement (p. ex., traitement et intervention précoce dans les troubles psychotiques; thérapies comportementales et cognitives) [10] afin d'offrir un discours non stigmatisant pour accompagner la personne et ainsi espérer prévenir l'autostigmatisation.

L'implication précoce des familles est également indispensable pour prévenir l'autostigmatisation [1]. Comme mentionné plus tôt, la famille risque elle-même de s'autostigmatiser et de vivre la honte de penser avoir contribué au développement du trouble mental de leur enfant. Ici encore, offrir rapidement un programme de psychoéducation familiale intégrant la prévention de la stigmatisation et de l'autostigmatisation peut être bénéfique (tels Bref et AVEC) [10]. La psychoéducation familiale pourrait non seulement réduire l'autostigmatisation des proches, mais offre aussi de l'espoir face au rétablissement, contribuant ainsi à la réduction de l'autostigmatisation des personnes concernées [1]. Ainsi, une famille forte, unie et qui se rétablit ensemble risque de vouloir résister à la stigmatisation et d'exprimer une juste colère [2].

De même, certaines stratégies de réhabilitation psychosociale, comme la remédiation cognitive, les thérapies cognitives et comportementales, la psychothérapie métacognitive ou encore l'entraînement des compétences sociales pourraient avoir des effets non spécifiques sur l'autostigmatisation et les capacités à résister à la stigmatisation, via une amélioration de plusieurs difficultés initialement associées au trouble psychique [1, 2]. À titre d'exemple, le programme RemedRugby a été développé pour aider les personnes avec un trouble psychique sévère qui avaient des difficultés sociales importantes. Ce programme couple une intervention de remédiation de la cognition sociale à la pratique d'une activité sportive et comprend un volet visant la déstigmatisation. Les résultats prometteurs de l'étude suggèrent que les participants au programme présentaient moins d'autostigmatisation que les personnes n'ayant pas reçu le programme [11].

Parmi les programmes spécifiques, le programme Honest, Open and Proud, décrit dans un chapitre précédent, qui vise à renforcer le pouvoir d'agir dans la décision de divulguer ou non ses troubles, semble particulièrement efficace chez les adolescents avec troubles psychiatriques débutants. Des programmes plus structurés de réduction de l'autostigmatisation ont été développés à partir de la fin des années 2000, principalement aux États-Unis, mais aussi à Hong Kong et au Royaume-Uni [12]. Il s'agit pour la plupart de programmes couplant de la psychoéducation destinée à remettre en cause les préjugés relatifs aux personnes avec schizophrénie et de la restructuration cognitive visant à prendre du recul par rapport aux biais cognitifs relatifs à l'autostigmatisation (p. ex., « je ne suis pas quelqu'un de fiable »). C'est notamment le cas des programmes Ending Self-Stigma (neuf séances), Self-stigma Reduction (seize séances) et Narrative Enhancement and Cognitive Therapy ou NECT (vingt séances; douze séances en France). Le programme NECT a comme spécificité une partie consacrée à la narration de soi pour aider les participants à donner un sens à leurs expériences en lien avec la maladie et renforcer leurs capacités à se dégager de l'identité à la maladie pour parvenir à une conception plus intégrée d'eux-mêmes [13].

De façon plus générale, si la mise en place de pratiques orientées vers le rétablissement dans les services de santé mentale et la réalisation d'interventions de réhabilitation psychosociale peuvent prévenir ou réduire l'autostigmatisation, cette dernière dépend aussi largement de l'inclusion sociale lorsque celle-ci ne s'accompagne pas d'expériences de discrimination. En surcroît, plusieurs interventions parlent de stigmatisation et de stratégies pour la surmonter, même au sein de programmes ayant d'autres visées, tels que le soutien en emploi par exemple [14, 15]. De même, la participation à un programme de soutien au logement autonome contribue à la stabilité dans le logement, qui facilite le rétablissement personnel et l'amélioration de la qualité de vie.

Enfin, l'autostigmatisation a un impact majeur sur les relations sentimentales, la vie en couple, la décision de devenir ou non parent et la confiance dans ses capacités parentales (p. ex., perception d'être moins attirant que les personnes sans trouble psychique, peur accrue des relations sentimentales, satisfaction maritale moindre, expériences parentales vécues de façon plus négative et davantage d'autostigmatisation sur les compétences parentales pour les mères n'ayant pas la garde de leurs enfants [1, 16]). La mise en place d'interventions de réhabilitation psychosociale abordant ces domaines [17, 18] pourrait permettre de réduire l'autostigmatisation et d'améliorer le devenir des futurs parents et des triades parents-bébés dont l'un ou les deux parents présentent un trouble psychique sévère [19].

En conclusion, prévenir ou réduire l'autostigmatisation est un enjeu thérapeutique majeur dans le traitement des personnes avec troubles psychiques sévères pour améliorer plusieurs sphères de leur vie, ainsi que leur qualité de vie, et contribuer à leur rétablissement. Cela passe notamment par la transformation des pratiques dans les services de santé mentale avec la mise en œuvre de soins axés sur le rétablissement, par la mise en place précoce de soins de réhabilitation psychosociale pouvant comprendre des programmes ciblant spécifiquement l'autostigmatisation, mais aussi et surtout par l'inclusion sociale sans expériences de discrimination.

Références

[1] DUBREUCQ, J., PLASSE, J., FRANCK, N. « Self-stigma in serious mental illness : a systematic review of frequency, correlates, and consequences », *Schizophrenia Bulletin*, 2021, 47 (5), 1261-1287; doi : 10.1093/schbul/sbaa181.

[2] DUBREUCQ, J., PLASSE, J., GABAYET, F., ET COLL. « Stigma resistance is associated with advanced stages of personal recovery in serious mental illness patients enrolled in psychiatric rehabilitation », *Psychological Medecine*, 2020a, 1-11; doi : 10.1017/S0033291720004055.

[3] VIGNEAULT, L. *Je suis une personne, pas une maladie*, Performance Édition, 2019.

[4] LAWSON, A., FOUTS, G. « Mental illness in Disney-animated films », *The Canadian Journal of Psychiatry*, 2004, 49 (5), 310-314; doi : 10.1177/070674370404900506.

[5] ANGERMEYER, M. C., MATSCHINGER, H., CARTA, M. G., ET COLL. « Changes in the perception of mental illness stigma in Germany over the last two decades », *European Psychiatry,* 2014a, 29 (6), 390-395.

[6] CORKER, E., HAMILTON, S., ROBINSON, E., ET COLL. « Viewpoint survey of mental health service users' experiences of discrimination in England 2008-2014 », *Acta Psychiatrica Scandinavica*, 2016, 134 (S446), 6-13.

[7] COMMISSION DE LA SANTÉ MENTALE DU CANADA. *Guide de référence pour des pratiques axées sur le rétablissement : espoir, dignité, citoyenneté*, 2012; https://www.mentalhealthcommission.ca/sites/default/files/MHCC_RecoveryGuidelines_FRE_0.pdf.

[8] SHEPHERD, G., BOARDMAN, J., SLADE, M. *Faire du rétablissement une réalité*, Institut universitaire de santé mentale Douglas, 2007; http://www.douglas.qc.ca/publications/ 220/file_fr/faire_du_retablissement_une_realite_2012.pdf.

[9] SLADE, M., BIRD, V., CLARKE, E., ET COLL. « Supporting recovery in patients with psychosis through care by community-based adult mental health teams (REFOCUS) : a multisite, cluster, randomised, controlled trial », *Lancet Psychiatry*, 2015, 2 (6), 503-514.

[10] LECOMTE, T. *Group CBT for psychosis : a guidebook for clinicians*, Oxford University Press, 2016.

[11] DUBREUCQ, J., GABAYET, F., YCART, B., ET COLL. « Improving social function with real-world social-cognitive remediation in schizophrenia : results from the RemedRugby quasi-experimental trial », *European Psychiatry,* 2020b, 63 (1), e41; doi : 10.1192/j.eurpsy.2020.42.

[12] YANOS, P. T., LUCKSTED, A., DRAPALSKI, A., ET COLL. « Interventions targeting mental health self-stigma : a review and comparison », *Psychiatric Rehabilitation Journal*, 2015, 38, 171-178.

[13] YANOS, P. T., LYSAKER, P. H., SILVERSTEIN, S. M., VAYSHENKER, B., GONZALES, L., WEST, M. L., ET COLL. « A randomized controlled trial of treatment for self-stigma among persons diagnosed with schizophrenia-spectrum disorders », *Social Psychiatry and Psychiatric Epidemiology*, 2019; doi : 10.1007/s00127-019-01702-0.

[14] LECOMTE, T., CORBIÈRE, M., GIGUÈRE, C. E., ET COLL. « Group cognitive behaviour therapy for supported employment : results of a randomized controlled cohort trial », *Schizophrenia Research*, 2019; pii S0920-9964 (19), 30498-0.

[15] DUBREUCQ, J., FERNANDEZ, E., LUCAS, T., ET COLL. « Représentation du travail et réinsertion professionnelle », *Traité de réhabilitation psychosociale*, Elsevier, 2018b, p. 701-712.

[16] DUBREUCQ, M., PLASSE, J., GABAYET, F., ET COLL. « Sex differences in recovery-related outcomes and needs for psychiatric rehabilitation in people with schizophrenia spectrum disorder », *Journal of Clinical Psychiatry*, 2021a, 82 (4), 20m13732; doi : 10.4088/JCP.20m13732.

[17] HACHE-LABELLE, C., ABDEL-BAKI, A., LEPAGE, M., ET COLL. « Romantic relationship group intervention for men with early psychosis : a feasibility, acceptability and potential impact pilot study », *Early Intervention Psychiatry*, 2021, 15 (4), 753-761; doi : 10.1111/eip.130128.

[18] DUBREUCQ, M., DUBREUCQ, J. « A qualitative exploration of the experiences, unmet needs and treatment preferences of people with serious mental illness related to life in relationship and decision-making about starting a family to guide the development of a recovery-oriented intervention », *Psychiatric Services* (soumis).

[19] DUBREUCQ, M., PLASSE, J., GABAYET, F., ET COLL. « Being parent is associated with suicidal history in people with serious mental illness enrolled in psychiatric rehabilitation », *Journal of Psychiatric Research*, 2021b, 140, 395-408; doi : 10.1016/j.jpsychires.2021.06.003.

CHAPITRE 8

Parcours d'un infirmier en psychiatrie

Auteur : **Yves Lessard**, infirmier retraité

Ce récit décrit le parcours d'un infirmier en psychiatrie, la stigmatisation envers les patients dont il a été témoin et le choix de rester humain qu'il a dû faire tout au long de ce parcours.

J'étais vraiment confus durant les années 1980. Elles ont été difficiles pour ma génération, car les *boomers* occupaient tout le marché de l'emploi, ce qui ne nous laissait que des miettes pour entreprendre une carrière professionnelle. Je pensais me diriger en dessin et devenir illustrateur, compte tenu de mon talent en art, mais ce n'était pas une carrière qui me permettrait d'avoir un revenu stable.

Ma grand-mère était hospitalisée à l'époque et gravement malade. Elle était atteinte de diabète de type 1 et d'obésité morbide. Elle regardait les gens qui s'occupaient d'elle et disait à ma mère : « Je vois bien Yves faire ce travail : il est si compatissant et attentionné. »

Ouais, pourquoi pas, ai-je pensé.

C'était une décision de dernier recours. Je me suis inscrit au programme de deux années postsecondaires pour devenir infirmier auxiliaire. Comme je n'étais pas doué pour les sciences, j'ai choisi un programme qui n'exigeait pas de physique ni de chimie. Je me disais que je n'avais rien à perdre, mais quel défi!

Côté académique, je n'étais pas très doué. En fait, je ne mettais pas tous les efforts nécessaires dans mes études. J'étais toujours en période de réflexion, à me demander si j'étais sur la bonne voie sur le plan professionnel.

Mon tout premier stage était en psychiatrie. J'ai eu la chance d'avoir une superviseure de stage exceptionnelle, qui m'a fait découvrir ce monde si riche et pourtant si rempli de préjugés. J'entendais de mon entourage : « Un stage à la maison des fous? Sois prudent! C'est dangereux, l'asile! »

Dans ce stage, on m'a jumelé avec un jeune patient qui venait d'avoir dix-huit ans. Atteint de schizophrénie, il était peu loquace, évitant, et dans son monde à lui. Peut-être était-ce le fait de mon jeune âge, mais j'ai réussi à faire naître une certaine complicité thérapeutique entre nous. Quelque temps après, il commençait à se dégêner et à me parler. J'avais réussi à le sortir de son isolement. Malgré mon poste de simple stagiaire, on m'a intégré dans l'équipe multidisciplinaire pour les soins du jeune homme. Cela m'a donné confiance et un sentiment d'appartenance.

Quelques semaines après la fin de ce stage, je sirotais mon café en lisant le journal dans mon appartement d'étudiant. Je fis la triste découverte de la mort du jeune homme dans les pages nécrologiques. Ça m'a porté tout un coup. J'en ai fait une question personnelle. J'aurais dû faire mieux! Peut-être que j'aurais pu mieux l'aider. Je n'avais pas vraiment su saisir toute la détresse de ce jeune homme. La psychiatrie, c'était fini pour moi — c'était trop dur!

Une fois mes deux années d'études terminées, je propose ma candidature d'infirmier auxiliaire aux hôpitaux de la région. Je reçois peu de réponses. J'habitais alors chez mes parents, sur la ferme familiale où je participais aux travaux de la terre.

Un jour en revenant des champs pour le repas du midi, ma mère s'empresse de me dire qu'un hôpital réclamait mes services et dès maintenant! Aussitôt les bagages faits, mes parents m'ont conduit à Saint-Ferdinand, un petit village situé non loin de Thetford Mines, au centre du Québec, à proximité du majestueux lac William. À l'hôpital, j'ai été accueilli par la sœur responsable des employés. Elle m'a dit que j'étais privilégié d'avoir décroché cet emploi et a ajouté que je devais commencer quelques heures plus tard!

L'hôpital de Saint-Ferdinand était immense, pratiquement aussi vaste que le village lui-même. La bâtisse impressionnait par sa taille imposante. Il s'agissait d'un hôpital psychiatrique dont les patients étaient atteints de divers troubles mentaux chroniques, de déficience intellectuelle ou de trisomie 21; on y trouvait aussi des gens âgés en perte d'autonomie.

La réalité : le travail était exigeant. On devait donner les soins de base, ce qui impliquait de diriger les patients comme un troupeau sous les douches communes au lever où les préposés les arrosaient à l'aide de violents jets d'eau, tout en les traitant de « mongols » et d'autres sobriquets dégradants. Il était impressionnant de voir la quantité de médicaments que je devais distribuer : anxiolytiques, benzodiazépines, antipsychotiques, etc. Les patients étaient hyper drogués – les piluliers étaient remplis jusqu'au rebord. Bienvenue dans le monde réel de la psychiatrie, mon Yves!

Pour décrire le milieu, cela ressemblait beaucoup au décor asilaire du film *Vol au-dessus d'un nid de coucou*. C'était hallucinant de voir les bénéficiaires, titubant, marchant de travers, criant à tue-tête ou se berçant à grands coups de chaise berçante.

C'est ça, ma carrière?

Et puis, non – on m'a mis à pied un jour avant que je sois syndiqué. Aussi sec que ça.

Plus jamais de psychiatrie. Terminé pour moi. Pour de bon cette fois.

Le choc et la déception étaient grands, et s'accompagnaient d'un sentiment d'échec de ce qui avait été mon tout premier emploi. En fait, on m'avait engagé pour remplacer les absents pendant leurs vacances d'été. Cela me paraissait injuste, car je m'étais dévoué corps et âme auprès des patients pendant que des collègues les traitaient avec condescendance. J'entends encore les moqueries de certains envers ces personnes vulnérables!

Ma vie m'a amené à travailler dans différents hôpitaux du Québec, et à finalement fonder une famille à Gatineau (au Québec). J'étais toujours infirmier auxiliaire dans une équipe volante de soins qui travaille dans les unités où il manque d'effectifs. Je travaillais dans tous les départements, de l'urgence jusqu'à la maternité. Pour ce qui est des personnes venues pour des raisons de santé mentale, je les côtoyais surtout à l'urgence. Les soignants avaient soit une approche de respect, soit de discrimination. Un jour, un médecin me remet une ordonnance pour une patiente sur laquelle je lis CF. Je lui demande s'il s'agit d'une cure fermée. « Non, me répond-il, CF, c'est pour *crisse* de folle. » [Crisse : déformation du mot Christ; juron de nombreux Québécois d'expression française.]

Exaspéré de ne pas avoir le pouvoir de changer les choses, car je n'avais que le titre d'infirmier auxiliaire, j'ai décidé de retourner sur les bancs d'école pour étudier en nursing au collège d'études générales et professionnelles de l'Outaouais.

J'avoue que, pour un gars de 33 ans, retourner à l'école n'était pas facile. Je me sentais comme Homer qui va à l'université dans un vieil épisode des *Simpson*. Malgré la grande différence d'âge, j'ai pu me faire un cercle d'amies — toutes des infirmières aujourd'hui accomplies dans leur domaine.

Cette étape importante franchie, tant du côté professionnel que personnel, j'ai pu enfin m'impliquer davantage auprès des patients, mieux intervenir auprès d'eux tout en améliorant ma qualité de vie. L'ironie du sort a fait que mon dernier stage était en santé mentale. Je me suis retrouvé au Centre Pierre-Janet, ce qui a changé ma perception des soins en santé mentale.

Alors que j'étais de retour aux études, une monitrice en soins infirmiers m'a proposé cette approche : « Quand tu vois tes amis, tu leur demandes comment ils vont, comment ça va. Et quand tu rencontres une personne que tu sens vulnérable, tu lui demandes comment ça va en dedans. » Ce fut un moment important de mon parcours, car elle me donnait un outil d'empathie au moyen duquel aider les personnes à se sentir écoutées dans leur détresse.

Malgré tout, et ce, dans tous les hôpitaux où j'ai travaillé, je vois encore la stigmatisation en santé mentale. J'entends souvent, malheureusement, cette expression lors des admissions à l'urgence : « Pas encore un cas de psy! »

Dans l'évaluation de routine que l'on fait de la personne qui se rend à l'urgence pour un trouble mental, on cherche à connaître ses antécédents psychiatriques et à déterminer si elle est soignée par un spécialiste, si elle présente un risque suicidaire et son degré d'intoxication, s'il y a lieu. On place ensuite cette personne sur une civière dans un couloir, avec sa jaquette et une couverture de flanelle, ainsi qu'un cocktail de médicaments en attendant le psychiatre. Et on la laisse là pendant des heures à attendre dans le fond d'un couloir, avec ses idées noires et toute l'anxiété qui vient avec elles.

Un hôpital a même eu l'idée géniale de faire une jaquette brune pour différencier les patients de psychiatrie des autres qui attendaient pour une raison physique. Mais pour l'amour de Dieu, qui a eu cette foutue idée?

Des collègues de travail me refilaient volontiers ces admissions en disant : « Yves est bon avec les cas de psy, il a le don de les calmer. » D'abord, je leur répondais que ce ne sont pas des cas, ce sont des personnes en détresse, et vulnérables. Quelqu'un qui a le courage de se présenter à l'urgence pour recevoir de l'aide mérite de se faire traiter avec respect. On n'est pas au dix-huitième siècle, il me semble!

Un événement m'a grandement marqué pendant un passage au département de psychiatrie. Je bossais de nuit et une de mes collègues, que j'aimais beaucoup, était hospitalisée. Elle faisait une dépression en raison de la mort d'un proche. Je me souviens de ses larmes et de ses yeux qui reflétaient sa grande souffrance. Je me faisais un devoir d'être son défenseur et de lui apporter un peu de réconfort.

Le rapport interservices avait lieu tous les matins à 7 h 45. J'étais dans la chambre de ma collègue qui, au lever, avait fait une crise d'anxiété majeure. Elle avait besoin d'une présence réconfortante. Sachant que je devrais la laisser pour le rapport, je m'étais arrangé pour que quelqu'un me remplace à son chevet. Je me présente au rapport devant l'équipe de jour en soulignant la détresse et l'urgence de poursuivre mon intervention pour l'instant avec cette patiente. Parmi l'équipe, un infirmier semblait perdu dans ses pensées. La cheffe l'interpelle en soulignant qu'il s'agit de sa patiente. Il répond par un « ouais, ouais » peu convaincant.

Mon rapport une fois fait, je fais un bref retour sur mon rapport à la cheffe d'équipe, puis je m'empresse d'aller retrouver ma collègue. Elle était sur son lit, en position fœtale, pleurant à chaudes larmes. Pendant ce temps, l'infirmier, totalement indifférent, grillait une cigarette en regardant dehors par la fenêtre.

J'ai été témoin de tels événements à maintes reprises au cours de ma carrière. J'ai plusieurs fois tenté d'avoir un poste permanent en santé mentale, mais en vain. Je n'avais pas suffisamment d'ancienneté pour choisir mon poste. Beaucoup, après avoir travaillé des années en médecine, à l'urgence, en orthopédie ou autre, choisissent de terminer leur carrière en psychiatrie, car c'est perçu comme moins stressant. Certains ont une approche thérapeutique et aidante. D'autres toutefois n'ont aucune empathie.

Autre retour aux études, cette fois à l'université pour obtenir un baccalauréat en sciences infirmières. Malgré cela, je n'arrive pas à obtenir un poste en psychiatrie. Finalement, on m'a offert un poste en santé mentale à l'hôpital Saint-Sacrement de Québec : le job de mes rêves, avec en plus de superbes conditions de travail. Mais le ministère de la Santé décide alors de mettre la clé à la porte du département et de fermer près de soixante lits de psychiatrie, incluant l'urgence psychiatrique. J'ai personnellement fait des démarches pour rencontrer politiciens, représentants syndicaux et médias. Certains m'ont accusé de ne m'en faire que pour mon job et m'ont reproché de ne pas être visionnaire. À peine quelques mois plus tard, les policiers municipaux sonnaient l'alarme devant les besoins grandissants en santé mentale, mais en vain.

Nouveau poste dans un autre hôpital, où l'on m'offre la section santé mentale de l'urgence. J'ai pu partager ma passion de la santé mentale et, peut-être indirectement, créer un endroit plus humain. Je termine ma carrière maintenant avec un pied à l'urgence en santé mentale et l'autre au département de psychiatrie.

Je continue toujours mon combat d'influence. Malgré mes interventions et les bons mots de plusieurs, certains collègues disent parfois encore que je perds du temps ou que je gaspille de l'énergie pour des cas désespérés.

J'ai eu des moments difficiles, j'ai passé des périodes de tempête. Je me suis senti seul, retiré dans mon coin. Il a suffi que l'on me donne une tape chaleureuse dans le dos. Cette tape m'a fait comprendre que j'étais toujours vivant et m'a donné l'énergie dont j'avais besoin pour me sortir la tête des abîmes. Le plus étonnant, c'est que la tape venait d'une personnalité publique qui avait elle aussi ses problèmes. C'était pourtant la dernière personne au monde de qui je me serais attendu à recevoir cette grâce.

Le message ici : tout le monde peut faire une différence. Parfois juste un geste, un sourire, un toucher, une tape, une présence.

Comment ça va?

J'ai passé du temps à écouter des gens en détresse. J'ai appris tant de choses sur leur vie et leur souffrance.

Que tu consoles une jeune patiente schizophrène, que tu parles dans le vide quelques moments pour rassurer quelqu'un en délire ou que tu écoutes les ténèbres d'une personne suicidaire, ta présence et ton écoute peuvent parfois déclencher une petite étincelle qui fera une différence.

Oui, nous pouvons faire une différence, même un jeune dessinateur qui se destinait à être infirmier...

Pas mal, après tout.

CHAPITRE 9

La stigmatisation dans les pratiques en santé mentale

Auteurs : **Kevin-Marc Valery** et **Antoinette Prouteau**,
équipe d'accueil 4139 du laboratoire de psychologie,
Université de Bordeaux, France, et pôle de psychiatrie adulte,
Centre hospitalier de Jonzac, France

Émergence des travaux sur la stigmatisation en santé mentale

C'est aux États-Unis que sont apparus les premiers mouvements de contestation des discriminations subies par les usagers de soins en santé mentale (Chamberlin, 1990). Historiquement, ces mouvements d'usagers ont porté de nombreux noms, tels que les mouvements Mad, Consumer, Survivor et Ex-patient (pour fous, usagers, survivants et anciens patients), ces trois derniers ayant été regroupés sous l'appellation C/S/X. Lorsque les personnes qui ont connu la psychiatrie ont commencé à raconter leurs récits de vie, « il est devenu clair qu'il existait des modèles distincts d'oppression et que nos problèmes et nos difficultés n'étaient pas seulement internes et personnels, comme on nous l'avait dit » (Chamberlin, 1990). Dans le manifeste du mouvement C/S/X, *On our own*, Judi Chamberlin décrit son expérience personnelle de la psychiatrie américaine des années 1970, après une dépression :

> « J'ai passé environ cinq mois comme patiente dans six hôpitaux psychiatriques. Cette expérience m'a totalement démoralisée. Je ne m'étais jamais considérée comme une personne particulièrement forte, mais après mon hospitalisation, j'étais convaincue de mon inutilité. On m'avait dit que je ne pouvais pas exister en dehors d'une institution. J'étais terrifiée à l'idée que les gens découvrent que j'étais une ancienne patiente et me méprisent autant que je me méprisais moi-même. Pendant des années, j'ai craint que le moindre stress, la moindre difficulté ne conduise à mon

> effondrement total. [...] Il a fallu des années avant que je me permette de ressentir de la colère envers un système qui m'avait enfermée, privée de contacts chaleureux et significatifs avec d'autres êtres humains, droguée si profondément que j'ai pensé que ce traitement était utile. » (p.6)

Dès 1961, le sociologue Erving Goffman publie *Asiles*, un recueil d'essais inspirés de son immersion dans les institutions psychiatriques américaines. Il y décrit des « institutions totales » et leurs processus de mortification, de dépersonnalisation ou encore d'aliénation. Ces premières constatations sont un préliminaire à ses travaux subséquents sur la stigmatisation. Partant de l'étymologie grecque *stigma* — marque physique d'infamie —, Goffman définit la stigmatisation comme « un attribut profondément discréditant et qui réduit le porteur d'une personne lambda entière à une personne entachée, déconsidérée » (Goffman, 1963). La stigmatisation se définit donc comme *le processus par lequel on réduit une personne à un attribut discréditant* — ici, cela signifie réduire une personne à sa maladie mentale.

Depuis, plusieurs travaux scientifiques ont souligné le lien entre les pratiques en santé mentale et la stigmatisation. En 2003, Schulze a mené une étude auprès de personnes ayant un diagnostic de schizophrénie et leurs familles. Son objectif était de recenser « les situations dans lesquelles les personnes interrogées se sentaient incomprises ou exclues à cause de la maladie » (Schulze, 2007). Les résultats indiquent que *22 % des situations de stigmatisation ont été vécues auprès des professionnels de santé mentale* ou dans les services de santé mentale. Ainsi, les pratiques en santé mentale sont identifiées comme *la plus grande source de stigmatisation*, devant les situations vécues lors des relations sociales ou lors de l'accès à l'emploi. Par la suite, quelques études qualitatives ont confirmé un vécu stigmatisant de certaines pratiques en santé mentale (pour revue, voir Mestdagh et Hansen, 2014). Malgré l'importance du phénomène, les données précises sur la stigmatisation dans les pratiques en santé mentale, et les moyens d'y faire face, restent peu nombreux.

Face à ce constat, nous avons développé des recherches participatives visant la déstigmatisation des pratiques en santé mentale, le programme STIGMApro (https://labpsy.u-bordeaux.fr/Travaux-de-recherche/STIGMA). Pour atteindre cet objectif, le programme s'inscrit dans une démarche de pratique fondée sur les preuves. Cette démarche désigne un processus de prise de décision qui s'appuie sur trois piliers : les *données probantes* issues de la recherche scientifique (p. ex., les résultats scientifiquement validés et mis à jour), *l'expertise clinique* du soignant (sa capacité d'utiliser ses connaissances théoriques et son expérience clinique) et les *valeurs et préférences des usagers* (*Presidential task force on evidence-based practice*, 2006).

C'est dans ce cadre que plusieurs enquêtes et expérimentations ont été menées depuis 2019 pour décrire précisément les situations de stigmatisation vécues dans les parcours de soin en santé mentale, et identifier les différents facteurs associés à moins de stigmatisation.

Les pratiques stigmatisantes en santé mentale

Nous avons tout d'abord cherché à identifier précisément les situations de stigmatisation vécues dans le parcours de soin en santé mentale (Valery, Fournier et coll., soumis). Dans une perspective de recherche participative, des personnes ayant un parcours de soin en psychiatrie ont tout d'abord participé à l'élaboration d'une enquête basée sur des situations décrites dans la littérature internationale (Mestdagh et Hansen, 2014), et d'autres leur paraissant pertinentes à ajouter. Le savoir expérientiel transmis lors de la co-construction de cette enquête nous a permis d'élaborer un questionnaire clair au plus proche du vécu des personnes. Cette enquête a été ensuite diffusée en ligne auprès d'usagers et de familles d'usagers de services psychiatriques.

Les résultats ont permis de classer les quinze principales situations de stigmatisation vécues dans le parcours de soin (voir le tableau 1). Si les situations recensées sont toutes attribuées à la stigmatisation, les plus stigmatisantes ne sont pas forcément les plus fréquentes (p. ex., le manque de prise en compte des plaintes somatiques, le manque de confiance dans le rétablissement). L'ensemble de ces situations mérite donc d'être considéré dans les interventions visant à réduire la stigmatisation dans les pratiques en santé mentale.

Tableau 1. Classement des situations de stigmatisation dans le parcours de soin en santé mentale selon les participants qui ont un diagnostic de schizophrénie et les familles de personnes ayant un diagnostic de schizophrénie

Situations de stigmatisation	Fréquence selon les usagers (N=59)	Fréquences selon les familles (N=80)
1. Je ne me suis pas senti pris au sérieux par les professionnels lorsque j'avais une plainte somatique (une douleur physique).	57,63 %	56,25 %
2. J'ai eu l'impression que les professionnels ne croyaient pas que je pouvais me rétablir (vivre une vie satisfaisante, productive et remplie d'espoir malgré la maladie).	54,24 %	60,00 %
3. J'ai senti que les professionnels croyaient que j'étais un danger pour les autres.	44,07 %	52,50 %
4. Je n'ai pas participé aux décisions concernant mon traitement.	83,05 %	75,00 %
5. Les professionnels n'étaient pas attentifs à mon inclusion dans la société (dans le travail, les relations sociales, le logement, etc.).	61,02 %	71,25 %
6. Je considère avoir été victime de pratiques violentes physiquement.	40,68 %	33,75 %
7. Je me suis senti infantilisé.	83,05 %	67,50 %
8. Je ne me suis pas senti respecté dans mon intimité et ma pudeur.	64,41 %	46,25 %
9. J'ai manqué d'informations et d'explications durant mon parcours de soin (maladie, traitements, projets).	88,14 %	72,50 %
10. Les professionnels de santé mentale pensaient que je ne faisais pas beaucoup d'efforts pour m'en sortir.	38,98 %	42,50 %
11. Le vocabulaire (jargon) des professionnels compliquait le parcours de soin.	37,29 %	51,25 %
12. Les services de soin que j'ai connus ne m'ont pas informé de mes droits.	72,88 %	56,25 %
13. J'ai senti peu de compassion de la part des professionnels de santé mentale.	74,58 %	63,75 %
14. Les professionnels n'ont pas bien géré leur communication avec mes proches.	55,93 %	85,00 %
15. J'ai dû trop souvent reraconter mon histoire.	74,58 %	75,00 %

Les facteurs associés à la stigmatisation : pistes de solution

Nos travaux se sont aussi attachés à mettre en évidence les facteurs associés à la stigmatisation dans les pratiques en santé mentale, reflétant ainsi les mécanismes sous-jacents à la stigmatisation et à sa neutralisation. Les facteurs associés à moins de stigmatisation offrent donc des pistes de solution pour tendre vers des pratiques plus bénéfiques aux personnes accompagnées. Pour identifier ces facteurs, nous avons mené une revue systématique de la littérature internationale sur la stigmatisation chez les professionnels de santé mentale (Valery et Prouteau, 2020), ainsi que plusieurs enquêtes inédites en France chez les professionnels de santé mentale (Valery, Violeau et coll., soumis) et chez les usagers et leurs familles (Valery, Fournier et coll., soumis). La figure 1 présente les quatre catégories de facteurs évalués dans nos travaux et leurs liens avec la stigmatisation.

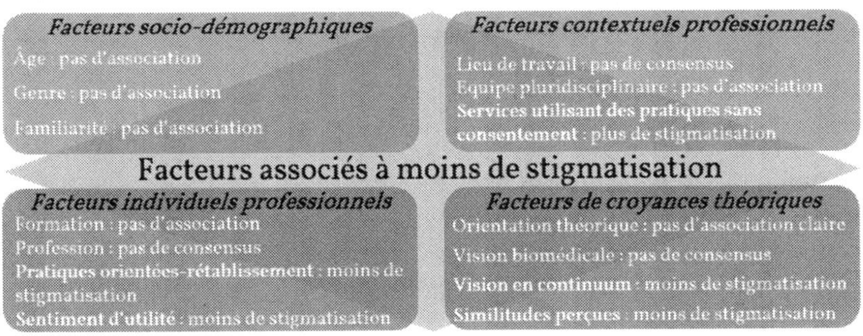

Figure 1. Synthèse des facteurs associés à la stigmatisation de la schizophrénie chez les soignants en santé mentale selon la revue de littérature STIGMApro et les enquêtes STIGMApro (usagers, familles, professionnels).

Nos résultats montrent que les facteurs sociodémographiques n'ont que peu (voire pas) d'influence. De manière intéressante, il faut souligner que les facteurs pertinents ne concernent pas seulement les professionnels individuellement, mais aussi le contexte dans lequel ces derniers exercent. Le développement qui suit approfondit les facteurs associés de manière significative pour en extraire des solutions anti-stigmatisation en pratique clinique quotidienne.

Approche en continuum des maladies mentales

En santé mentale, les représentations des maladies sont directement liées à leur définition théorique (First et coll., 2018). Jusqu'à la troisième édition du *Diagnostic and statistical manual of mental disorders* (ou DSM, un des manuels les plus utilisés pour établir les diagnostics en psychiatrie), les classifications internationales des maladies mentales adoptaient une vision catégorielle de la psychiatrie, encourageant une vision en tout ou rien des personnes — soit on a une maladie, soit on ne l'a pas, il n'y a pas d'entre-deux. Cette approche diagnostique catégorielle a été vivement critiquée (van Os et coll., 2000).

Une première critique portait sur les critères permettant de catégoriser, qui provenaient d'un consensus d'experts et non des données scientifiques disponibles, ce qui donnait lieu, du propre aveu des éditeurs des DSM, l'American Psychiatric Association (APA), à « de nombreux cas où les critères n'étaient pas tout à fait clairs, étaient incohérents d'une catégorie à l'autre ou étaient même contradictoires » (APA, 1987, p. xvii). En effet, de nombreuses recherches de la fin du XXe siècle dénoncent la multiplication artificielle des catégories (pour une revue de cette question, voir Fabiano et Haslam, 2020), leurs chevauchements (Ellason et Ross, 1995), la préférence donnée à la fiabilité sur la validité ou à la sensibilité sur la spécificité (Maj et coll., 2000) et une efficacité prédictive médiocre quant au pronostic (Davidson et McGlashan, 1997).

Face aux critiques touchant le manque de réalisme de la vision catégorielle, le DSM IV et sa révision ont tenté un virage dimensionnel (Read et coll., 2013). La vision dimensionnelle reconnaît la grande hétérogénéité qui existe au sein d'une catégorie diagnostique. Dans ce changement de représentation, la catégorie diagnostique est caractérisée par une juxtaposition de traits ou dimensions dont l'intensité expressive est située sur un continuum allant du normal au pathologique, en référence à une norme statistique établie en population générale (Read et coll., 2013). Cependant, la parution du DSM V en 2013 ne fait pas taire les critiques qui arguent que les troubles psychiques sont encore et toujours distribués en catégories, alors que seuls les critères sont dimensionnels (Young, 2013). Dans l'introduction du manuel, les auteurs précisent les raisons de la reconduction de cette vision catégorielle : « Malgré le problème posé par les diagnostics catégoriels, le groupe de travail du DSM V a reconnu qu'il était scientifiquement prématuré de proposer des définitions alternatives pour la plupart des troubles. La nouvelle structure organisationnelle vise à jeter un pont en direction des nouvelles approches diagnostiques, tout en maintenant la continuité avec les pratiques cliniques et la recherche actuelles. » (APA, 2013, dans Crocq et coll., 2016.)

Malgré les controverses, la vision diagnostique catégorielle reste donc actuellement la représentation dominante chez les soignants (First et coll., 2018). De leur côté, les données scientifiques issues de la littérature internationale continuent à soutenir l'hypothèse d'un continuum entre le normal et le pathologique (Larøi et Van Der Linden, 2005).

Pour illustrer cette approche en continuum, prenons l'exemple de l'entente de voix. Sous la catégorie diagnostique « troubles du spectre de la schizophrénie » du DSM V, les expériences psychotiques, comme entendre des voix, correspondent aux symptômes majeurs du trouble. Ainsi, selon l'approche catégorielle, une personne rapportant entendre des voix a de fortes chances de recevoir un diagnostic. Cependant, ce type de manifestation n'est pas spécifique aux personnes qui ont un diagnostic et est plutôt couramment vécue dans la population générale : les méta-analyses des études épidémiologiques (Linscott et van Os, 2013; van Os et coll., 2009) montrent en effet qu'environ 8 % de la population générale rapportent avoir vécu des expériences psychotiques (hallucinations ou idées délirantes). Seuls 7,4 % des individus ayant rapporté une expérience psychotique développent un trouble du spectre de la schizophrénie ou en reçoivent le diagnostic. Les 92,6 % restants ont soit reçu un autre diagnostic, soit ne correspondent à aucun diagnostic. Ces premières données invalident donc le fait qu'il existe des catégories bien définies de maladie mentale reposant sur des critères précis.

Selon l'approche en continuum, plusieurs facteurs prédisent le développement ou non du trouble après une expérience psychotique (Larøi et coll., 2012). Par rapport aux personnes ayant un diagnostic de schizophrénie, les voix entendues par des individus en bonne santé étaient plus susceptibles d'avoir un discours banal ou positif (contre négatif ou violent), d'être contrôlables (contre envahissantes), d'évaluer les autres et d'être identifiées comme les voix des membres de la famille (contre voix inconnues). Se dessinent alors plusieurs dimensions pour évaluer ces voix et permettre d'établir un continuum d'expériences d'hallucination auditive verbale allant du processus psychologique fonctionnel — dit normal — au processus dysfonctionnel — dit pathologique (voir la figure 2).

Figure 2. Exemple d'un continuum appliqué aux hallucinations auditives verbales allant du fonctionnel au dysfonctionnel, d'après Larøi et coll., 2012. REMARQUE : ici, l'individu tend du côté dysfonctionnel du continuum lorsque les voix sont envahissantes avec du contenu négatif.

Nos enquêtes chez les professionnels de santé mentale révèlent que les croyances catégorielles sur la maladie mentale sont associées à plus de stigmatisation chez ces professionnels, notamment à plus de stéréotypes d'incompétence et à plus de distance sociale, avec des tailles d'effet intermédiaires ou fortes (Valery, Violeau et coll., soumis). Les croyances en un continuum concernant la maladie mentale sont à l'inverse associées à moins de stigmatisation, avec une plus petite taille d'effet. La formation des professionnels aux approches en continuum de la santé mentale représente donc une alternative concrète pour faire barrage aux représentations stéréotypées, en tendant vers des représentations davantage basées sur les données probantes.

Similitudes perçues entre soi et autrui

Les similitudes perçues font référence à la tendance d'un individu à penser qu'il partage des similitudes avec une autre personne, qu'ils sont similaires (Violeau et coll., 2020). Le modèle de comparaison sociale de Mussweiler offre un cadre théorique permettant de comprendre les mécanismes par lesquels les similitudes perçues peuvent influencer la stigmatisation (Mussweiler, 2003). Dans le processus de comparaison sociale, lorsqu'un individu est centré sur les similitudes qui peuvent exister entre soi et un autre, il assimile plus facilement les caractéristiques de l'autre à soi. Par exemple, lorsqu'un individu tente de sympathiser avec un nouveau collègue, s'il est centré sur les similitudes (p. ex., amabilité, compétence), il va solliciter des catégories sociales auxquelles ils appartiennent tous les deux (p. ex., ancien étudiant de la même formation, père de famille, pratique du même sport, mêmes idées politiques).

Inversement, si un individu est centré sur les différences, il se place en contraste avec les caractéristiques d'autrui, se servant des catégories sociales pour y parvenir. Par exemple, lorsqu'il tente de se différencier d'un nouveau collègue, il est centré sur les différences (p. ex., hiérarchie, missions) et sollicite des catégories sociales auxquelles ils n'appartiennent pas tous les deux (p. ex., formations différentes, métiers différents, idées politiques différentes). Dans nos enquêtes, les professionnels qui perçoivent le plus de similitudes entre eux et les personnes qui ont une schizophrénie rapportent moins de stigmatisation, avec des tailles d'effet intermédiaires (Valery, Violeau et coll., soumis).

Un concept issu du champ de relation thérapeutique pourrait permettre d'opérationnaliser ces résultats dans les pratiques. En effet, le dévoilement de soi permet au soignant de verbaliser certaines similitudes entre lui et l'usager. Les dévoilements de soi peuvent être définis comme des « déclarations du thérapeute qui révèlent quelque chose de personnel sur lui-même » (Hill et Knox, 2002). Le thérapeute y dévoile des moments de sa vie personnelle qui font écho à ce que dévoile la personne en thérapie (p. ex., mêmes difficultés rencontrées, événements émotionnellement forts, stratégies utilisées pour faire face à un problème). Les objectifs de cette technique clinique peuvent être de partager des informations utiles pour la thérapie, comme des stratégies de gestion d'émotions, ou bien de renforcer la relation thérapeutique. Une récente méta-analyse (Hill et coll., 2019) a émis des recommandations sur l'utilisation du dévoilement de soi, dont certaines indiquent qu'il faut centrer le dévoilement sur la personne accompagnée ou encore souligner les similitudes entre ce qu'elle dévoile et ce que le soignant dévoile. Cette technique représente donc une opérationnalisation des processus de similitudes perçues directement transférables dans les pratiques en santé mentale.

Approche du rétablissement

En parallèle des pratiques classiques en santé mentale centrées sur le diagnostic des personnes, l'approche du rétablissement s'est développée en se centrant sur le devenir de la personne. Historiquement défendu par les usagers et les familles (Chamberlin, 1990), le rétablissement est une dynamique subjective, où « l'espoir et l'autodétermination mènent à une vie significative et à un sens positif de soi, que la maladie mentale soit toujours présente ou non » (pour revue des définitions subjectives, voir Andresen et coll., 2003, 592).

Cette définition s'oppose à certaines définitions qui ont tenté d'objectiver le rétablissement en le définissant comme une forme de guérison ou de rémission, dont l'indicateur principal serait la disparition des symptômes (Pomini et Bonsack, 2018). La vision subjective assumée du rétablissement admet que les critères de rétablissement n'appartiennent pas aux soignants ou aux chercheurs, mais aux personnes accompagnées (Vigneault et Demers, 2019). Appuyée par les mouvements d'usagers, les multiples exemples de rétablissement et les données probantes, l'approche du rétablissement décrédibilise les représentations fatalistes et chroniques associées à la maladie mentale. Dans cette optique, la personne ayant reçu un diagnostic de schizophrénie n'est plus destinée à être stabilisée, mais peut s'engager dans un processus de rétablissement dont la dernière étape marque la résilience et la croissance de l'individu malgré la maladie (Leamy et coll., 2011; voir la figure 2).

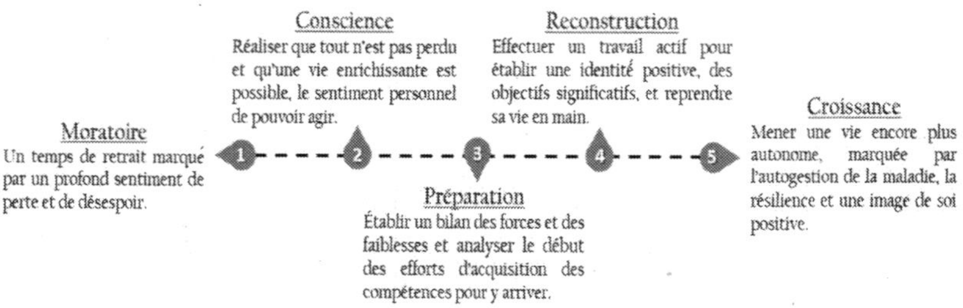

Figure 3. Les étapes du rétablissement, adapté de Leamy et coll., 2011.

Une revue de la littérature a réuni, en un modèle, l'ensemble des processus permettant de s'inscrire dans cette dynamique individuelle de rétablissement : le modèle CHIME de Leamy (relations sociales, espoir et optimisme face au futur, identité, sens à la vie et autonomisation, Leamy et coll., 2011; voir la figure 3). Ces processus forment des objets d'intérêt notables pour la recherche, mais surtout des leviers d'action dans l'accompagnement des personnes. Ainsi, les pratiques axées sur le rétablissement deviennent progressivement un standard de pratique clinique. De nombreux pays, notamment les États-Unis, l'Australie et le Royaume-Uni, ont été les premiers à en faire un élément central de leur politique de santé mentale (Delaney, 2012; Glick et coll., 2011; Shepherd et coll., 2008). L'Organisation mondiale de la santé oriente également son approche de la santé mentale vers le rétablissement, notamment à travers le programme QualityRights, qui offre un cadre d'évaluation et de formation à la qualité des soins et du respect des droits (Organisation mondiale de la santé, 2019). Ce programme est actuellement déployé dans les pays francophones par le centre collaborateur de l'OMS à Lille, en France (Roelandt et coll., 2015).

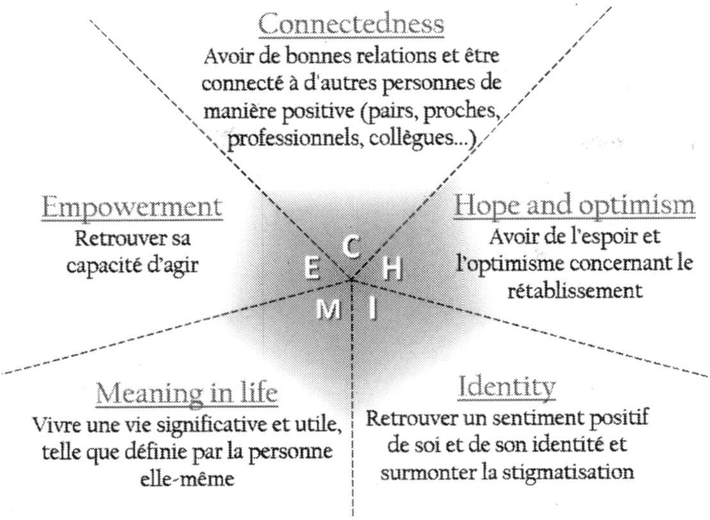

Figure 3. Les domaines des processus du rétablissement du modèle CHIME, Leamy et coll., 2011

Riche de solutions pour transformer les pratiques en profondeur, l'approche du rétablissement offre trois opérationnalisations différentes, mais complémentaires pour lutter contre la stigmatisation. Premièrement, les pratiques axées sur le rétablissement réunissent un ensemble de pratiques en santé mentale qui favorisent le rétablissement. Une revue de la littérature sur les guides de pratiques axées sur le rétablissement (Le Boutillier et coll., 2011) a permis d'établir quatre principes fondamentaux de ces pratiques :

- Accompagnement de l'usager comme une personne à part entière, citoyenne, ayant des droits;
- Engagement des pratiques et des services dans une orientation de rétablissement;
- Soutien de la personne dans sa définition du rétablissement;
- Relation thérapeutique de qualité assurée.

Néanmoins, une récente revue de la littérature souligne que si les interventions visant à introduire des pratiques axées sur le rétablissement en psychiatrie existent, elles restent difficiles à mettre en œuvre (Hornik-Lurie et coll., 2018), la stigmatisation étant un des principaux obstacles au changement de pratique. Nos enquêtes chez les professionnels, les usagers et les familles sont les premières à mettre effectivement en évidence une association entre les pratiques fondées sur le rétablissement et moins de stigmatisation, avec des tailles d'effets intermédiaires et fortes (Valery, Violeau et coll., soumis).

Deuxièmement, donner des exemples de personnes rétablies est un autre moyen de lutter contre la stigmatisation. L'exposition des soignants à des exemples de rétablissement apparaît d'autant plus pertinente que ces derniers sont soumis à un biais qui les amène à sous-estimer la fréquence du rétablissement en santé mentale : l'illusion du clinicien (Cohen et Cohen, 1984). En effet, les professionnels de santé mentale reçoivent majoritairement les personnes qui souffrent le plus sévèrement de leur maladie mentale; ils ne reçoivent pas les personnes qui ne consultent pas ou plus, ni celles qui se sont rétablies seules, rapidement ou par d'autres moyens. Exposer les soignants à des exemples de rétablissement apparaît comme un moyen de contrer ce biais et le pessimisme qu'il induit.

Troisièmement, dans le cadre du développement des pratiques axées sur le rétablissement, une nouvelle profession a émergé au sein des équipes de santé mentale : le pair-aidant professionnel. Le pair-aidant professionnel est une personne ayant fait l'expérience d'une maladie mentale et qui intègre les équipes de professionnels du soin au titre d'un savoir original, le savoir expérientiel. Le partage de son vécu et de son histoire de rétablissement a pour but de redonner de l'espoir, de servir de modèle d'identification, d'offrir de l'inspiration, du soutien et de l'information à ceux qui vivent des situations similaires (Repper et Carter, 2011).

Plusieurs méta-analyses se sont intéressées à l'efficacité de la pair-aidance. Leur premier constat est le manque de rigueur méthodologique des articles portant sur ce sujet, ce qui abaisse considérablement le niveau de preuve des résultats obtenus (Lloyd-Evans et coll., 2014; Repper et Carter, 2011; White et coll., 2020). Les auteurs rapportent néanmoins une efficacité de la pair-aidance sur le rétablissement, l'autonomisation, l'espoir ou encore la relation thérapeutique, avec de petites tailles d'effet, mais un maintien des bienfaits dans le temps. Si le recrutement ou le témoignage d'un pair-aidant professionnel constitue une solution pour réduire les pratiques stigmatisantes, l'introduction de ce nouveau métier peut connaître des résistances dans les services de soins, pour des raisons directement reliées à la stigmatisation chez les soignants ou à la qualité de vie au travail, favorisant ou non l'arrivée de professions innovantes (Roelandt et Staedel, 2016).

Qualité de vie au travail des professionnels de santé mentale

La qualité de vie au travail des soignants est une dimension encore insuffisamment prise en considération. D'après une méta-analyse récente (O'Connor et coll., 2018), la prévalence moyenne de l'épuisement émotionnel chez les professionnels en santé mentale est de 40 %, la dépersonnalisation de 22 % et le faible sentiment d'accomplissement personnel de 19 %. La stigmatisation dans les pratiques en santé mentale est associée à une moins bonne qualité de vie au travail. Une étude récente a en effet montré que, chez les professionnels de la santé mentale, la stigmatisation est associée à une moins bonne qualité de vie au travail (c.-à-d. épuisement émotionnel, dépersonnalisation, fatigue de compassion).

Les professionnels rapportant moins de stigmatisation déclarent en revanche une meilleure qualité de vie au travail (c.-à-d. accomplissement personnel, satisfaction de compassion; Koutra et coll., 2021). Nos enquêtes chez les professionnels montrent de plus que le sentiment d'utilité professionnelle est négativement associé à la stigmatisation (Valery, Violeau et coll., soumis). Ces résultats suggèrent que la prise en compte de la qualité de vie au travail est incontournable pour la réduction des pratiques stigmatisantes.

Dans le but de favoriser les pratiques jugées utiles par les usagers, et donc de renforcer le sentiment d'utilité professionnelle chez les soignants, une recherche participative en collaboration avec une association d'usagers (ClubHouse Bordeaux) a été menée. Elle a permis de recueillir des témoignages quant aux pratiques ayant été vécues comme les plus utiles et significatives par les usagers (voir l'encadré ci-après). Ces témoignages donnent des pistes concrètes pour valoriser le travail des soignants et renforcer leur sentiment d'efficacité professionnelle, comme l'illustre le témoignage suivant d'un membre du ClubHouse Bordeaux :

Exemple de témoignage de pratiques jugées utiles par les membres du ClubHouse Bordeaux

Pascal

Le soignant qui a été le plus utile pour moi, c'est celui qui s'est centré sur mes projets. À l'époque j'étais fragile. Puis j'ai rencontré ce soignant qui a orienté nos entretiens vers mes goûts, mes projets et mes envies. Comme tout le monde, je voulais faire des choses qui me plaisaient et dans lesquelles je pouvais m'épanouir. Du coup, j'ai repris des activités que je faisais avant ma maladie, comme le sport ou l'art. Je voulais garder mes moyens d'expression. Avec le soutien de ce soignant, j'ai fait du sport au niveau national et mes photos ont été exposées une dizaine de fois. Maintenant, j'anime moi-même des ateliers de sport ou de photographie. Tout ça a énormément amélioré mon moral.

Avec l'aimable participation et autorisation du ClubHouse Bordeaux.

Qualité des contacts entre professionnels et usagers

Le contact entre les personnes stigmatisées et la population générale, bien connu en psychologie sociale, a souvent été évoqué comme le principal levier d'action pour réduire la stigmatisation en santé mentale (Corrigan et Penn, 1999). Paradoxalement, bien que les professionnels de santé mentale aient de nombreux contacts avec les personnes avec diagnostic de maladie mentale sévère, ils restent l'une des principales sources de stigmatisation. Ce phénomène peut être expliqué par le fait que le contact, pour être efficace, doit s'exercer selon certaines conditions précises.

Les travaux initiaux d'Allport ont mis en lumière quatre conditions pour que le contact soit effectivement déstigmatisant : un statut égal entre les différentes parties; des objectifs communs; une coopération; et le soutien des autorités ou de la loi (Allport, 1954). Une méta-analyse des conditions de contact (Pettigrew et Tropp, 2006) montre que si ces conditions ne sont pas strictement nécessaires pour que le contact réduise la stigmatisation, elles en améliorent grandement l'efficacité. Cette méta-analyse rapporte en outre d'autres facteurs d'efficacité du contact : le soutien de l'institution ou encore le fait que le contact ait lieu au sein de programmes structurés. Plus important encore, les auteurs insistent sur l'utilisation simultanée de ces facteurs d'efficacité, doutant de leur effet s'ils étaient utilisés indépendamment les uns des autres. Néanmoins, une méta-analyse récente recommande une certaine prudence, car les études incluses manquent encore de rigueur pour conclure définitivement (Paluck et coll., 2019). Les résultats de notre enquête chez les usagers et leurs familles montrent cependant clairement que les pratiques stigmatisantes prennent le contre-pied de ces conditions (p. ex., infantilisation, manque de participation dans les décisions de soin, manque de coopération avec les familles).

Que penser des croyances biologiques sur les maladies mentales?

Dans la deuxième moitié du XXe siècle, l'avancée des traitements pharmacologiques a permis l'avènement du modèle biomédical de la maladie mentale (Read et coll., 2013). Le modèle biomédical a modifié les représentations liées à la maladie en postulant que les troubles mentaux sont des maladies du cerveau et en mettant l'accent sur le traitement pharmacologique pour cibler les anomalies biologiques présumées (Read et coll., 2013). L'ampleur des changements thérapeutiques engendrés par la découverte des neuroleptiques dans les années 1950 a directement impacté les parcours thérapeutiques des usagers ayant un diagnostic de schizophrénie (Ey, 1958, dans Koenig, 2013). En effet, grâce à leurs effets antipsychotiques, les neuroleptiques gommaient les symptômes les plus visibles de la schizophrénie (Koenig, 2013). Les pays les plus développés économiquement ont pu ainsi s'armer en premier de cette nouvelle voie thérapeutique coûteuse et faire du modèle biomédical et des représentations qui en découlent les nouveaux fondements de la psychiatrie (Read et coll., 2013).

Cependant, l'hégémonie du modèle biomédical a connu diverses contestations, à commencer par les usagers de cette psychiatrie puis leurs familles. Les données de la littérature scientifique apportent des arguments en faveur de la prudence à adopter face au modèle biomédical consensuel. En effet, une revue de littérature (Larkings et Brown, 2018) montre que plus les professionnels ont une vision biologique de la maladie mentale, plus ils rapportent de stigmatisation. Cet élément invite à enrichir la formation, initiale et continue, des professionnels avec des modèles plus intégratifs, prenant en compte le vécu des sujets et l'importance des facteurs environnementaux.

Conclusion

Les travaux initiaux de Schulze sont les premiers d'un champ de recherche émergeant qui s'intéressent à la stigmatisation des troubles mentaux chez les professionnels de la santé mentale. Les travaux actuels reconnaissent aux pratiques professionnelles le rôle de source importante de stigmatisation et ont identifié plusieurs facteurs associés, individuels et contextuels, pouvant constituer des leviers anti-stigmatisation en pratique. Si les professionnels sont une source de stigmatisation, les travaux de Schulze soulignent également qu'ils sont aussi victimes de la stigmatisation à laquelle ils participent malgré eux. Plusieurs études, encore rares, ont aussi décrit l'association négative des pratiques stigmatisantes avec la qualité de vie au travail et la santé des professionnels. Enfin, et surtout, les travaux de Schulze soulignaient déjà le potentiel déstigmatisant que détiennent les professionnels qui, bien que sources de stigmatisation, constituent également une partie incontournable de la solution.

Références

ALLPORT, G. W. (1954). *The nature of prejudice,* Addison-Wesley, 1954, xviii-537.

ANDRESEN, R., OADES, L., CAPUTI, P. « The experience of recovery from schizophrenia : towards an empirically validated stage model », *Australian & New Zealand Journal of Psychiatry*, 2003, 37 (5), 586 594; https://doi.org/10.1046/j.1440-1614.2003.01234.x

AMERICAN PSYCHIATRIC ASSOCIATION. *Diagnostic and statistical manual of mental disorders* (3e éd.), American Psychiatric Association, 1987.

AMERICAN PSYCHIATRIC ASSOCIATION. *Diagnostic and statistical manual of mental disorders* (5e éd.), American Psychiatric Association, 2013.

AMERICAN PSYCHOLOGICAL ASSOCIATION. « Presidential task force on evidence-based practice: evidence-based practice in psychology », *The American Psychologist,* 2006, 61 (4), 271 285; https://doi.org/10.1037/0003-066X.61.4.271.

CHAMBERLIN, J., 1990. « The ex-patients' movement : where we've been and where we're going », *The Journal of Mind and Behavior*, 1990, 11 (3/4), 323 336.

COHEN, P., COHEN, J. « The clinician's illusion », *Archives of General Psychiatry*, 1984, 41 (12), 1178 1182; https://doi.org/10.1001/archpsyc.1984.01790230064010.

CORRIGAN, P. W., PENN, D. L. « Lessons from social psychology on discrediting psychiatric stigma », *American Psychologist*, 1999, 54 (9), 765 776. https://doi.org/10.1037/0003-066X.54.9.765.

CROCQ, M.-A., GUELFI, J. D. ET L'AMERICAN PSYCHIATRIC ASSOCIATION, *Manuel diagnostique et statistique des troubles mentaux DSM V,* Elsevier Masson, 2016.

DAVIDSON, L., MCGLASHAN, T. H. « The varied outcomes of schizophrenia », *The Canadian Journal of Psychiatry*, 1997, 42 (1), 34 43; https://doi.org/10.1177/070674379704200105.

DELANEY, K. R. « Moving to a recovery framework of care : focusing attention on process », *Archives of Psychiatric Nursing*, 2012, 26 (2), 165 166. https://doi.org/10.1016/j.apnu.2011.12.005.

ELLASON, J. W., ROSS, C. A. « Positive and negative symptoms in dissociative identity disorder and schizophrenia : a comparative analysis », *Journal of Nervous and Mental Disease*, 1995, 183 (4), 236 241; https://doi.org/10.1097/00005053-199504000-00009.

FABIANO, F., HASLAM, N. « Diagnostic inflation in the DSM : a meta-analysis of changes in the stringency of psychiatric diagnosis from DSM-III to DSM-5 », *Clinical Psychology Review*, 2020, 80, 101889; https://doi.org/10.1016/j.cpr.2020.101889.

FIRST, M. B., REBELLO, T. J., KEELEY, J. W., BHARGAVA, R., DAI, Y., KULYGINA, M. MATSUMOTO, C., ROBLES, R., STONA, A.-C., REED, G. M. « Do mental health professionals use diagnostic classifications the way we think they do? A global survey », *World Psychiatry*, 2018, 17 (2), 187 195; https://doi.org/10.1002/wps.20525.

GLICK, I. D., SHARFSTEIN, S. S., SCHWARTZ, H. I. « Inpatient psychiatric care in the 21st century : the need for reform », *Psychiatric Services*, 2011, 62 (2), 206 209; https://doi.org/ 10.1176/ps.62.2.pss6202_0206.

GOFFMAN, E. *Stigma : Notes on the management of spoiled identity*, Simon & Schuster, 2009.

HILL, C. E., KNOX, S., PINTO-COELHO, K. G. « Self-disclosure and immediacy in psychotherapy: relationships that work », *vol. 1, Evidence-based therapist contributions*, Oxford University Press, 2019.

HORNIK-LURIE, T., SHALEV, A., HAKNAZAR, L., EPSTEIN, P. G., ZIEDENBERG-REHAV, L., MORAN, G. S. « Implementing recovery-oriented interventions with staff in a psychiatric hospital : a mixed-methods study », *Journal of Psychiatric and Mental Health Nursing*, 2018, 25 (9 10), 569 581; https://doi.org/10.1111/jpm.12502.

KOENIG, M. *Le rétablissement dans la schizophrénie : l'expérience des sujets au cœur d'un nouveau paradigme évolutif* (thèse de doctorat, Paris 8), 2013; http://www.theses.fr/2013PA083903.

KOUTRA, K., MAVROEIDES, G., TRILIVA, S. « Mental health professionals' attitudes towards people with severe mental illness : are they related to professional quality of life? », *Community Mental Health Journal,* 2021; https://doi.org/10.1007/s10597-021-00874-x.

LARKINGS, J. S., BROWN, P. M. « Do biogenetic causal beliefs reduce mental illness stigma in people with mental illness and in mental health professionals? A systematic review », *International Journal of Mental Health Nursing*, 2018, *27* (3), 928 941; https://doi.org/10.1111/inm.12390.

LARØI, F., SOMMER, I. E., BLOM, J. D., FERNYHOUGH, C., FFYTCHE, D. H., HUGDAHL, K., JOHNS, L. C., MCCARTHY-JONES, S., PRETI, A., RABALLO, A., SLOTEMA, C. W., STEPHANE, M., WATERS, F. « The characteristic features of auditory verbal hallucinations in clinical and nonclinical groups : state-of-the-art overview and future directions », *Schizophrenia Bulletin*, 2012, 38 (4), 724 733; https://doi.org/10.1093/schbul/sbs061.

LARØI, F., VAN DER LINDEN, M. « Nonclinical participants' reports of hallucinatory experiences », *Canadian Journal of Behavioural Science/Revue canadienne des sciences du comportement*, 2005, 37 (1), 33 43; https://doi.org/10.1037/h0087243.

LE BOUTILLIER, C., LEAMY, M., BIRD, V. J., DAVIDSON, L., WILLIAMS, J., SLADE, M. « What does recovery mean in practice? A qualitative analysis of international recovery-oriented practice guidance », *Psychiatric Services*, 2011, 62 (12), 1470 1476; https://doi.org/10.1176/ appi.ps.001312011.

LEAMY, M., BIRD, V., BOUTILLIER, C. L., WILLIAMS, J., SLADE, M. « Conceptual framework for personal recovery in mental health : a systematic review and narrative synthesis », *British Journal of Psychiatry*, 2011, 199 (6), 445 452; https://doi.org/ 10.1192/bjp.bp.110.083733.

LINSCOTT, R. J., VAN OS, J. « An updated and conservative systematic review and meta-analysis of epidemiological evidence on psychotic experiences in children and adults : on the pathway from proneness to persistence to dimensional expression across mental disorders », *Psychological Medicine*, 2013, 43 (6), 1133 1149; https://doi.org/10.1017/ S0033291712001626.

LLOYD-EVANS, B., MAYO-WILSON, E., HARRISON, B., ISTEAD, H., BROWN, E., PILLING, S., JOHNSON, S., KENDALL, T. « A systematic review and meta-analysis of randomised controlled trials of peer support for people with severe mental illness », *BMC Psychiatry*, 2014, 14 (1), 39; https://doi.org/10.1186/1471-244X-14-39.

MAJ, M., PIROZZI, R., FORMICOLA, A. M., BARTOLI, L., BUCCI, P. « Reliability and validity of the DSM-IV diagnostic category of schizoaffective disorder : preliminary data », *Journal of Affective Disorders*, 2000, 57 (1), 95 98; https://doi.org/10.1016/S0165-0327(99)00059-2.

MESTDAGH, A., HANSEN, B. « Stigma in patients with schizophrenia receiving community mental health care : a review of qualitative studies », *Social Psychiatry and Psychiatric Epidemiology*, 2014, 49 (1), 79 87; https://doi.org/10.1007/s00127-013-0729-4.

MUSSWEILER, T. « Comparison processes in social judgment : mechanisms and consequences », *Psychological Review*, 2003, 110 (3), 472 489; https://doi.org/10.1037/0033-295X.110.3.472.

O'CONNOR, K., NEFF, D. M., PITMAN, S. « Burnout in mental health professionals : a systematic review and meta-analysis of prevalence and determinants », *European Psychiatry*, 2018, 52018, 3, 74 99; https://doi.org/10.1016/j.eurpsy.2018.06.003.

PALUCK, E. L., GREEN, S. A., ET GREEN, D. P. « The contact hypothesis re-evaluated », *Behavioural Public Policy*, 2019, 3 (2), 129 158; https://doi.org/10.1017/bpp.2018.25.

PETTIGREW, T. F., TROPP, L. R. « A meta-analytic test of intergroup contact theory », *Journal of Personality and Social Psychology*, 2006, 90 (5), 751 783; https://doi.org/10.1037/0022-3514.90.5.751.

POMINI, V., BONSACK, C. « Modèles théoriques du rétablissement », *Traité de réhabilitation psychosociale*, 2018, p. 55 63, Elsevier; https://doi.org/10.1016/B978-2-294-75915-4.00006-2.

READ, J., HASLAM, N., MAGLIANO, L. « Prejudice, stigma and 'schizophrenia' : the role of bio-genetic ideology », dans *Models of madness : psychological, social and biological approaches to psychosis (2e éd.)*, 157 177, Routledge/Taylor & Francis Group, 2013.

REPPER, J., CARTER, T. « A review of the literature on peer support in mental health services », *Journal of Mental Health*, 2011, 20 (4), 392 411; https://doi.org/10.3109/09638237.2011.583947.

ROELANDT, J.-L., TAEDEL, B. *L'expérimentation des médiateurs de santé – pairs*, 2016; http://www.cairn.info/l-experimentation-des-mediateurs-de-sante-pairs—9782704014729.htm.

ROELANDT, J.-L., VAGLIO, A., MAGNIER, J., DEFROMONT, L. « La santé mentale en France et dans le monde : des hommes, pas des murs », *Pratiques en santé mentale*, 2015, (1), 47 58.

SCHULZE, B. « Stigma and mental health professionals : A review of the evidence on an intricate relationship », *International Review of Psychiatry*, 2007, 19 (2), 137 155; https://doi.org/10.1080/09540260701278929.

SHEPHERD, G., BOARDMAN, J., SLADE, M. *Making recovery a reality*, Sainsbury Centre for Mental Health, 2008.

VALERY, K.-M., FOURNIER, T., VIOLEAU, L., GUIONNET, S., BONILLA-GUERRERO, J., CARIA, A., CARRIER, A., DESTAILLATS, J.-M., FOLLENFANT, A., LABERON, S., LALBIN-

WANDER, N., MARTINEZ, E., STAEDEL, B., TOUROUDE, R., VIGNEAULT, L., PROUTEAU, A. *When mental health care is stigmatizing : experience of users and families and associated factors* (soumis).

VALERY, K.-M., ET PROUTEAU, A. « Schizophrenia stigma in mental health professionals and associated factors : A systematic review », *Psychiatry Research*, 2020, 290, 113068. https://doi.org/10.1016/j.psychres.2020.113068.

VALERY, K.-M., VIOLEAU, L., FOURNIER, T., YVON, F., ARFEUILLÈRE, S., BONILLA-GUERRERO, J., CARIA, A., CARRIER, A., DESTAILLATS, J.-M., FOLLENFANT, A., LABERON, S., LALBIN-WANDER, N., MARTINEZ, E., STAEDEL, B., TOUROUDE, R., VIGNEAULT, L., ROUX, S., PROUTEAU, A. *Part of the solution yet part of the problem – stigmatization in mental health professionnals : characteristics and associated factors* (soumis).

VAN OS, J., GILVARRY, C., BALE, R., VAN HORN, E., TATTAN, T., WHITE, I., MURRAY, R. « Diagnostic Value of the DSM and ICD categories of psychosis : an evidence-based approach », *Social Psychiatry and Psychiatric Epidemiology*, 2000, 35 (7), 305 311; https://doi.org/10.1007/s001270050243.

VAN OS, J., LINSCOTT, R. J., MYIN-GERMEYS, I., DELESPAUL, P., KRABBENDAM, L. « A systematic review and meta-analysis of the psychosis continuum : evidence for a psychosis proneness-persistence-impairment model of psychotic disorder », *Psychological Medicine*, 2009, 39 (2), 179 195; https://doi.org/10.1017/S0033291708003814.

VIGNEAULT, L. ET DEMERS, M.-F. *Cap sur le rétablissement : exigez l'excellence dans les soins en santé mentale,* Performance Édition, 2019.

VIOLEAU, L., VALERY, K.-M., FOURNIER, T., PROUTEAU, A. « How continuum beliefs can reduce stigma of schizophrenia : the role of perceived similarities », *Schizophrenia Research*, 2020, 220, 46 53; https://doi.org/10.1016/j.schres.2020.04.014.

WHITE, S., FOSTER, R., MARKS, J., MORSHEAD, R., GOLDSMITH, L., BARLOW, S., SIN, J., GILLARD, S. « The effectiveness of one-to-one peer support in mental health services : a systematic review and meta-analysis », *BMC Psychiatry*, 2020, 20 (1), 534; https://doi.org/10.1186/s12888-020-02923-3.

WORLD HEALTH ORGANIZATION. *Mental health, disability and human rights : WHO QualityRights core training for all services and all people : course guide,* WHO, 2019.

YOUNG, G. « Breaking bad : DSM-5 description, criticisms, and recommendations », *Psychological Injury and Law*, 2013, 6 (4), 345 348; https://doi.org/10.1007/s12207-013-9181-8.

CHAPITRE 10

Le langage qui favorise l'espoir

Auteur : Richard Langlois, personne en rétablissement
et agent communautaire

« Les mots peuvent inspirer comme ils peuvent détruire. Choisissez bien les vôtres. »

– Robin Sharma [1]

Je tiens pour commencer à remercier Luc Vigneault et Tania Lecomte de m'avoir réservé cet espace dans lequel partager ma pensée et celles venues d'ailleurs sur un sujet qui me tient grandement à cœur : le langage qui dérange, celui qui fait mal et, surtout, le langage rassembleur.

Depuis un épisode de trouble bipolaire abracadabrant en 1996-1997 et une réorientation de carrière qui m'a amené à travailler dans le domaine de la santé mentale, je me questionne sur l'emploi de certains mots et de leur effet sur l'espoir, le rétablissement et la résilience de ceux qui sont aux prises avec un trouble mental. Il m'apparaît en effet incontournable, dans un ouvrage comme celui-ci, de réfléchir à la question afin d'améliorer la situation.

Ce n'est pas dans un contexte de vérité absolue que je souhaite participer au débat, mais plutôt dans un esprit de mieux-être des personnes touchées et de leur entourage. Que nos établissements de soins de santé et d'enseignement ainsi que nos artisans des médias prennent le temps de s'interroger sur la portée des mots ne peut qu'apporter un grand bien à tous. Il en est de même pour chacun d'entre nous. Réfléchir d'abord, constater et apporter des solutions et inscrire la démarche dans un processus continu. Voilà le programme que je vous propose.

« Les mots, écrit Michele Toomey, peuvent informer notre esprit, caresser et réconforter nos sentiments, exciter et ravir nos esprits ou réchauffer et allumer la flamme de nos cœurs. Ils peuvent aussi nous gifler, nous frapper dans l'estomac, ébranler nos nerfs, tuer notre désir ou détruire notre confiance. Le langage peut nous émouvoir et nous affecter aussi puissamment que les actions physiques. » [2]

Pourquoi parler de langage dans un contexte de santé mentale, de détresse psychologique ou de troubles mentaux? Pourquoi de nombreuses personnes vivant ces expériences hésitent-elles ou refusent-elles tout simplement de se faire aider alors que le besoin est criant? Pourquoi tant de gens qui connaissent un rétablissement concluant restent-ils dans l'ombre de crainte d'être perpétuellement stigmatisés? Les raisons sont fort nombreuses et, parmi celles-ci, il y a ces mots auxquels on ne veut pas être associé et qui risquent de faire naître des préjugés négatifs. Ainsi, je n'ai jamais accepté d'entendre : « Richard est un bipolaire. »

Tout d'abord, je ne suis pas une maladie. L'un des livres de Luc Vigneault est justement intitulé *Je suis une personne, pas une maladie* [3]. Je suis une personne pleine et entière, avec des forces, des intérêts, des passions. J'ai donc avantage à dire : « Richard vit un trouble bipolaire » ou, si je n'ai plus de symptômes depuis une bonne période, « Richard a vécu l'expérience du trouble bipolaire ». Cette forme de langage laisse place à Richard dans sa globalité.

Plusieurs écrits en provenance du monde anglo-saxon nous font réfléchir sur l'importance des mots. Ainsi, une revue de la littérature nous conduit directement au Royaume-Uni, en Australie, en Nouvelle-Zélande et aux États-Unis. L'approche du rétablissement développée au Royaume-Uni et aux États-Unis a certainement favorisé, avec le temps, l'émergence d'un langage moins stigmatisant, surtout pour les personnes ayant un problème de santé mentale et leur entourage. Cette transformation s'effectue progressivement et n'est certainement pas parfaite. Dans un processus continu, elle ne le sera probablement jamais.

La Commission de la santé mentale du Canada a publié, au cours des dernières années, quelques réflexions pertinentes qui viennent s'ajouter à ce qui a été développé antérieurement dans les pays anglo-saxons. Je retiens plus particulièrement ces propos sur le langage axé sur la personne : « Le vocabulaire centré sur la personne nous demande d'être conscients des mots que nous utilisons. Il nous demande de nous concentrer sur la personne plutôt que sur sa maladie. » (Waligara, 2021, [4)

Ainsi, le langage utilisé dans les soins de santé mentale se doit d'être aussi respectueux que possible. Dans des ateliers que j'ai animés au Nouveau-Brunswick en 2018, les participants faisaient de cette valeur le fondement sur lequel les soignants et les institutions doivent choisir leurs mots. Plusieurs éléments en dépendent, notamment la perception de la personne touchée à tout moment, l'intervention clinique, l'esprit dans lequel les institutions choisissent de travailler et la façon dont les personnes elles-mêmes et leur entourage se perçoivent, le tout dans le but de contrer l'autostigmatisation ou ce que l'on appelle maintenant la stigmatisation internalisée.

Il ne faut pas oublier les effets possibles d'un mauvais choix de mots ou d'un langage stigmatisant. Sur le site Support in mind Scotland de la Mental Health Self Awareness d'Écosse, on relève les éléments suivants : « Une personne ayant des problèmes de santé mentale : peut être réticente à demander de l'aide ou reporter une telle demande en raison de la stigmatisation qui entoure la santé mentale; ressentir une détresse et un isolement accrus par rapport au langage stigmatisant — elle se sentait déjà mal, et cela a aggravé la situation; aura plus de difficulté à entamer une conversation et à parler de problèmes de santé mentale; pourra intérioriser la stigmatisation et en venir à croire ce que l'on dit d'elle, créant un cercle vicieux préjudiciable au rétablissement. » [5]

Le formateur de la Mental Health Association of San Francisco, Julian Plumadore, qui est certainement l'un de ceux qui en ont le plus long à dire sur la question, fait la comparaison suivante entre l'approche médicale de soin et celle axée sur le rétablissement :

Le modèle médical

- L'accent a toujours été mis sur la maladie : ce qui ne va pas chez elle.
- La focalisation se fait sur le traitement de la maladie.
- Le spécialiste détient l'autorité et les connaissances.

Le modèle axé sur le rétablissement

- L'accent est mis sur la personne : ce qu'il s'est passé, ce qu'il lui arrive.
- La focalisation se fait sur la guérison et la transformation de l'individu.
- L'individu est l'expert en la matière pour ce qui est de son vécu [6].

Plumadore ajoute que les personnes touchées par un trouble mental :

- Peuvent choisir les mots à employer pour décrire leur vie et leurs expériences;
- Peuvent dire aux autres (familles, amis, professionnels de la santé) quels mots les aident et quels mots les blessent;
- Peuvent utiliser un langage qui reflètent leurs croyances en eux-mêmes, aux autres et en leur propre résilience [6].

Encore faut-il se sentir à l'aise de le faire et évoluer dans un milieu qui favorise l'épanouissement de la personne. C'est là que nos institutions ont intérêt à se perfectionner pour qu'un langage d'espoir soit développé et utilisé tant par les gestionnaires que par les intervenants. Le langage axé sur la personne, disions-nous un peu plus haut.

Julian Plumadore nous suggère d'employer un langage plus inclusif en nous proposant ceci : « Il s'agit de faire l'effort de voir les choses du point de vue de la personne que l'on accompagne et de découvrir certaines vérités sur nous-mêmes et nos propres expériences. » [6]

Dans les ateliers que j'anime, je présente une mise en situation où un membre de l'auditoire (souvent un gestionnaire) joue le rôle d'une personne en dépression qui se retrouve en psychiatrie, accompagnée d'un membre de son entourage (un autre membre de l'auditoire). Je demande alors au groupe de suggérer les mots (un seul mot à la fois, pas de phrases) les plus appropriés pour que la personne en détresse se sente respectée et encouragée à s'engager dans une démarche de rétablissement. Un intervenant prend les mots en note et un autre les écrit sur un tableau. L'exercice consiste alors à récupérer les mots identifiés pour une utilisation éventuelle dans les organisations représentées. Plusieurs possibilités en ressortent, notamment :

- Un slogan affiché à un poste d'accueil, accompagné d'une œuvre d'art signée par une personne en rétablissement;
- Quelques mots affichés dans le local d'un intervenant ou une salle de réunion, toujours accompagnés d'éléments de décoration significatifs;
- L'utilisation des mots retenus dans des règlements ou autres.

Évidemment, j'ai aussi le rôle d'éclaircir la situation et de poser quelques questions à partir de mots souvent entendus dans le domaine de la santé. Il est fort intéressant de constater les réactions de tout un chacun.

Du côté francophone, je crains que nous accusions un retard quant à une réflexion sur le langage employé dans les soins de santé mentale. Il y a eu certes plusieurs avancées touchant la santé globale, le rétablissement, la lutte contre la stigmatisation et les approches cliniques. Sur le plan du langage stigmatisant toutefois, peu de choses se passent. Il semble d'ailleurs exister bien des différences entre la France, la Belgique, la Suisse, le Québec, le Nouveau-Brunswick et les autres régions francophones de par le monde.

Dans son livre *Le pouvoir des mots*, Yvonne Oswald nous propose plusieurs enseignements et un éclairage accru quant aux mots que nous prononçons. J'ai noté tout particulièrement l'énergie tantôt positive, tantôt négative qui se dégage des mots que nous employons [7]. J'en suis venu à comprendre pourquoi je réagis si vivement à certains mots.

C'est d'ailleurs ce qui m'a amené à écrire le chapitre « Le langage humanisant et rassembleur » dans mon dernier livre, qui a pour titre *Sur le sentier étoilé* [8], dans lequel je fais quelques suggestions intéressantes. J'y parle entre autres, à titre d'exemple, d'une action positive du Centre social de la Croix blanche, un organisme communautaire de la grande région de la ville de Québec, qui a conduit à des modifications dignes de mention quant au langage employé dans les règlements généraux mis en place par la direction et le conseil d'administration de cet organisme. Cette seule action a eu un effet positif important sur tout ce qui se passe au sein de l'organisme. À lui seul, cet exemple démontre clairement qu'il est possible de s'activer pour le bien commun.

Dans ce même livre, j'introduis aussi mes réflexions sur l'usage de certains mots. Je crois que nous avons intérêt à actualiser notre langage touchant les personnes vivant avec un problème de santé mentale et les membres de leur entourage. Personnellement, il y a longtemps que je me prête à cet exercice et je réfléchis quotidiennement aux mots que j'utilise et à leur évolution. Des termes comme « usager, utilisateur de services, client » et autres me questionnent : comment est-ce que j'aime être perçu? Comment est-ce que je perçois les personnes qui ont un trouble mental?

C'est souvent le type de gestion qui fait que l'on emploie tel ou tel mot, selon qu'elle est verticale ou horizontale. Les structures peuvent être écrasantes pour les personnes qui ont un problème de santé mentale ou elles peuvent être mises en place à partir des besoins bien identifiés de ces personnes. Les mots sont alors choisis en fonction de ces besoins. J'ai fait partie d'un comité régional afin d'examiner un modèle administratif où les services étaient établis en vue de répondre aux différents besoins. Quels mots utilisait-on? Où les personnes avec un trouble mental et leur entourage se situaient-ils? On m'a aussi demandé de siéger à un autre comité, cette fois dans un hôpital, afin d'améliorer les services de son département de psychiatrie. J'y étais à titre d'expert de vécu et je me suis perçu comme tel et non pas comme un « usager de services ». Tout n'est pas parfait. Nous avançons, mais nous devons poursuivre notre évolution.

Si nous souhaitons évoluer, nous devrons également réfléchir au langage utilisé actuellement dans nos établissements d'enseignement (collèges, universités, centres de formation professionnelle) et le transformer au besoin. Nos enseignants auraient avantage, de concert avec leurs étudiants, à se mettre à la place des personnes qui vivent de la détresse psychologique ou des problèmes de santé mentale. De toute façon, il existe une réalité incontournable qui nous ramène au fait qu'une personne sur cinq aura un problème de santé mentale au cours de sa vie. Les quatre cinquièmes restants en seront certainement affectés, de près ou de loin.

Lorsque je rencontre des groupes d'étudiants, c'est d'abord dans le but de les former. Toutefois, ce qui n'est pas dit, mais qui colle à la réalité, c'est que je les rencontre tout d'abord dans leur dimension personnelle. Plusieurs vivent de la détresse ou accompagnent des personnes aux prises avec des difficultés importantes. Par conséquent, je pèse mes mots en espérant qu'ils contribueront à transformer la culture de nos établissements d'enseignement. À tout le moins, il est important d'avoir le réflexe de réfléchir sur ce point.

Nos artisans des médias doivent eux aussi être sensibilisés à la question afin de participer à la lutte contre la stigmatisation. Je verrais très bien des personnes qui ont un vécu en santé mentale rencontrer les étudiants en communication pour échanger avec eux. Je crois que dans une stratégie de lutte contre la stigmatisation, nous avons tout avantage à inclure ces personnes.

L'exercice peut d'ailleurs s'étendre à certains animateurs d'émissions populaires qui emploient des expressions telles « C'est malade mental! » pour exprimer leur admiration devant une situation ou un accomplissement. Très édifiant, n'est-ce pas? Je ne souhaite de malheur à personne, mais je crois que certaines vedettes auraient avantage à faire un stage dans un département de psychiatrie. Sont-elles mal intentionnées? Je ne crois pas, mais il est temps que le réveil sonne!

Je m'en voudrais de ne pas conclure mon propos en m'attardant à ce que l'on a pu entendre dans les reportages sur la pandémie de COVID-19, au cours desquels on nous parlait des « usagers » des centres d'hébergement de soins de longue durée ou des résidences pour aînés. Je ne vous cacherai pas que j'ai été souvent heurté et irrité par ce mot que je considère comme peu respectueux à l'égard de ceux qui habitent dans ces résidences. Certains pensent bien différemment et n'y voient aucun problème, mais d'autres, comme moi, détestent ce terme et souhaitent le voir disparaître. Ceux qui en font usage aimeront-ils être vus comme des usagers lorsqu'ils auront atteint l'âge d'habiter dans ces résidences? Ne devrions-nous pas parler plutôt de « personnes qui résident en CHSLD ou de résidents des CHSLD »?

Je ne crois pas que les personnes interviewées soient de mauvaise foi, mais la situation démontre combien un certain langage lié à la stigmatisation structurelle est employé encore aujourd'hui. À partir du moment où nous adopterons le langage centré sur la personne, nous aurons plus de compassion pour ceux qui nous ont précédés et qui ont tout fait pour construire, au meilleur de leur connaissance, notre monde d'aujourd'hui.

L'utilisation des mots demande réflexion; je vous propose que nous osions ensemble le changement!

Références

[1] minimalistquotes.com

[2] The power of language : mtoomey.com

[3] VIGNEAULT, LUC. *Je suis une personne, pas une maladie*, Performance Édition, 2013.

[4] WALIGARA, DENISE. *Premiers soins en santé mentale*, Commission de la santé mentale du Canada, 2021.

[5] Support in mind Scotland, mental health self awareness; https://www. supporting mindscotland. org.uk/language-matters

[6] PLUMADORE, JULIAN, BYRNE, TERRI, *Language matters – changing the way we think about mental health challenges by changing the way we speak*, Mental Health Association of San Francisco; https://mentalhealthsf.org

[7] OSWALD, YVONNE. *Le pouvoir des mots*, Performance Édition, 2021.

[8] LANGLOIS, RICHARD. *Sur le sentier étoilé*, Éditions Crescendo, 2021.

CHAPITRE 11

Enseigner les troubles mentaux psychiques sans stigmatiser

Auteurs : **Tania Lecomte**, Ph. D., et Félix Diotte, B.Sc.

Plusieurs professionnels de la santé provenant de divers domaines enseignent des concepts liés aux troubles mentaux, notamment l'étiologie, l'évaluation, ou encore les traitements et les services offerts. Trop souvent, cet enseignement est empreint de stigmatisation envers les personnes avec des troubles mentaux. Il est pourtant possible de partager les mêmes connaissances sans stigmatiser.

Ce chapitre fait état des enseignements à fort potentiel stigmatisant et propose des stratégies pédagogiques et de contenu pour diminuer cette éventuelle stigmatisation. Nous mettons l'accent sur l'importance, pour les étudiants, de prendre conscience de leurs préjugés face à la maladie mentale avant même que ne débute l'enseignement. Nous suggérons, d'une part, de présenter les faits, incluant les limites et critiques des études et, d'autre part, d'éviter de présenter les troubles mentaux comme étant distincts de la normalité pour plutôt s'attarder aux études récentes soutenant une approche par continuum. Nous encourageons aussi un enseignement plus humain, avec des exemples concrets, pour aider à comprendre la réalité de la matière enseignée, en terminant avec l'approche de loin la plus efficace : le contact direct avec une personne qui a une expérience de trouble psychique ou mental, que ce soit par l'entremise d'un témoignage, d'un enseignement comme patient partenaire ou encore d'un cours à deux voix, c'est-à-dire celles de l'enseignant et de la personne en rétablissement.

On dit que l'enseignement n'est pas le moyen le plus efficace de changer les attitudes stigmatisantes, car souvent il s'adresse à ceux qui sont déjà moins rigides, moins stigmatisants et qui sont plus enclins à adopter de nouvelles attitudes. Certains iront même jusqu'à dire que c'est l'équivalent de prêcher aux convertis. Pourtant, l'enseignement sur la notion de stigmatisation peut parfois renforcer les attitudes et croyances stigmatisantes envers les personnes avec des troubles mentaux. En effet, il a été démontré, par exemple, que des enseignants peuvent donner lieu à des attitudes stigmatisantes chez des étudiants qui au départ n'avaient pas ces attitudes. Certains, dans un désir de capter l'attention de leurs étudiants, vont les faire rire en décrivant de manière théâtrale ou sensationnaliste les personnes avec un trouble mental.

À titre d'illustration, une enseignante était fière de décrire comment elle pouvait, sans jamais se tromper, savoir si une personne avait une vulnérabilité à la psychose, car elle savait comment la déstabiliser pendant les tests projectifs, comme le Rorschach qui présente des images abstraites, à tel point que la personne devenait « psychotique » sous ses yeux. Cette même enseignante faisait rire la salle en disant que même les psychotiques désorganisés pouvaient suivre les consignes de sécurité lors d'une alarme d'incendie. Ce type d'enseignement dépeint les personnes avec des troubles mentaux comme des animaux de cirque, qui attirent les curieux et ceux qui y voient un divertissement, alors que ceux qui présentent une vulnérabilité méritent de l'empathie pendant leurs moments de souffrance.

Plusieurs études, notamment celles réalisées auprès d'étudiants en médecine, démontrent que les attitudes stigmatisantes de ces derniers au moment d'entamer leurs études, sont souvent beaucoup moins stigmatisantes que plus tard dans leur cursus (Korszun et coll., 2012; Totic et coll., 2011). Ce changement est en très grande partie attribuable à l'enseignement qu'ils ont reçu.

Comment expliquer ce changement d'attitude? En fait, l'enseignement traditionnel dépeint les personnes avec des troubles mentaux graves comme étant « différentes » et formant une classe à part qui se distingue en tous points des étudiants de médecine, et qui vont dépendre toute leur vie du système de santé et de l'aide sociale. Certains auteurs (p. ex., Bentall, 2004) blâment le psychiatre Karl Jaspers qui, en 1913, a écrit un traité sur la psychopathologie où il décrivait les symptômes psychotiques comme étant incompréhensibles et intraitables. Les personnes présentant des troubles mentaux étaient alors, et ce pendant plusieurs décennies, perçues comme étant atteintes d'une maladie chronique incurable. Même avec la désinstitutionalisation et les avancées dans les traitements précoces, plusieurs psychiatres continuent à percevoir les troubles mentaux comme des maladies « à vie » sans réelle chance de rétablissement pour la personne qui en souffre.

Cette vision biaisée est aussi liée à l'exposition exclusive des soignants à des personnes qui fréquentent l'urgence psychiatrique en état de détresse aiguë, ou encore qui ne répondent pas bien au traitement pharmacologique et retournent souvent à l'hôpital. Les études démontrent d'ailleurs que les psychiatres et autres intervenants ont souvent des attitudes plus stigmatisantes que la population générale (Horsfall, Cleary et Hunt, 2010; Loch et coll., 2013), du fait qu'ils ont du mal à imaginer les personnes qui viennent à l'hôpital psychiatrique dans leur vie normale, dans leur emploi, dans leur famille et leur vie sociale. Une exposition exclusive à la crise psychotique contribue à une perception biaisée et négative d'un rétablissement possible.

Or, s'il est possible de modifier les attitudes de manière négative, il est aussi possible de permettre à chacun d'adopter des attitudes non stigmatisantes. Une des premières façons de modifier les attitudes stigmatisantes dans un contexte d'enseignement est de prendre conscience de ses propres préjugés à l'égard du groupe ciblé, en l'occurrence les personnes avec un trouble mental.

Prendre conscience de ses propres préjugés

Même sans connaître les troubles mentaux, plusieurs ont des idées préconçues, souvent transmises par les médias ou le cinéma (Saint-Onge et Lemyre, 2016). Par exemple, quand on parle de personnes avec une dépression, l'idée ou le stéréotype qui souvent émerge chez certains est que ces dernières font montre de faiblesse, de paresse, et qu'elles devraient donc se prendre en main. Quant aux personnes avec un trouble bipolaire, on entend parfois dire qu'elles sont imprévisibles, alors que celles avec un trouble psychotique sont perçues comme potentiellement violentes ou encore comme peu autonomes et irresponsables (Rüsch, Angermeyer et Corrigan, 2005).

Il est donc important que l'étudiant prenne conscience de ses propres préjugés avant même d'être exposé aux faits et informations proposés dans un cours, car ses préjugés et stéréotypes feront en sorte qu'il aura du mal à intégrer les informations qui vont à l'encontre de ses croyances. Les enseignants devraient, dans un premier temps, demander à leurs étudiants quelle image ils ont en tête lorsqu'ils entendent les mots « schizophrénie » et « trouble mental ». On peut aussi leur soumettre un questionnaire sur les attitudes stigmatisantes (p. ex., Garcia et coll., 2017) ou encore leur poser des questions comme celles qui suivent :

- Accepteriez-vous une demande de rendez-vous amoureux d'une personne qui a un trouble mental?
- Accepteriez-vous de travailler avec une personne qui a un trouble mental?
- Laisseriez-vous une personne qui a un trouble mental garder vos enfants?

Parfois, les étudiants ne croient pas afficher d'attitudes stigmatisantes, mais se rendent compte, souvent avec surprise, qu'ils ne peuvent pas, en toute honnêteté, répondre par l'affirmative à ces questions. De constater qu'on a des idées préconçues, des préjugés et des stéréotypes, souvent issus de messages erronés ou sensationnalistes de la part des médias, ouvre la porte à un apprentissage des faits et des expériences réelles des personnes avec un trouble mental

Connaître les faits

Il y a plusieurs faits concernant les troubles mentaux qui, heureusement, évoluent dans le temps. Comme enseignant, il est important de présenter tous les faits et non seulement une partie de ces derniers. Par exemple, on compte beaucoup d'études sur les aspects biologiques ou génétiques en santé mentale, mais quand on regarde les résultats de ces études, on n'explique qu'une petite partie de ces phénomènes.

Un bon exemple est la génétique. Nous savons par exemple que l'hérédité joue un rôle important dans l'étiologie de troubles mentaux comme la schizophrénie, mais à ce jour les gènes identifiés comme potentiellement à risque ne sont pas présents chez tous. D'ailleurs, un gène donné augmente à lui seul le risque d'à peine 0,3 %, ce qui veut dire que la personne qui a un de ces gènes n'a pas un risque beaucoup plus élevé de développer un trouble mental que celle qui n'a pas ce gène. Cela ne signifie pas qu'il n'y ait pas de pertinence à étudier la génétique, mais plutôt que la génétique ne permet pas pour l'instant à elle seule d'expliquer l'apparition d'un trouble, de mettre au point de meilleurs traitements ou encore de faire de la prévention. Peut-être la génétique permettra-t-elle un jour de déterminer qui est à risque par exemple de faire une psychose après avoir consommé du cannabis. Toutefois, nous n'en sommes pas là pour l'instant.

Depuis de nombreuses années, le modèle médical domine dans divers milieux et encourage la définition des troubles mentaux graves comme étant des « maladies du cerveau ». Cette appellation avait au départ pour objectif de diminuer la stigmatisation en mettant les troubles mentaux sur le même pied d'égalité que les maladies physiques (comme le cancer). Toutefois, la plupart des gens qui n'appartiennent pas à la communauté médicale croient que le cerveau est immuable et qu'une « maladie du cerveau » est par définition une maladie chronique sans espoir de rétablissement. L'emploi de l'expression « maladie du cerveau » a eu un effet inverse, à celui souhaité en occasionnant une stigmatisation accrue à l'égard des personnes avec un trouble mental grave.

Même s'il est nécessaire d'enseigner certains aspects du modèle médical, il est possible de prodiguer un enseignement plus global et plus critique. Il est donc important de présenter les résultats d'études en précisant leurs limites afin que les étudiants développent une pensée critique. Nous savons par exemple que certaines études sont de moindre qualité et que les résultats peuvent être contredits quelques années plus tard. Rester à jour est donc de mise. Nous devons aussi garder à l'esprit que les études ciblent parfois une variable très pointue et qu'elles ne tiennent pas toujours compte de variables confondantes.

À titre d'exemple, une étude a déclaré que ceux qui commençaient à fumer la cigarette dès leur jeune âge (fin de l'enfance ou début de l'adolescence) avaient plus de risque de développer la schizophrénie plus tard (Gurillo et coll., 2015). Toutefois, cette étude n'a pas tenu compte du milieu (y avait-il de la maltraitance, de la négligence ou de la violence à la maison?) ni de la consommation de cannabis chez le jeune, alors que l'on sait que le cannabis augmente le risque de psychose.

De la même manière, il est important non seulement de présenter les risques dans le développement d'un trouble mental selon le modèle médical, mais aussi de tenir compte des variables environnementales. Notons par exemple que pendant plusieurs années, les chercheurs londoniens (Royaume-Uni) dénombraient un pourcentage plus élevé de personnes issues de communautés noires présentant un diagnostic de schizophrénie par comparaison avec des Blancs d'origine européenne, et s'interrogeaient sur les raisons génétiques de ces différences. D'autres chercheurs, s'intéressant au stress et à l'adversité, ont démontré que ces différences pouvaient être attribuables au stress dû au racisme exercé dans certains quartiers ainsi qu'aux traumatismes subis à titre de réfugiés (Boydell et coll., 2001).

En fait, les différences se situaient sur le vécu de la personne plutôt que sur son origine ethnique.

En ce qui a trait aux modèles enseignés, le modèle médical de la rémission peut être pertinent pour vérifier l'effet d'une prise de médicament, alors que le modèle du rétablissement communautaire peut offrir une meilleure compréhension du vécu de la personne. La rémission et le rétablissement sont définis de manière très différente. Dans le modèle médical de la rémission, la personne doit présenter peu de symptômes pendant six mois et doit montrer pendant deux ans qu'elle travaille minimalement la moitié du temps, qu'elle a au moins un contact social par semaine et qu'elle gère son logement de manière autonome (Liberman et Kopelowicz, 2005). Le modèle communautaire parle davantage pour sa part d'un processus qui conduit la personne à une vie riche et satisfaisante, avec ou sans symptômes résiduels (Andresen, Oades et Caputi, 2003).

Il est clair que le modèle médical s'intéresse aux déficits de la personne et aux résultats fonctionnels d'un traitement (souvent en lien avec des études pharmacologiques), ce qui peut porter préjudice à ceux qui ne répondent pas aux critères ciblés. Le modèle du rétablissement communautaire, quant à lui, prend d'autres critères en considération en voyant toute personne qui cherche de l'aide ou souhaite le bien-être comme étant en processus de rétablissement, ce qui en soi offre plus d'espoir et moins de stigmatisation.

Parmi les faits que l'on présente dans l'enseignement sur les troubles mentaux, il est important de présenter ceux qui viennent défaire les préjugés. Par exemple, quand on parle de la violence, on mentionne souvent qu'il y a un risque accru de violence chez ceux qui ont un trouble psychotique. Pourtant, peu de gens savent que les personnes qui ont un trouble psychotique sont plus à risque d'être victimes de violence au cours de leur vie que d'en être les instigatrices. En fait, entre 43 et 80 % des personnes avec un trouble psychotique en ont été victimes alors que moins de 0,04 % de ces mêmes personnes ont commis un acte de violence physique (Mueser, 2002).

Les comportements de violence qu'affichent les personnes avec un trouble mental grave, bien qu'ils soient hautement médiatisés, comptent pour moins de 10 % des cas de violence rapportés (Walsh, Buchanan et Fahy, 2018). On sait aussi que celles qui ont affiché des comportements de violence avaient souvent d'autres difficultés ou troubles comorbides. Par exemple, les études mentionnent souvent qu'elles étaient intoxiquées (alcool ou drogues) et répondaient aux critères d'un trouble de la personnalité (Fazel et coll., 2009; Moran et coll., 2018; Nestor, 2002). Ainsi, il est possible de voir que ce n'est pas tant le fait d'avoir un trouble mental, mais l'interaction d'un trouble non soigné avec l'abus de substances et d'un trouble de la personnalité (souvent associé à un contexte de vie précaire) qui accroît le risque de commettre un acte violent.

Il n'y a pas de nous et eux; nous sommes tous dans un continuum

Plusieurs études (Johns et van Os, 2001; Stip et Letourneau, 2009; Verdoux et van Os, 2002) ont démontré que près de 17 % de la population présentent des symptômes psychotiques, soit des idées délirantes ou des hallucinations auditives. Pourtant, moins de 4 % de la population demandent des soins pour ces symptômes psychotiques. Cela veut aussi dire qu'une personne jugée « ordinaire » et fonctionnant bien sur les plans familial, social et professionnel peut avoir à l'occasion des symptômes psychotiques. Ces études ont permis de démontrer que la présence de symptômes psychotiques et la présence de détresse liée à ces symptômes occupent un même continuum.

D'autres études, qui portent sur la privation sensorielle (Daniel et Mason, 2015) et l'insomnie imposée (Waters et coll., 2018; Tofler, Hyatt et Tofler, 2018) ont permis de démontrer que toute personne, si soumise à des conditions extrêmes, peut développer des symptômes psychotiques. En fait, ces derniers sont aujourd'hui vus comme des manifestations normales du cerveau dans des contextes inhabituels. Certains iront même jusqu'à dire que la psychose devrait être considérée comme une fièvre, et qu'elle est donc un signe que quelque chose ne va pas, mais que ce n'est pas nécessairement un signe que la personne a un trouble psychotique en tant que tel. En fait, une psychose peut être temporaire, circonstancielle, liée à une inflammation, à un virus, à un stress post-traumatique, à la consommation de drogue, ou encore à un trouble de la personnalité, un trouble de l'humeur ou un trouble psychotique.

Ces études permettent d'aborder les symptômes psychotiques selon un continuum et ainsi de briser la croyance qu'il y a nous et eux, car tous peuvent faire l'expérience de symptômes psychotiques à différents degrés. Quand on mentionne ces faits, il devient plus difficile de présenter les troubles mentaux graves ou les troubles psychotiques de manière sensationnaliste. Il ne s'agit plus de parler de personnes différentes, un peu comme d'une autre espèce, mais plutôt de faire état de ce qui se produit quand on a un certain vécu difficile associé à des facteurs (la plupart du temps inconnus) qui prédisposent à la détresse via des symptômes psychotiques ou des fluctuations de l'humeur.

Malheureusement, plusieurs théories explicatives des troubles mentaux sont biaisées par cette dichotomie entre le normal et le pathologique. Certaines théories en psychologie, en particulier les plus anciennes, voire psychanalytiques, distinguent de façon dichotomique les névrotiques des psychotiques. Les névrotiques sont ceux qui consultent pour des symptômes anxieux, des difficultés relationnelles ou encore des symptômes dépressifs, alors que les psychotiques sont des personnes désorganisées et incapables d'établir un lien relationnel. Or, il m'est arrivé de me faire demander par un collègue comment il était possible qu'une personne qu'il suivait en thérapie et qui avait une « structure » névrotique développe une psychose.

La recherche dément d'ailleurs plusieurs anciennes théories. Certes, certaines manifestations, comme des troubles cognitifs persistants, peuvent être plus présentes chez des personnes qui ont des symptômes psychotiques récurrents et qui exigent plus de soutien de la part d'une équipe traitante. Toutefois, l'équation voulant qu'une psychose annonce un trouble psychotique sévère et persistant à vie, avec de multiples déficits et incapacités, n'est pas soutenue empiriquement.

En fait, non seulement personne n'est à l'abri de faire une psychose, mais ceux qui en font l'expérience se rétablissent pour la plupart. Les recherches suggèrent que plus de 55 % se rétablissent dans les quatre ans suivant leur diagnostic, 10 % de ceux-ci ne prenant plus de médicaments. Un autre 20 % se rétablit suffisamment pour avoir une vie satisfaisante, nécessitant un soutien clinique à différents moments clés. Seul un sous-groupe d'environ 15 % des personnes avec un diagnostic de trouble psychotique (WebMD, 2021) requiert des soins soutenus en psychiatrie ou en santé mentale. Ce dernier sous-groupe a parfois un profil plus complexe et plus sévère, avec un historique de traumatisme dans l'enfance ou des troubles cognitifs importants, et en général n'a pas reçu les soins appropriés.

Connaître l'histoire

L'histoire en psychiatrie, qu'elle décrive la conception des catégories diagnostiques, les théories étiologiques d'un trouble ou encore l'évolution des traitements pour les troubles mentaux, permet de comprendre pourquoi certaines croyances erronées et stigmatisantes persistent. Par exemple, les diagnostics des troubles mentaux graves répertoriés dans le Manuel diagnostique et statistiques des troubles mentaux (DSM-5) sont définis comme des diagnostics à vie, avec la mention « en rémission » lorsque la personne n'a plus de symptômes. Ces diagnostics ont été établis dans un contexte asilaire, où les personnes étaient logées à vie à une époque où aucun traitement efficace n'existait ou n'était offert à un grand nombre d'individus dans le besoin. Or, l'étiquette « à vie » existe toujours aujourd'hui, bien qu'elle n'ait plus sa raison d'être.

Similairement, plusieurs théories psychologiques ont été développées aux débuts de la psychanalyse, à une époque victorienne stricte et avec les connaissances de l'époque, aujourd'hui controversées. À titre d'illustration, on accusait la mère d'être responsable des troubles mentaux de ses enfants devenus adultes, alors qu'aujourd'hui les connaissances permettent de réfuter ces accusations et d'avoir une vue plus juste et complète des facteurs de risque liés au développement de ces troubles.

L'histoire en psychiatrie sert aussi à souligner à quel point l'incompréhension humaine face à une souffrance psychique peut conduire à des traitements inhumains. On réalise que les personnes avec troubles mentaux ont été, selon les époques et les pays, brûlées comme des sorcières, enfermées, attachées, électrocutées, lobotomisées, stérilisées, tuées, droguées et privées de tout droit. Cette incursion dans l'histoire des traitements infligés aux personnes avec des troubles mentaux permet non seulement de comprendre pourquoi certains diagnostics sont définis comme ils le sont mais aussi, et surtout, à indigner les étudiants face aux mauvais traitements que ces personnes ont pu endurer à travers les siècles. Il devient pratiquement impossible de maintenir des attitudes stigmatisantes lorsqu'on est confronté aux injustices et stigmates que les personnes avec un trouble mental ont subis et continuent de subir encore de nos jours.

Humaniser les notions enseignées

Une notion ou un concept demeure abstrait tant qu'il n'est pas relié à une expérience réelle. Un enseignant peut expliquer la prise de poids et le syndrome métabolique à ses étudiants et ceux-ci prendront en note les moyennes et indices de masse corporelle indiqués. Toutefois, parler de Xavier, dix-huit ans, qui a pris vingt-cinq kilos en trois mois à cause de médicaments antipsychotiques, qui vit de la honte, qui cherche à se cacher et ne veut plus être vu par ses amis, conduit les étudiants à une tout autre réflexion. Cela leur permet de comprendre la réalité de la personne soignée, ses souffrances, et aussi de réfléchir aux effets du traitement.

Un autre exemple : les diagnostics de troubles mentaux graves sont définis comme des troubles « à vie » dans le *DSM-5*. À première vue, cela ne semble pas très grave. Toutefois, quand on sait que les compagnies d'assurance ainsi que certains employeurs se servent de cette information, cela change notre perception. Si je vous parle de Mlle Julie qui ne réussit pas à souscrire une assurance santé privée ou qui n'a pas obtenu l'emploi convoité après une enquête sur son dossier médical, parce que les troubles « à vie » sont perçus comme exigeant beaucoup de soins, cela change-t-il votre perception du diagnostic à vie? Humaniser l'enseignement veut dire donner des exemples concrets et réels dans le but d'amener les étudiants à se mettre à la place de la personne touchée afin de vraiment saisir toutes les implications. Les notions enseignées restent les mêmes, mais elles sont comprises et retenues sur les plans affectif et cognitif.

Humaniser l'enseignement devrait aussi se traduire dans les travaux exigés dans un cours. Si l'étudiant a pour consigne d'établir un diagnostic en fonction d'une liste de symptômes, il n'apprendra que les critères nécessaires au diagnostic. Si, dans ce même travail, on lui demande d'expliquer ce qui a pu causer l'apparition des symptômes de l'individu et quels éléments de son vécu influent sur ses croyances et ses perceptions, l'étudiant apprend à tenir compte de tous ces facteurs ainsi que des difficultés et du vécu de la personne, et non de ses symptômes uniquement.

Le contact ou la rencontre avec la vraie matière

Parmi les différentes stratégies d'enseignement qui permettent d'atténuer les attitudes stigmatisantes de l'étudiant, le contact avec une personne qui a un trouble mental et qui se rétablit bien est de loin la stratégie la plus efficace (Corrigan et coll., 2012; Corrigan, Rüsch et Scior, 2018). Le fait de rencontrer en chair et en os une personne qui a un diagnostic de trouble mental aide à défaire plusieurs idées préconçues et à voir que la personne est comme tout le monde, avec les mêmes aspirations, bien qu'elle ait certains défis liés directement à son trouble ou indirectement à la stigmatisation subie. Le contact, dans une perspective d'enseignement, peut se faire de différentes manières; elles sont résumées ci-après.

Le témoignage : inviter une personne qui a un trouble mental à partager son parcours avec les étudiants, tant sur le plan des soins en psychiatrie que sur celui de son rétablissement, est une expérience riche et judicieuse pour l'enseignement. Cette personne peut décrire l'apparition de ses symptômes, comment elle se sentait à ce moment, l'aide et des traitements qu'elle a reçus, et les difficultés qu'elle a dû affronter dans certaines sphères de sa vie. Ce témoignage, surtout vers la fin d'un cursus, donne un aperçu concret et humain de la matière vue depuis le début de la session. Même plusieurs années après une conférence de type témoignage, plusieurs étudiants disent se rappeler cette rencontre et combien elle les a touchés. Certains rapportent même que la conférence a transformé à tout jamais leur représentation de la maladie, effaçant du même coup plusieurs de leurs préjugés.

Patient partenaire : depuis quelques années, des personnes avec un trouble mental donnent quelques heures de cours aux étudiants qui se dirigent dans différentes professions liées à la santé mentale (Pelletier, 2015). Ainsi, à titre d'exemple, des résidents en psychiatrie ou en sciences infirmières peuvent recevoir un cours d'un patient partenaire (aussi appelé pair-aidant chargé de cours) leur permettant de comprendre la perspective de la personne recevant les soins et l'impact de certaines de leurs interventions. Le patient partenaire peut remettre en question certaines pratiques en psychiatrie, et ainsi amener le futur professionnel à changer les pratiques de soins. Notamment, le port de la jaquette d'hôpital, les unités sous clé ou la restriction des droits de sortie, même pour fumer une cigarette alors que le patient est venu à l'hôpital de son plein gré, peuvent être dénoncés par le patient partenaire comme des pratiques encourageant la stigmatisation.

Le patient partenaire peut aider les futurs professionnels à modifier certaines pratiques jugées nuisibles au rétablissement, comme celle de discuter d'un traitement sans inclure la personne ciblée dans la discussion, ou encore de se concentrer uniquement sur les symptômes sans tenir compte du contexte et des projets de vie de la personne. Cet enseignement sert non seulement à offrir des soins plus humains, mais aussi à atténuer les attitudes et comportements qui nourrissent la stigmatisation à l'égard des personnes avec un trouble mental

Deux voix : une autre forme d'enseignement qui a un grand potentiel de modification des attitudes stigmatisantes est le cours à deux voix sur la stigmatisation, l'enseignant et une personne avec un trouble mental. Cette présentation à deux voix établit un parallèle entre les concepts théoriques et des exemples concrets de ce qu'a vécu la personne. Ainsi, lorsque l'enseignant parle de stigmatisation au travail, la personne peut illustrer le concept avec un exemple de collègues (connaissant son diagnostic) qui ont refusé de lui adresser la parole. Les étudiants sont souvent abasourdis de constater que la personne peut, encore aujourd'hui, subir de la discrimination en raison de son trouble mental. Le sentiment d'injustice profond qu'éprouvent les étudiants en entendant les exemples vécus de stigmatisation fait en sorte que non seulement ils retiendront la matière portant sur la stigmatisation en santé mentale, mais qu'ils en parleront à d'autres qui ne suivent pas le cours et aideront ainsi à défaire plusieurs croyances et attitudes stigmatisantes chez d'autres individus, par l'effet boule de neige.

Conclusion

Ce chapitre a permis de présenter différentes stratégies d'enseignement dans l'objectif de diminuer la stigmatisation à l'égard des personnes avec un trouble mental. Peu importe la matière, qu'elle porte sur l'étiologie, les neurotransmetteurs, les traitements ou le rétablissement, il est possible de l'enseigner de manière humaine, critique et non stigmatisante. Certaines des stratégies proposées sont soutenues empiriquement, notamment celle relative au contact direct avec une personne ayant un trouble mental. D'autres stratégies proviennent de la littérature spécialisée ainsi que d'expériences personnelles tirées de plus de vingt ans d'enseignement dans le domaine.

Références

ANDRESEN, R., OADES, L., CAPUTI, P. « The experience of recovery from schizophrenia : towards an empirically validated stage model », *Australian & New Zealand Journal of Psychiatry*, 2003, 37 (5), 586-594; https://doi.org/10.1046/j.1440-1614.2003.01234.x.

BENTALL, R. *Madness explained : Psychosis and Human Nature* (1ière éd.), Penguin, 2004.

BOYDELL, J., VAN OS, J., MCKENZIE, K., ALLARDYCE, J., GOEL, R., MCCREADIE, R. G., MURRAY, R. M. « Incidence of schizophrenia in ethnic minorities in London : ecological study into interactions with environment », *BMJ*, 2001, 323 (7325), 1336; https://doi.org/10.1136/ bmj.323.7325.1336.

CORRIGAN, P. W., MORRIS, S. B., MICHAELS, P. J., RAFACZ, J. D., RÜSCH, N. « Challenging the public stigma of mental illness : a meta-analysis of outcome studies », *Psychiatric Services*, 2012, 63 (10), 963-973; https://doi.org/10.1176/appi.ps.201100529.

CORRIGAN, P. W., RÜSCH, N., SCIOR, K. « Adapting disclosure programs to reduce the stigma of mental illness », *Psychiatry Services*, 2018, 69 (7), 826-828; https://doi.org/10.1176/ appi.ps.201700478.

DANIEL, C., MASON, O. J. « Predicting psychotic-like experiences during sensory deprivation », *BioMed Research International*, 2015; https://doi.org/10.1155/2015/439379.

FAZEL, S., GULATI, G., LINSELL, L., GEDDES, J. R., GRANN, M. « Schizophrenia and violence : systematic review and meta-analysis », *PLOS Medecine*, 2009, 6 (8); https://doi.org/ 10.1371/journcollpmed.1000120.

GARCIA, C., GOLAY, P., FAVROD, J., BONSACK, C. « French translation and validation of three scales evaluating stigma in mental health », *Frontiers in Psychiatry*, 2017, 8, 290; https://doi.org/10.3389/fpsyt.2017.00290.

GURILLO, P., JAUHAR, S., MURRAY, R. M., MACCABE, J. H. « Does tobacco use cause psychosis? Systematic review and meta-analysis », *The Lancet Psychiatry*, 2015, 2 (8), 718-725; https://doi.org/10.1016/S2215-0366(15)00152-2.

HORSFALL, J., CLEARY, M., ET HUNT, G. E. « Stigma in mental health : clients and professionals », *Issues in Mental Health Nursing*, 2010, 31 (7), 450-455; https://doi.org/10.3109/ 01612840903537167.

JOHNS, L. C., VAN OS, J. « The continuity of psychotic experiences in the general population », *Clinical Psychology Review*, 2001, 21 (8), 1125-1141; https://doi.org/10.1016/S0272-7358 (01) 00103-9.

KORSZUN, A., DINOS, S., AHMED, K., BHUI, K. « Medical student attitudes about mental illness : does medical-school education reduce stigma? », *Academic Psychiatry*, 2012, 36 (3), 197-204; https://doi.org/10.1176/appi.ap.10110159.

LIBERMAN R.P., KOPELOWICZ A. « Recovery from schizophrenia : a concept in search of research », *Psychiatric Services*, 2055, 56 (6), 735-742; https://doi.org/10.1176/ appi.ps.56.6.735.

LOCH, A. A., HENGARTNER, M. P., GUARNIERO, F. B., LAWSON, F. L., WANG, Y. P., GATTAZ, W. F., RÖSSLER, W. « The more information, the more negative stigma towards schizophrenia : Brazilian general population and psychiatrists compared », *Psychiatry Research*, 2013, 205 (3), 185-191; https://doi.org/10.1016/j.psychres.2012.11.023.

MORAN, P., WALSH, E., TYRER, P., BURNS, T., CREED, F., FAHY, T. « Impact of comorbid personality disorder on violence in psychosis : report from the UK700 Trial », *British Journal of Psychiatry*, 2003, 182 (2), 129-134.

MUESER, K. T., ROSENBERG, S. D., GOODMAN, L. A., TRUMBETTA, S. L. « Trauma, PTSD, and the course of severe mental illness : an interactive model », *Schizophrenia Research*, 2002, 53 (1-2), 123-143; https://doi.org/10.1016/S0920-9964 (01) 00173-6.

NESTOR, P. G. « Mental disorder and violence : personality dimensions and clinical features », *American Journal of Psychiatry*, 2002, 159 (12), 1973-1978; https://doi.org/10.1176/ appi.ajp.159.12.1973.

PELLETIER, J. F. « Présentation : que la révolution patient-usager-citoyen se poursuive », *Santé mentale au Québec*, 2015, 40 (1), 11-17; https://doi.org/10.7202/1032379ar.

RÜSCH, N., ANGERMEYER, M. C., ET CORRIGAN, P. W. « Mental illness stigma : concepts, consequences, and initiatives to reduce stigma », European Psychiatry, 2005, 20 (8), 529-539; https://doi.org/10.1016/j.eurpsy.2005.04.004.

SAINT-ONGE, M., LEMYRE, A. « Les variables associées à l'attitude du personnel enseignant du secteur collégial vis-à-vis des étudiantes et étudiants présentant un trouble de santé mentale », *Éducation et francophonie*, 2016, 44 (1), 173-194; https://doi.org/10.7202/1036178ar.

STIP, E., LETOURNEAU, G. « Psychotic symptoms as a continuum between normality and pathology », *The Canadian Journal of Psychiatry*, 2009, 54 (3), 140-151; https://doi.org/10.1177/ 070674370905400302.

TOFLER, I. R., HYATT, B. M., TOFLER, D. S. « Psychiatric aspects of extreme sports : three case studies », *The Permanente Journal*, 2018, 22.

TOTIC, S., STOJILJKOVIĆ, D., PAVLOVIC, Z., ZARIC, N., ZARKOVIC, B., MALIC, L., MIHALJEVIC, M., JAŠOVIĆ-GAŠIĆ, M. ET MARIĆ, N. P. « Stigmatization of 'psychiatric label' by MEDICAL AND NON-MEDICAL STUDENTS », *International Journal of Social Psychiatry*, 2012, 58 (5), 455-462; https://doi.org/10.1177/0020764011408542.

VERDOUX, H., ET VAN OS, J. « Psychotic symptoms in non-clinical populations and the continuum of psychosis », *Schizophrenia Research*, 2002, 54 (1-2), 59-65; https://doi.org/10.1016/S0920-9964(01)00352-8.

WALSH, E., BUCHANAN, A., FAHY, T. « Violence and schizophrenia : examining the evidence », *The British Journal of Psychiatry*, 2002, 180 (6), 490-495; https://doi.org/10.1192/bjp.180.6.490.

WATERS, F., CHIU, V., ATKINSON, A., BLOM, J. D. « Severe sleep deprivation causes hallucinations and a gradual progression toward psychosis with increasing time awake », *Frontiers in Psychiatry*, 2018, 9, 303; https://doi.org/10.3389/fpsyt.2018.00303.

WEBMD. *What's the prognosis for someone with schizophrenia*?, 21 janvier 2021; https://www.webmd.com/schizophrenia/schizophrenia-outlook.

CHAPITRE 12
La pharmastigmatisation

Lorsque vos stigmates réduisent la qualité des services reçus en pharmacie au Québec, même quand vous êtes vous-même pharmacien.

Auteur : **Philippe Vincent**,
pharmacien clinicien spécialisé en santé mentale.

Ouverture sur la maladie

Seulement, vous voyez, mais vous n'observez pas.

– Sherlock Holmes, *Scandale en Bohème*

Les médicaments psychotropes peuvent aider les personnes atteintes d'un problème de santé mentale ou ils peuvent leur nuire. L'équilibre est parfois délicat. Les pharmaciens savent évaluer les avantages et inconvénients de toutes les recettes de médicaments prescrites au Québec de manière théorique et détaillée, mais aussi en vertu d'une expérience clinique importante. Cette connaissance est précieuse pour ce qui est d'accompagner les personnes qui prennent un psychotrope pour la première fois.

Parfois, une méfiance instinctive colore certaines rencontres cliniques plus émotives. Nous commettons une erreur cognitive lorsque nous prenons ces émotions pour des vérités, comme n'importe qui, mais puisque nous sommes les gardiens des poisons, des drogues et des traitements, ces émotions altèrent notre jugement et notre disposition clinique.

Plusieurs écrits scientifiques font état par sondage de l'existence de la stigmatisation en pharmacie, mais ces chiffres sont pauvres en savoir expérientiel, en solutions et en conséquences pour les patients.

Pour nourrir la discussion publique sur la stigmatisation au sein de ma profession, j'ai adopté des lunettes de journaliste et suis allé à la rencontre de mes compagnons de métier. Ma démarche n'est ni systématique ni érudite.

Pendant nos échanges, j'ai défini la stigmatisation comme un processus psychique et social dont le point de départ est le sentiment « nous sommes différents d'eux ». Celui-ci amorce la séquence défavorable — stéréotypes, discriminations, préjugés, isolement.

J'ai demandé personnellement à des dizaines de pharmaciens hospitaliers spécialisés en santé mentale et à des centaines de pharmaciens d'officine dans un forum privé de me décrire une situation où eux-mêmes ou leur personnel auraient discriminé un patient souffrant d'un trouble mental, incluant la toxicomanie, les troubles de personnalité et la démence. Dans l'affirmative, j'ai demandé quelles en ont été les conséquences.

J'ai également parlé avec mon ami Ben, pharmacien spécialisé en psychopharmacologie, qui a lui-même eu des problèmes de santé mentale et subi de la stigmatisation en pharmacie.

Pendant ces entrevues, je tentais de répondre à la question centrale de mon enquête : quelles sont les conséquences possibles lorsque les pharmaciens québécois et leur personnel ont des attitudes stigmatisantes envers les personnes atteintes de maladie mentale.

Le but de ce chapitre est de proposer des solutions individuelles et systémiques pour aider à diminuer les attitudes stigmatisantes du milieu de la pharmacie au Québec. Cela — espérons-le — contribuera à réduire l'autostigmatisation et l'isolement, qui sont d'importants vecteurs de souffrance.

La stigmatisation est contagieuse, mais l'espoir l'est aussi.

– P. Vincent

Enquête dans le milieu de la pharmacie

Le désir de prendre des médicaments est peut-être la plus grande caractéristique qui distingue l'homme de l'animal.

– Sir William Osler

Dans son livre précédent, M. Luc Vigneault a donné la parole à une pharmacienne exceptionnelle, ma mentore Marie-France Demers. Elle racontait au chapitre « Le médicament au service du rétablissement de la personne » qu'elle avait eu de sérieuses réticences à accepter un poste de pharmacienne à l'Institut universitaire en santé mentale de Québec. Elle n'imaginait pas une carrière entourée de « ces gens-là qui font peur » [1]. Pourtant, elle s'y dévoue encore corps et âme. À mon tour donc, dans les traces du maître.

J'adore parler longuement avec mes patients de l'Institut universitaire en santé mentale de Montréal, même — surtout — avec ceux qui ne prennent pas de médicaments.

En revanche, je n'aime pas particulièrement parler avec les patients en psychogériatrie, au point où je me contente régulièrement de consulter leur dossier sans leur adresser la parole, sauf quand c'est nécessaire. Quelques contacts malaisants m'ont repoussé. Cela me peine beaucoup de voir des patients que nous suivons depuis des décennies ne plus pouvoir ou vouloir jaser tout simplement. J'appelle cela la sédation laconique.

C'est dû aux psychotropes donnés pendant toutes ces années et encore aujourd'hui. Ainsi, je comprends parfaitement mes collègues qui éprouvent un malaise à servir certains psychotropes à leurs patients. Nous vivons la même chose, mais avec des stimuli différents.

Pour la psychogériatrie, puisque je n'arrivais pas à intégrer les patients dans les décisions de soins, comme je le fais avec mes autres patients, j'ai cessé d'aller les voir, même sans savoir, pour gagner du temps.

Moins de contacts humains n'est pas de bon augure dans une relation de soins, moi qui dis toujours à mes étudiants en stage : « Va voir ton patient; tu en apprendras beaucoup plus en dix minutes qu'à éplucher son dossier pendant une heure. » Paradoxe.

J'ai toutefois entendu d'autres pharmaciens hospitaliers dire que rencontrer les personnes avec des troubles cognitifs est difficile et parfois inutile, car nous pouvons obtenir l'information ailleurs ou faire de la psychoéducation auprès des proches... mais nous ne le faisons presque jamais.

À l'hôpital

Entendus dans l'unité d'un hôpital spécialisé en santé mentale :

- « Ajuste donc sa médication, qu'il crie moins! »
- « Il a le cerveau bousillé, ce n'est qu'un Inuit alcoolique. Il va lui falloir les gros canons. C'est drôle, il a creusé un trou dans le mur de sa chambre, comme la porte d'un iglou. »
- « Ça ne vaut pas la peine de se préoccuper de cette patiente, ce n'est qu'un TP [trouble de la personnalité limite]. »

Commençons par trois exemples de paternalisme. Un pharmacien d'hôpital m'a raconté une bévue qu'il a commise au début de sa carrière. Un patient souffrant de dépression psychotique, apathique et très renfermé, mettait beaucoup de temps à répondre à ses questions. Le pharmacien s'en est irrité et lui a tenu ce discours : « As-tu pris tes médicaments, à l'externe?

– Plus ou moins.

– Comment ça va?

– Mal.

– Moi aussi je me sentirais mal de ne pas avoir pris mes médicaments. »

C'est très culpabilisant. Il y a de meilleures façons de passer le message.

Une pharmacienne rencontrait une patiente en épisode de manie parce qu'elle avait cessé ses médicaments par suite d'un test de grossesse positif — geste naturel. La patiente disait vouloir garder le bébé. Toutefois, l'équipe de soins savait que son autre enfant avait été placé en foyer d'accueil en bas âge par la Direction de la protection de la jeunesse, parce qu'elle était incapable de s'en occuper. Le désaveu de la pharmacienne s'est fait sentir par une suite de questions soigneusement orientées vers l'avortement.

Ce sujet épineux doit faire l'objet d'une discussion entre la patiente et son médecin. D'une certaine manière, cette confrontation inutile a nui à l'alliance thérapeutique et a donc réduit la qualité des soins pharmaceutiques.

Ces deux collègues ont pris conscience de la discrimination dans leurs actes en me les racontant. Je souligne leur courage.

Le troisième cas est celui d'une patiente qui a un trouble de personnalité. Elle est du genre séductrice qui apporte ses pantoufles en animaux chaque fois qu'elle vient à l'urgence. Un jour, elle s'est présentée en manie. Elle prenait de l'olanzapine (Zyprexa) à petite dose et du lithium à forte dose. Elle fut rencontrée par la pharmacienne pour discuter du changement possible de ses médicaments. « Ne m'enlevez pas le Zyprexa, affirmait la patiente, car je vomis chaque fois, mais personne ne me croit, pas même mon frère psychiatre. »

En effet, il se disait dans les rondes qu'elle est manipulatrice parce qu'elle a un trouble de personnalité limite. On décide quand même de lui enlever ce médicament pour la troisième fois, et elle vomit. La pharmacienne, honteuse, a pensé que ça pouvait être la forte dose de lithium qui la faisait vomir et la minidose de Zyprexa qui l'en empêchait. On a réduit la dose de lithium, ce qui a réglé le problème. Cela s'est bien terminé, mais l'alliance était brisée.

« Ne touche jamais aux médicaments psychiatriques! C'est au psychiatre à y voir! » C'est ce que nous disent les omnipraticiens quand ils craignent de modifier une dose de psychotrope à notre suggestion. On l'entend aussi de la bouche des psychiatres par rapport aux antiépileptiques que prescrivent les neurologues. Il est essentiel de faire le suivi de ses interventions en médecine, alors, on se fait confiance. Ça peut passer pour de la discrimination, mais ce n'en est pas tout le temps.

Stigmatisation systémique

Stigmate du citoyen de seconde classe

L'enquête auprès de mon échantillon de convenance me révèle malheureusement des éléments de stigmatisations systémiques : des dizaines de départements de pharmacie du Québec, bien qu'ils soient dotés de bonnes équipes de pharmaciens cliniciens qui voient les patients sur les différents étages, à l'exception des patients en santé mentale, pour toutes sortes de raisons. Au mieux, un pharmacien spécialisé s'occupe des soins pharmaceutiques psychiatriques, mais en son absence, il n'est jamais remplacé.

C'est dommage. La crainte de travailler avec ces patients réduit de toute évidence la qualité des soins pharmaceutiques, alors qu'il est reconnu que les pharmaciens ont un impact clinique important lorsqu'ils s'impliquent dans les dossiers des personnes hospitalisées en santé mentale [2].

On peut le vérifier grâce au document de l'Association des pharmaciens des établissements de santé (APES) du Québec, *Recommandations sur la pratique de la pharmacie en établissement de santé. Axe 1 : Soins pharmaceutiques,* publié en avril 2018 [3]. On y voit que seulement 42 % des patients hospitalisés en santé mentale au Québec rencontrent un pharmacien clinicien, un écart de 23 % par rapport au reste du Canada (65 %). La santé mentale est au douzième rang sur dix-huit dans le déploiement des pharmaciens cliniciens du Québec, miroir des volontés de cinq chefs de départements de pharmacie au Québec, publiées en 2013 [4].

Les auteurs proposent d'assigner les pharmaciens cliniciens aux tâches et aux patientèles où il y a plus de mortalité, de dépenses et de toxicités secondaires aux médicaments. Heureusement que nos patients ne meurent pas lorsqu'ils viennent à l'hôpital, mais comme les psychotropes oraux coûtent une fraction du prix des médicaments injectables utilisés en médecine de troisième ligne (tels les soins intensifs et l'oncologie), nos services sont vus comme moins efficients et moins performants. Ces démarches sont nécessaires lorsque le pharmacien clinicien constitue une ressource rare, mais comment expliquer qu'au Centre hospitalier de l'Université de Montréal, avec une équipe de quatre-vingts pharmaciens cliniciens, aucun ne visite un seul des huit patients hospitalisés en psychiatrie des toxicomanies? C'est scandaleux.

Stigmate de l'ostracisme

Les usagers des services de soins de santé ont parfois des caractéristiques qui déplaisent au personnel de la santé, y compris les pharmaciens : agitation ou agressivité, trouble de la personnalité, troubles du comportement, toxicomanie, non-adhésion, etc. Ces patients dits « repoussants » ont, *de facto,* moins de contacts avec les professionnels. Un exemple criant de discrimination systématisée se voit quand les pharmaciens de l'urgence ou leurs assistants techniques ont la consigne ou la permission de ne pas rencontrer les usagers dits psychiatriques, même s'ils rencontrent tous les autres patients.

C'est dérangeant de savoir qu'une note de service entérine cette pratique dans au moins trois hôpitaux québécois. Toutefois, si l'analyse de ces dossiers est faite avec professionnalisme et pluridisciplinarité, il pourrait être acceptable de ne pas rencontrer tous les patients tout le temps, surtout s'il y a pénurie de pharmaciens cliniciens.

Stigmate du danger

Dans les unités de soins psychiatriques aigus, il arrive que des personnes soient admises en provenance de l'Institut Philippe-Pinel (établissement de psychiatrie psycholégale). Ces personnes sont automatiquement étiquetées comme dangereuses et difficiles. Certains peuvent dire que leur place est en prison et qu'elles volent des lits à des patients qui ont davantage besoin de soins. Sur le plan pharmacologique, puisqu'elles sont étiquetées dangereuses, il se dit régulièrement : « On ne touche pas à ses médicaments, même s'il en prend trop! » On entend des paroles similaires de la part des responsables ou psychoéducateurs des ressources d'hébergement : « On ne le reprendra pas si vous touchez à ses médicaments. »

Ce chantage est une intrusion paternaliste dans les choix de santé et il est certain que cela affecte les soins.

Avec le temps, nos patients développent une plus grande expertise que nous à l'égard des médicaments qu'ils prennent régulièrement. Il faut savoir les persuader coûte que coûte de prendre part aux décisions qui ont trait à leurs soins.

La stigmatisation en centre hospitalier de soins de longue durée

Une autre stigmatisation systémique prend place dans les centres d'hébergement et de soins de longue durée, où les patients plus agités ou malades demandent plus de temps et de soins, ce qui fait que les patients en dépression, en retrait délirant, plus tranquilles ou en état de sédation (et peut-être à risque de chute) sont rencontrés moins souvent et donc, moins soignés. C'est une forme de hiérarchisation des soins selon la demande. Cela se produit quand il y a déséquilibre entre la charge de travail et la capacité des professionnels de la santé de s'en acquitter. C'est un réflexe naturel de prodiguer les soins d'urgence aux plus pressants en premier, ce qui discrimine sournoisement une bonne partie des patients lorsque les ressources sont manquantes.

Le stigmate du paternalisme

Les personnes souffrant de troubles de la personnalité font parfois réagir les professionnels de la santé. Elles sont perçues comme *mal élevées, exigeantes, imprévisibles, toxiques.* On peut comprendre que les professionnels épuisés ou mal formés se protègent de rencontres émotivement engageantes avec ces personnes lorsqu'elles sont en crise. C'est ainsi qu'on en vient à exprimer son désintérêt pour ces patients que l'on veut voir quitter rapidement l'hôpital, puisque ce n'est pas thérapeutique de les garder dans un lit, dit-on.

Entre pharmaciens spécialisés en santé mentale, on trouve en effet que ce n'est pas évident de se former pour mieux intervenir auprès de ces patients. Nous sommes toutefois d'accord pour dire qu'ils ont le droit d'être soignés et apaisés comme tout le monde, donc qu'au moins, on nous laisse faire une réévaluation de la pharmacothérapie, sachant qu'elle peut nuire à ces personnes autant que les aider.

Le stigmate de l'infantilisation

Une pratique que je dénonce depuis dix ans est qu'on retirait les téléphones cellulaires aux patients de l'Institut universitaire en santé mentale de Montréal. Raison : ils pourraient filmer des personnes et des situations de soins de nature confidentielle. Dans n'importe quel autre hôpital, la confidentialité est importante, mais on laisse les patients garder contact avec leurs proches et suivre l'actualité ou autre passe-temps en leur laissant leur téléphone. Mais pas dans les hôpitaux psychiatriques. C'est le stigmate de l'infantilisation.

Je l'ai répété haut et fort tout au long de la pandémie, alors que des cadres se justifiaient en invoquant les sempiternels changements de procédures d'hygiène : c'est inhumain d'enfermer des patients pendant quatorze jours dans une chambre malgré un test de COVID négatif, et de leur retirer leur téléphone intelligent. Cette fois, on m'a écouté, dans deux hôpitaux plutôt qu'un.

Merci aux infirmières et psychiatres d'y avoir cru. Je ne pense pas que nous retournerons en arrière, car les téléphones cellulaires ne nuisent à aucun équipement de l'hôpital. Les pharmaciens cliniciens peuvent être humains et chaleureux, et ne sont pas là seulement pour parler de médicaments.

Cependant, on a continué de mettre nos patients en quarantaine malgré des tests négatifs de réaction en chaîne par polymérase (PCR), et de leur interdire de sortir à l'extérieur pour fumer et socialiser, de faire un séjour thérapeutique à la maison ou de recevoir de la visite, pendant plus longtemps que nécessaire à mon avis, puisque les restaurants restaient ouverts. La plupart des patients que j'ai rencontrés se disaient prisonniers ou en punition, et je les comprenais, impuissant. Cela m'a beaucoup affecté de voir qu'on infantilise nos patients ainsi en contrôlant leurs allées et venues.

Autres stigmates

Même si ce n'était pas le sujet des discussions, plusieurs pharmaciens d'hôpitaux de région m'ont rapporté des pratiques discriminatoires à l'égard de patients anglophones. Des employés, parfois de la pharmacie, n'essaient même pas de communiquer en anglais ou le font minimalement, car *c'est au patient de s'y efforcer*.

Un patient bipolaire qui venait de l'Ontario fut hospitalisé pendant plus d'un an dans ces conditions. Il est possible qu'il n'ait pas reçu tous les soins requis.

À la pharmacie d'officine

La pharmacie d'officine, c'est le centre de soins de proximité par excellence. Il y en a partout, parfois de part et d'autre d'un boulevard. On y offre des soins primaires comme le dépistage d'un diabète, l'administration de vaccins ou le soulagement de bébé. C'est là que vont régulièrement ceux qui soignent leur santé mentale à l'aide de médicaments. Ils y croisent d'autres clients, des assistants techniques en pharmacie ayant peu ou pas de formation en santé, de même que des pharmaciens. Tous peuvent dépister la maladie mentale à différents degrés de sophistication.

Le stigmate de l'ostracisme

La salle d'attente est petite en pharmacie. Les clients présentant des caractéristiques particulières sont vite remarqués. Le lien entre elles et la prise de certains médicaments se fait automatiquement.

Par exemple, un client dont l'hygiène laisse à désirer pourrait prêter à penser qu'il vient chercher ses antidépresseurs. Un autre, avec cheveux bleus et perçages, sera vu comme quelqu'un qui fait un usage abusif de ses médicaments. Un dernier, ayant quelques tics moteurs, sera perçu comme un schizophrène.

L'exemple suivant de discrimination en pharmacie d'officine fut critique dans mon enquête. Une utilisatrice de drogues injectables venait de sortir d'une hospitalisation pour phlébite au bras et cellulite. Elle avait un antibiotique oral à prendre pendant deux semaines, mais l'ordonnance était illisible. Le pharmacien n'a pas pu exécuter la demande et n'a pas fait de suivi avec l'hôpital. La personne fut réhospitalisée pour cellulite récidivante une semaine plus tard. L'erreur fut découverte, mais jamais divulguée de concert avec la pharmacienne de l'hôpital.

Les rapports étaient difficiles avec cette personne. Généralement, elle ne disait mot et personne ne lui parlait non plus quand elle venait chercher ses calmants hebdomadaires. L'équipe l'avait ostracisée.

C'est exactement ce qu'il faut éviter comme négligence professionnelle et faute déontologique. La personne n'aurait pas été réhospitalisée si le pharmacien lui avait demandé : « Qu'est-ce qui vous a conduit à l'hôpital?

– Une cellulite au bras.

– Ah! Normalement, on prend un antibiotique pour ça.

– Oui, le médecin m'a dit de le prendre deux fois par jour pendant deux semaines.

– Bien. Je vais vérifier votre ordonnance et refaire votre pilulier. Donnez-moi dix minutes. Mes excuses pour l'imprévu. »

Le manque d'alliance thérapeutique a empêché la cueillette d'informations critiques auprès de la cliente.

Le stigmate de la fatalité

Je reproduis ces textes [presque] mot pour mot avec la permission des pharmaciens afin d'en préserver l'effet dramatique.

Premier cas

> Un patient schizophrène venait régulièrement à la pharmacie chercher ses médicaments, comme n'importe quel autre client. Il avait un excellent sens de l'humour et, franchement, on l'aimait bien. Un bon soir, il se présente en colère au comptoir. Il criait après tout le personnel et disait qu'il lui manquait des comprimés la dernière fois. On lui explique qu'effectivement il y avait eu rupture de stock et que nous lui devions donc quelques comprimés pour lesquels il avait déjà payé. Nous avions inscrit « Devons 10 comprimés » sur son pot.
>
> Il ne semblait pas s'en souvenir du tout. Il continuait à vociférer, tellement que mes employés en avaient peur. Il est parti en criant que ses médicaments coûtaient cher et qu'il était inadmissible qu'on ne lui donne pas la quantité prescrite. À noter qu'il recevait des prestations de l'aide sociale et qu'il ne payait donc pas ses médicaments, de quoi frustrer le personnel et la pharmacienne. Quelques jours plus tard, son psychiatre appela. Le patient avait étiré ses doses puisqu'il lui en manquait et il avait ainsi passé plusieurs jours sans son médicament. Son état mental s'était alors détérioré.
>
> Après un bref séjour à l'hôpital, le client est revenu à la pharmacie pour s'excuser de son comportement. Il ne voulait pas qu'on le juge pour sa crise. Nous avions aussi une part de responsabilité dans la gestion de notre stock et dans nos communications.
>
> Quelques années plus tard, il est parti vivre dans une autre ville. J'ai eu la chance de le revoir. Il était tout content et me disait combien notre équipe lui manquait parce qu'à sa nouvelle pharmacie, on le prenait pour un bizarre. Il en souffrait parce qu'il n'arrivait pas à établir une relation avec les membres du personnel.
>
> On retient de cette histoire que les schizophrènes peuvent être des gentlemen.

Je suis une PERSONNE, pas une MALADIE!

– Luc Vigneault

Deuxième cas

> Une collègue m'a dit récemment que, comme j'étais jeune, je n'avais pas encore pris conscience que les utilisateurs de méthadone ou de buprénorphine (Suboxone) sont des manipulateurs et qu'ils veulent toujours être pris en charge. Il ne fallait donc pas trop les aider et je m'en rendrais bientôt compte par moi-même.
>
> À mon tour, je lui ai fait connaître mon point de vue en lui expliquant qu'il arrive que les gens sentent le besoin d'être pris en charge parce qu'ils n'ont pas eu le soutien parental qu'ils auraient dû avoir lorsqu'ils étaient enfants. Je lui ai aussi dit qu'à mon avis, la consommation de méthadone est une excellente façon de s'affranchir de la dépendance à la drogue et de reprendre le contrôle sur leur vie. Rien n'y faisait, elle croyait fermement qu'elle avait raison et que j'étais naïve.
>
> Elle fait, depuis, des commentaires du genre « Il n'avait pas le temps de se rendre au centre pour sa Suboxone (le centre est à environ quarante minutes en voiture de chez le patient, qui ne possède pas de véhicule), mais il a le temps d'aller consulter à l'hôpital (qui se trouve à une dizaine de minutes à pied) pour se procurer son hydromorphone (Dilaudid) ». Ou encore « Je ne comprends pas pourquoi il a peur de se faire vacciner contre la COVID. Il s'est injecté tellement de cochonneries, c'est bien pire que le vaccin » (alors qu'il y a souvent un manque de confiance envers le système de santé et la société).

Dans cet exemple, l'attitude malveillante est un ingrédient pour qualifier *d'incomplets* les soins pharmaceutiques que reçoivent certains patients.

Troisième cas

> C'était le soir, un peu avant la fermeture, lorsqu'une femme s'est présentée au comptoir. Elle était mal vêtue, mal coiffée et son maquillage n'était vraiment pas soigné. Sincèrement, elle faisait penser aux prostitués toxicos qu'on voit dans les films. Elle était impolie et très impatiente. Son discours était un peu incohérent. Elle ne voulait pas dire pour quelle condition médicale les médicaments sur son ordonnance étaient prescrits. Elle s'impatientait à chaque question pour l'ouverture de son dossier (grossesse, allaitement, allergies, autres médicaments, assurances...). Cela a frustré l'équipe.

Nous n'avions pas tous les médicaments prescrits, notamment des antirétroviraux. Il y avait aussi des anxiolytiques sur la prescription et elle tenait mordicus à les avoir. Or, le personnel n'a pas fait l'effort de trouver les antirétroviraux manquants et n'a pas offert d'appeler dans une autre pharmacie pour les obtenir. « Elle peut bien attendre jusqu'à demain, celle-là. »

Quelques minutes plus tard, un grand monsieur costaud se présente à son tour au comptoir d'ordonnances. Il n'avait pas vraiment le droit de nous en parler, nous a-t-il dit, mais il était travailleur social, la femme venait de se faire violer et tabasser et il voulait savoir si nous pouvions trouver les antirétroviraux manquants rapidement.

Toute l'équipe s'est alors sentie vraiment mal et le branle-bas de combat a commencé pour l'aider. Nous avons tout fait pour lui trouver ce dont elle avait besoin, car la situation exigeait que le traitement pharmacologique commence sans attendre.

Ce cas illustre bien combien les émotions sont contagieuses. Il faut prendre garde en tant que cliniciens de ne pas déplacer ou mimer l'affect de nos patients, même s'ils sont désagréables avec nous. On peut en prendre un peu, quitte à établir une limite par la suite. On peut offrir les premiers soins psychiques ou physiques en ne faisant pas une question personnelle des impolitesses d'une personne souffrante. Néanmoins, les émotions supplantent parfois les fonctions mentales supérieures de toute l'équipe à cause de l'ambiance de guerre qui s'installe temporairement dans le laboratoire.

À ce moment, une issue est de s'obliger à se calmer et à ralentir avant de commettre une erreur sérieuse ou, encore mieux, de remplacer l'image de *prostituée toxico* par celle de *femme violée et battue*. Cela a complètement changé les motivations de l'équipe pour prodiguer diligemment les soins requis; pourtant, la femme n'avait pas changé.

Voilà un exemple du biais qui nous fait prendre nos émotions pour des vérités. Le dégoût et la colère à l'égard de la *toxico impolie* sont de vraies émotions. On pourrait même dire que personne n'aime se faire crier après pendant qu'il se concentre pour donner un soin. Par contre, juger la personne par ce simple attribut est une erreur cognitive. Tant que l'émotion n'est pas gérée, le patient aura des soins de second ordre altérés par cette erreur.

Je suggère au lecteur d'exprimer une éventuelle colère ou plainte poliment auprès de son pharmacien. Si vous ne le pouvez pas, retournez-y plus tard.

Le stigmate de la fatalité

Une camarade qui œuvre dans un groupe de médecine familiale me racontait qu'une de ses patientes en santé mentale *joue tout le temps avec ses pilules* et que quand ils tentent de faire des modifications pour l'aider, c'est donc sans résultat. Les intervenants abandonnent après quelques sabotages, ce qui est naturel. À bout, ils se disent : « Elle ne changera pas, laissons-la faire... » et ils lâchent prise.

D'un côté, c'est toujours une bonne idée de laisser au patient son autodétermination. Il a le droit de faire des gaffes et d'apprendre de ses erreurs, comme tout le monde, incluant de jouer avec ses médicaments pour voir ce que ça fait sur son corps. Nous le faisons tous.

Avec des patients défaitistes, méfiants, en retrait affectif et peu aimables, il faut prendre le temps de les apprivoiser. Prenez le temps de gagner leur confiance et soyez celui qui brise le silence du statu quo. Vous serez surpris — un jour, ils auront changé.

Entre pharmaciens

Mon bon ami Ben me déléguait toujours la vérification de la porte de chambre quand nous étions en voyage pour des congrès de psychiatrie. C'était une de ses quatre obsessions il y a dix ans, avec la peur de passer au feu parce qu'il avait fumé une cigarette dans la maison (même si elle était éteinte depuis une heure) et celle de manquer l'apéro après son quart de pharmacien clinicien spécialiste en psychiatrie.

Son traitement demandait un ajustement constant et son humeur était en montagnes russes, mais Ben était toujours Ben. Nous parlions sans cesse de psychopharmacologie.

J'imagine que ça doit être intense d'être le pharmacien de Ben. Il est très érudit en psychopharmacologie et peut critiquer tant les médecins que les pharmaciens. C'est pourquoi à sa pharmacie, il y a une pharmacienne avec qui Ben a développé une solide alliance thérapeutique. C'est elle qui s'occupe de renouveler ou d'ajuster ses médicaments.

Un jour, Ben est allé se reposer chez ses parents pendant quelques semaines. Il a transféré ses médicaments à la pharmacie la plus près. On ne le connaissait cependant pas à cette pharmacie, où l'on ne savait rien bien sûr de ses demandes et ses besoins. On lui a refusé un médicament, car on jugeait qu'il avait dépassé la dose prescrite pendant le mois. L'attitude du pharmacien était hautaine et accusatrice. « Ce n'est quand même pas mon problème si tu abuses de ton Ritalin. Va à l'urgence. »

Pardon?

Ô camarade, la pharmacodépendance est aussi ton problème à titre de pharmacien, tu es le gardien des poisons et de leurs effets pervers. En rejetant toute la responsabilité sur le patient, tu nuis à l'alliance thérapeutique et donc à la possibilité de dresser un plan conjoint pour réduire les méfaits de la pharmacodépendance. C'est au cœur du concept de l'approvisionnement sécuritaire [5].

Ben avait pris 13 % de Ritalin de plus ce mois-là, suivi d'un creux de quatre jours imposé par le pharmacien avec qui il n'avait aucune alliance. Ben a vécu des effets de sevrage graves. Il est resté sans énergie sur le plancher du salon pendant deux jours, sans boire ni manger. Ses parents l'ont finalement conduit à l'urgence, comme l'avait « suggéré » le pharmacien, mais dans un état qui aurait pu être évité.

Même si cela peut faire peur d'être *le fournisseur de drogues d'un* pharmacien qui prend cent vingt milligrammes de Ritalin par jour, ne laissons pas tomber nos camarades comme ça! Croyez-moi, Ben et moi avons réfléchi à toutes les pharmacothérapies. Celle-ci est la meilleure pour son esprit : il ne boit plus, ne convulse plus, il a pu cesser ses autres psychotropes, mais il n'a presque jamais faim. Il poursuit sa passion pour la musique métal en écrivant de très bons poèmes sur son épopée.

La mise en action

« Je n'ai jamais rencontré de schizophrènes, mais j'ai rencontré plusieurs personnes qui vivent avec la schizophrénie. »

– Dr S.C. Shea, *Psychiatric interviewing, the art of understanding*

Faire l'exercice de parler ouvertement de la stigmatisation, comme si elle était naturelle, m'a indiqué des processus intéressants pour réduire la stigmatisation en pharmacie. Depuis que je me suis engagé dans l'écriture de ce chapitre après ma toute première discussion avec Luc et Tania, j'ai vu la lumière. J'ai compris que j'ai parfois moi-même des comportements stigmatisants. J'en ai dépisté d'autres en discutant autour de moi avec les pharmaciens qui ont pris la parole dans le chapitre précédent et je suis passé à l'action.

Première action

La première chose que j'ai changée, c'est de parler des comportements stigmatisants avec mes cent quatre-vingts étudiants en pharmacie afin de leur faire comprendre les stigmates de la fatalité, de l'infantilisation et de la folie. Ce ne fut pas facile. Un exemple que nous rapporta une étudiante m'a dégoûté : un homme souffrant de psychose aurait résisté à son arrestation en s'enfuyant dans la forêt. Nous ne saurons jamais s'il était armé ou non ni si des coups de feu ont été échangés avant sa fuite, mais la suite est horrible en tous points : l'homme s'est fait abattre dans la forêt par les policiers.

Certes, certaines personnes en psychose peuvent constituer un danger imprévisible pour vous, votre famille ou vos concitoyens. Comme on le voit dans cet exemple, elles sont rapidement maîtrisées, mais d'habitude, on les conduit ensuite pacifiquement à l'hôpital, où elles demeurent le temps que la crise passe, le temps d'un ajustement pharmacologique sans trop de coercition.

Cet exemple illustre au contraire que les personnes en psychose sont souvent victimes de violence!

Deuxième action

Le 1er décembre 2021, Patrick Lagacé, un journaliste dont je respecte souvent l'opinion, a décrit Montréal comme un hôpital psychiatrique à ciel ouvert. Il rapportait le cas d'un homme psychotique qui avait agressé une passante qu'il ne connaissait pas parce qu'elle entendait des voix et qu'elle ne prenait pas ses médicaments.

J'ai retenu, en écoutant Luc et Tania en conférence, que les médias montrent un seul côté de la médaille lorsqu'ils associent maladie mentale et violence. Il faut leur écrire et les informer du stigmate sous-jacent, souvent inconscient. Mon courriel au journaliste incluait ces deux défis journalistiques :

> Pourriez-vous, lorsque vous écrirez votre prochain article dans le cadre de « Montréal, hôpital psychiatrique à ciel ouvert », enquêter et rapporter le récit d'un beau moment de la personne quand elle n'était pas en crise? Cet équilibre indiquera au lecteur que ces personnes ne portent pas les clochettes du *fou* en tout temps.
>
> Une autre chose que vous pourriez faire, c'est encourager les dons à un organisme communautaire en santé mentale dans le quartier nommé dans votre prochain reportage.

En attendant la suite, je demeure confiant dans le journalisme de qualité.

Réflexion sur l'enquête

« L'intelligence, ce n'est pas ce que l'on sait,
mais ce que l'on fait quand on ne sait pas. »

– Dr Jean Piaget

Le principal méfait de la stigmatisation en pharmacie est la détérioration de l'alliance thérapeutique. Se priver du savoir expérientiel des personnes qui souffrent d'une maladie mentale est une faute majeure lorsqu'on est soignant. Il faut être capable d'évoquer, d'écouter, et de comprendre l'histoire de leur vie psychique pour s'ajuster afin de mieux les aider.

Lorsqu'il n'y a pas d'alliance thérapeutique entre une personne atteinte d'un trouble mental, ses proches et ceux qui la soignent, le psychotrope devient comme un garde-fou. Cette image contient tous les stigmates décrits précédemment : le fou, la fatalité, le paternalisme et l'infantilisation. Même s'il faut se parler à travers *des barreaux imaginaires*, c'est en développant une alliance thérapeutique que tous les processus de stigmatisation pourront se régler, une relation à la fois.

Nous avons constaté de graves effets indésirables par suite de la discrimination exercée par des pharmaciens ou issus de certaines politiques de soins. Voici quelques réflexions à l'intention de mes camarades de métier.

Chaque personne qui souffre d'un trouble mental devrait avoir un intervenant pivot avec qui établir une alliance solide. Le patient peut choisir qui il veut. Si nécessaire, il pourrait y avoir un intervenant principal par point de service, par exemple, un pharmacien par pharmacie qui chercherait activement à établir une alliance avec lui.

Dans certaines situations où l'alliance est difficile pour des raisons techniques ou personnelles (la langue, le manque de ressources, le dégoût), il est impératif de référer le patient à un professionnel habilité. Ne pas le faire, ou ne pas dénoncer la situation aux décideurs, entretient la stigmatisation systémique.

Je vois depuis dix-huit ans des postes spécialisés en santé mentale s'ouvrir dans le domaine pharmacologique, entre autres en Montérégie, à Joliette, à Sherbrooke et à Rimouski. Notre groupe de pharmaciens experts en psychiatrie est tissé solidement et n'a fait que grandir et rayonner. Des pharmaciens d'expérience suivent des formations sur la dépression qui font salle comble. Nos deux facultés de pharmacie du Québec enseignent des approches humanistes à l'égard de ceux qui souffrent de troubles mentaux. Je propose néanmoins aux chefs des départements de pharmacie du Québec de suivre leurs propres recommandations et de créer un poste de pharmacien clinicien en psychiatrie lorsque les services prioritaires sont couverts dans leur hôpital [4]. Ensuite, envoyez un pharmacien clinicien observer des entrevues avec des collègues, infirmières et psychiatres pour qu'il prenne connaissance des attitudes efficaces et des questions utiles. Indice : ce sont toujours celles centrées sur la personne.

J'espère que les ressources humaines, le trésor public et la jeune relève mettront la main à la pâte. Pour ma part, je me dévoue à enseigner l'art de la psychiatrie à cette relève. À vous de les engager et d'encourager leur passion.

Mon enquête m'a révélé que les contacts sont efficaces pour ce qui est d'ajouter de la chaleur dans les rapports professionnels. Par exemple, pendant la rédaction de ce chapitre, j'ai appris que certains hôpitaux m'ayant rapporté de la discrimination avaient mis en place des moments de rencontre où des pharmaciens spécialisés en santé mentale avaient accompagné des pharmaciens moins expérimentés et leurs assistants auprès de patients en santé mentale. Ces contacts ont été, semble-t-il, transformateurs. Aujourd'hui, ces pharmaciens et leurs assistants ne négligent plus de rencontrer les patients en psychiatrie. Je les en félicite. Les bonnes méthodes se répandent vite!

Conclusion

Le pharmacien professeur de clinique en moi va continuer d'inviter Luc dans son cours universitaire en vue de normaliser les contacts. Également, je vais reprendre le jeu de rôles où il joue son propre rôle à l'urgence, pour l'interviewer avec tact et établir avec lui une alliance thérapeutique devant mes cent quatre-vingts étudiants de troisième année en pharmacie. Donner l'exemple est formateur.

Je vais continuer d'encourager dans mes cours la rémunération des patients partenaires, comme Luc, parce qu'ils proposent un standard utile pour l'enseignement des techniques d'entrevues avancées.

J'avais l'habitude de montrer en classe la vidéo d'un patient en manie. Il était comique, le roi du monde. Il n'avait pas l'air souffrant. Ça nous faisait rire. Cette vidéo, je ne la montre plus, pour éviter le stigmate du fou.

Je vais continuer de parler de mes expériences personnelles de fluctuations de santé psychologique à mes élèves et les accompagner dans leur narration sur les leurs et celles de leurs proches, car c'est émouvant et cela a un effet de normalisation. Je souhaite que cet exemple vous soit pertinent, si vous êtes enseignant.

Je vais continuer les suggestions *parapharmacie* auprès de mes collègues du corps infirmier et des psychiatres, qui ont le potentiel d'adoucir l'expérience d'une première hospitalisation en psychiatrie. Par exemple, Luc me racontait qu'écrire l'objectif de vie de chaque patient dans son dossier, à côté de ses allergies et de son degré d'agitation, donnait lieu à de meilleures alliances thérapeutiques. Je m'en charge, Luc.

Surtout, la prochaine fois que j'ouvrirai le dossier d'un patient en psychogériatrie, je me lance le défi d'évaluer ce dernier en personne, avec une de mes collègues psychogériatres de l'Institut universitaire en santé mentale de Québec. C'est la seule prescription efficace.

Ma job c'est que tu prennes le moins de médicaments possible, mais autant que nécessaire. Veux-tu en discuter avec moi?

– Ton pharmacien clinicien, Philippe Vincent

Références

[1] VIGNEAULT, LUC. *Je suis une personne, pas une maladie!,* Performance Édition, 2013.

[2] WERREMEYER, A., BOSTWICK, J., COBB, C., MOORE, T. D., PARK, S. H., PRICE, C., COLL. « Impact of pharmacists on outcomes for patients with psychiatric or neurologic disorders », *Mental Health Clinic,* nov. 2020, 10 (6), 358-380.

[3] https://www.apesquebec.org/actualite/recommandations-sur-la-pratique-de-la-pharmacie-en-etablissement-axe-soins-pharmaceutiques.

[4] BRISSEAU, L., BUSSIÈRES, J.-F., BOIS, D., VALLÉE, M., RACINE, M.-C., BONNICI, A. « Ranking of healthcare programmes based on health outcome, health costs and safe delivery of care in hospital pharmacy practice », *International Journal of Pharmacy Practice*, janv. 2013, 21 (1), 46 54.

[5] http://dependanceitinerance.ca/wp-content/uploads/2021/07/APS-et-pharmaciens-1.pdf.

CHAPITRE 13

Ma dépression et ma stigmatisation

Auteure : Mélanie Boucher, personne en rétablissement

La dépression est une véritable maladie qui se caractérise notamment par une grande tristesse, un sentiment de désespoir, une perte de motivation et l'impression de ne pas avoir de valeur en tant qu'individu. Malheureusement, il existe encore bon nombre de tabous sur le sujet, ce qui augmente à mon avis les symptômes dépressifs. C'est dans le but d'aider d'autres gens à comprendre cette maladie et l'impact de sa stigmatisation que je vous raconte mon histoire.

Octobre 2019, presque dix ans déjà, mais tout est là dans ma tête comme si c'était hier. Comment oublier cette souffrance, cette sensation de n'être plus rien, cette tristesse inconsolable, cette envie de disparaître?

Octobre 2009, je me réveille après plusieurs cauchemars, comme je le fais depuis quelques mois déjà. Je regarde mon conjoint de l'époque qui me confirme que j'ai vraiment l'air mal en point. Vraiment, je me sens tellement épuisée, au bout du rouleau. Je me dis que j'ai une grosse journée devant moi et qu'il faut que je me lève. Je réussis de peine et misère à me préparer pour le travail, mais quand je m'assieds pour déjeuner, je m'endors, mais d'une fatigue que je n'ai jamais connue. Qu'est-ce qui se passe? Je ne comprends pas. J'appelle au bureau et me déclare malade; je ne suis tout simplement capable de rien. Ce sera le début de ma descente aux enfers.

Pourtant, encore hier, j'étais une femme d'action. Travailler ne me faisait pas peur, des nouveaux défis, emmenez-en je suis capable. Coordonnatrice pour un organisme bénévole, études à temps partiel, travail à temps plein, mère d'une fille et depuis peu co-parent des trois ados de mon conjoint, sans compter les difficultés avec mon conjoint de l'époque, qui était très exigeant à mon égard. Pourquoi ne suis-je pas capable de continuer? Je suis découragée, car c'est plus fort que moi, je veux continuer, mais mon corps ne répond plus. Je me sens lourde, mais d'une lourdeur indescriptible.

Je consulte mon médecin de famille, qui est selon moi un praticien exceptionnel. Il m'explique que je fais une dépression. Voyons, ça ne se peut pas, je suis bien trop travaillante pour tomber malade. La dépression, c'est dans la tête des gens que ça se passe. Je vais me reposer et vous allez voir, je serai sur pied le temps de le dire. Moi-même à l'époque, j'étais pleine de préjugés, les mêmes qui plus tard me feront tomber au plus bas du plus bas.

Ne croyant pas à ma souffrance, je décide malgré mon état de pousser la machine à trois cents pour cent et de me « forcer » à aller mieux. Je ne pouvais pas accepter de tout arrêter. Je me disais qu'il y avait trop de gens qui dépendaient de moi. Évidemment, j'ai frappé le mur de plein fouet. En retour, j'ai gagné ma première hospitalisation!

Ici, je parle de moi, mais je dois aussi vous parler des membres de mon entourage à l'époque. J'habitais avec un homme à qui je faisais des crises pour des riens, des chicanes et conflits épouvantables. Comme c'est un homme très prompt, je n'avais pas à dire grand-chose pour qu'il réagisse à mes histoires. J'avais de fausses perceptions, des impressions de persécution constantes. Ce n'était pas moi, je n'étais pas habituellement comme ça.

Et les enfants dans tout ça? Ma fille, que j'adore, ne reconnaissait pas sa mère, car par moments, j'étais vraiment « folle ». Tout me dérangeait, chaque bruit me tapait sur les nerfs. Pauvres enfants! Je crois qu'ils ont compris aujourd'hui que j'étais très malade, mais je me suis sentie si coupable à leur égard et je crois que je le serai toujours. Je leur ai fait vivre une insécurité et des tensions épouvantables.

Première hospitalisation : je suis perdue. Je pleure et pleure sans cesse. Je passe mon temps à dormir et à pleurer. Pendant un an, j'ai fait des allers-retours entre l'hôpital et la maison. À l'été 2010, j'ai reçu mes parents, qui habitaient à six heures de chez moi, pour le week-end. Le samedi soir, on est autour du feu. Je surprends une conversation entre mon père et une bonne amie à moi. Il lui a dit très clairement qu'il avait honte de moi. Ça m'a tellement fait mal... et cela m'a conduit à une nouvelle hospitalisation.

En octobre, un an plus tard, je me sens mieux. L'assurance maladie de mon employeur m'oblige à faire un retour au travail. Comme mon poste à la banque a été aboli durant ma convalescence, je suis transférée dans un nouveau service. Après seulement deux jours, je fais une crise de panique. J'avais bien dit à mon employeur que je n'étais pas prête, mais l'écoute n'y était pas. Pendant les mois d'octobre et novembre, je refais la navette entre l'hôpital et la maison.

Début décembre, ma fille me dit qu'elle veut aller vivre chez son père. Je reste calme, car je ne peux l'en empêcher, mais en moi ça brasse, ça brûle, je pleure. J'ai mal comme on ne peut l'imaginer. J'avais, depuis ma séparation six ans plus tôt, toujours eu la garde complète de ma fille et maintenant, elle voulait me quitter. Je ne peux expliquer la peine que j'ai eue. Ma fille, c'est ce que j'ai de plus précieux au monde.

Je me suis sentie mauvaise, mais vraiment une mauvaise mère, pour ensuite me sentir extrêmement coupable de lui avoir fait vivre toute cette horreur, car croyez-moi il y en a eu des moments horribles. Ma fille n'en pouvait plus de ne pas savoir dans quel état elle me trouverait à son retour de l'école.

Ce que j'ai fait : j'ai pris mes médicaments, tous les médicaments qui feraient en sorte que je ne me réveillerais plus jamais. À plusieurs reprises, je les ai pris dans mes mains. Ils n'étaient jamais loin de moi, j'attendais le bon moment. J'ai crié au secours. J'ai pleuré toutes les larmes de mon corps. J'ai passé près, vraiment très près de mettre fin à mes jours. J'avais l'impression d'être une nuisance plus que quoi que ce soit d'autre. Et mon père qui a honte de moi, ma fille qui préfère vivre chez son père et moi qui ne suis même pas capable de travailler. Où est le beau dans ma vie?

J'ai crié au secours. Une petite voix en moi a raisonné : j'avais ma fille, mais j'avais aussi mon chien; mon chien, qui a toujours été là durant mes moments de misère, mon chien qui ne veut personne d'autre que moi. Qui s'en occuperait? Vous pouvez juger les motivations qui m'ont gardée en vie, mais pour moi tous les autres pouvaient très bien vivre sans moi et même bien mieux. Alors, j'ai voulu disparaître et il s'en est fallu de peu.

Dernière hospitalisation, mais cette fois, d'une plus longue durée. On m'a prise en charge jusqu'à ce que j'aille vraiment mieux. Deuxième Noël à l'hôpital, dont je ne garde pas les meilleurs souvenirs. Entre-temps, j'ai laissé mon conjoint de l'époque, car je voyais bien que je le faisais souffrir et que lui aussi pouvait craquer à tout moment.

La thérapie que j'ai suivie pendant mon séjour m'a fait prendre conscience de beaucoup de choses, notamment de la nécessité de changer de carrière. J'ai dû aussi me détacher de ma famille proche et surtout, j'ai découvert la personne que je suis, moi, Mélanie. Aujourd'hui, j'ai une nouvelle vie, joyeuse et pleine de projets. J'apprends peu à peu à reconnaître mes limites et j'apprécie chaque petit moment de la vie.

Décembre 2021

Malheureusement, mon combat ne s'est pas arrêté là. J'ai compris que la stigmatisation, plus que la dépression elle-même, ne nous quitte jamais tout à fait.

Pour m'en sortir, j'ai dû accepter la maladie et j'ai aussi dû accepter de prendre un médicament pour le reste de ma vie. Comme un diabétique qui a besoin d'insuline, mon cerveau a besoin de sérotonine. En un mot, tout paraît simple, mais la réalité est tout autre.

Après ma dernière hospitalisation, j'ai fait le choix de vivre et d'aller chercher l'aide dont j'avais besoin. Même si j'avais accepté la maladie, j'avais de la difficulté à comprendre et à accepter que la Mélanie d'avant n'était plus. Le fait d'avoir trop attendu avant de me soigner m'a fait perdre à jamais certaines capacités cognitives. J'ai l'air d'exagérer quand je dis « à jamais », mais c'est ma réalité. L'acceptation et l'adaptation ont été pour moi presque aussi pénibles que la maladie elle-même. Dire qu'avant, tout était facile; j'étais capable de tout faire, productive, rapide, efficace, capable d'en prendre. Aujourd'hui, je me fatigue rapidement, je dois faire répéter, prendre des notes. Il y a un laps de temps plus ou moins long entre ma réception du message et mon exécution. Aujourd'hui, j'en ris, mais ça n'a pas toujours été le cas, surtout quand il fallait me montrer confiante devant des gens qui me jugeaient et qui me montraient leur mépris. C'est horrible comme ça ne s'explique pas.

La vie continuait. J'ai repris mon travail pour une grande entreprise qui se disait ouverte d'esprit envers les gens souffrant de troubles mentaux. Ce n'était que des paroles, car le jugement et la pression de performance ne cessent jamais. On m'a fait comprendre que ma vitesse d'exécution était à peine acceptable et qu'on espérait que j'accélère le pas avec le temps (mais combien de temps? Pas clair.). J'ai changé de département pour m'entourer de nouvelles personnes qui ne connaissaient pas mon passé de dépression. L'intégration a été difficile pour moi qui avais toujours été vive d'esprit. Je devais désormais travailler dix fois plus fort pour un résultat à la limite de l'acceptable.

Mon orgueil en a pris un coup. Un jour, dans un élan de confiance, j'ai décidé de dire la vérité sur mon état de santé à ma superviseure, de lui dire que toutes mes difficultés cognitives avaient une explication. Je n'en pouvais juste plus de me sentir dépassée parce que je n'atteignais pas ses objectifs et de me retrouver pour me faire dire que je n'avais pas un rendement à la hauteur de l'entreprise. Dans ma naïveté, j'ai cru que de me confier m'aiderait, mais c'est tout le contraire qui s'est produit. La superviseure m'a répondu que si je voulais continuer à travailler pour cette entreprise, je ne devais pas m'attendre à ce qu'on s'adapte à ma situation et que c'était à moi de faire ce qu'il fallait pour accroître mon rendement. Et si je ne m'en sentais pas capable, il était préférable que je démissionne.

Je n'ai pas su comment réagir autrement qu'en m'isolant et pleurant. Je n'avais pas encore appris à m'affirmer et à défendre mes droits, et je n'acceptais toujours pas tout à fait d'être différente de la Mélanie performante d'antan. Personnellement, j'étais fière d'être simplement en vie, d'avoir repris le chemin du travail, mais toute ma volonté a foutu le camp en quelques minutes. Le discours interne de la bonne à rien a repris de plus belle, ce discours qui me dit que je ne ferai rien de bon de ma vie, que je suis une honte.

J'aurais pu m'arrêter là et tout laisser tomber. Mais j'avais promis à ma fille de me battre et de toujours être là pour elle. Plus tard, dans mon rôle d'intervenante, j'ai été fière d'être la preuve vivante que peu importe les malheurs et les tragédies de la vie, nos enfants retiennent davantage le positif qu'autre chose et prennent exemple sur nous. À force de nous relever, nous leur montrons que nous sommes des battants. Le cœur d'un enfant est grand et toujours prêt à aimer et accepter.

Heureusement, j'ai appris de mon expérience à reconnaître les signes d'une récidive. J'ai tout de suite consulté. Arrêt de travail, thérapie, visite ponctuelle chez le psychiatre et aussi chez mon médecin de famille, le docteur Claude Masson, à qui je dois une bonne partie de mon rétablissement. Du début de ma détresse jusqu'à aujourd'hui, il a été un praticien exceptionnel et a su m'écouter sans me juger, reconnaître mes forces, m'encourager, prendre de mes nouvelles et se rendre disponible pour moi, en tout temps. J'avais toujours un numéro de téléphone pour prendre un rendez-vous le plus rapidement possible. Quand je me suis mieux sentie, il a écouté mes suggestions pour interagir avec les gens qui souffrent du trouble de personnalité limite et de dépression; il a lui aussi accepté de s'adapter.

Pour bien me rétablir, j'ai intégré ce qu'on appelle l'hôpital de jour. Un lieu qui nous permet d'adopter une routine tout en participant à des activités de réhabilitation et d'éducation sur la maladie mentale. Lors du premier rendez-vous avec l'intervenant, ce dernier me dit que je suis une TPL (trouble de personnalité limite ou *borderline*). Quoi, qu'est-ce que c'est ça? On ne m'a jamais parlé de ça. Les rares fois où j'en avais entendu parler, on m'avait dit qu'il s'agissait d'hystériques qui étaient tout le temps en crise et qui étaient incapables de se contrôler. Encore un choc! Ça ne se peut pas. Je demande des explications. On me dit qu'il n'y a rien là, de ne pas m'en faire avec ça. Mais moi, je m'en fais, et je veux comprendre.

Au fil du temps et des recherches, j'ai finalement trouvé de plus amples explications, mais sincèrement je dois vous dire que pour trouver des réponses satisfaisantes et bien comprendre ce qui m'arrivait, j'ai dû m'inscrire à l'université parce que personne n'était en mesure de m'expliquer ce qu'était le trouble de la personnalité limite.

Heureusement, je me suis sentie humaine avec ma nouvelle psychiatre, et non uniquement une malade parmi tant d'autres. Enfin, on ne m'appelait plus « ma petite madame ». Avec elle, je me suis sentie adulte et le temps qu'elle m'a accordé a fait toute la différence, car je me suis sentie écoutée, comprise et encadrée dans mon rétablissement.

Au premier rendez-vous, je ne faisais que pleurer. Elle m'a rassurée et écoutée, mais elle m'a surtout expliqué en détail mon trouble et les problèmes afférents. Je faisais une dépression majeure sévère combinée à un trouble de la personnalité limite qui s'est activé avec la dépression, et j'avais une difficulté d'adaptation. Elle soupçonnait aussi un trouble déficitaire de l'attention avec hyperactivité. Celui-ci a été confirmé par un neuropsychiatre à qui elle m'a référée.

Ouf! Une chance que j'avais le soutien d'une équipe traitante exceptionnelle, car tout cela me faisait peur! C'est grâce aux divers intervenants que j'ai compris que je suis une personne et non une maladie. J'ai aussi été référée à un infirmier psychothérapeute de l'équipe. Sur le coup, j'ai été réticente, car tous les psychologues que j'avais rencontrés jusque-là n'avaient réussi qu'à me rendre encore plus découragée. Ma plus grande peur était de m'ouvrir et de perdre le contrôle de mes émotions, qui était une preuve de mon trouble d'adaptation. La psychiatre m'a expliqué que la psychothérapie a pour but de travailler sur les pensées en lien avec mes comportements et non d'aller gratter les bobos du passé.

Premier rendez-vous avec le psychothérapeute : je n'y peux rien, j'ai une attitude fermée, comme c'est mon habitude depuis un certain temps; je ne fais que pleurer et répondre négativement à toutes ses suggestions. Il m'a dit : « Mélanie, si tu ne veux pas t'aider, je ne peux rien faire. » J'ai été saisie et j'ai compris qu'effectivement, j'avais baissé les bras. Ce psychothérapeute m'a permis de comprendre et de me connaître. Je lui ai fait confiance et je ne l'ai jamais regretté.

J'ai compris que la stigmatisation fait partie de ma vie depuis toujours. En grandissant avec un père militaire dans un milieu où l'émotion n'avait pas sa place, l'enfant hypersensible que je suis a tôt fait de se cacher derrière une grosse carapace. Je me rappelle les fois où j'ai pleuré et qu'on m'a chanté la chanson de Marie-Madeleine, qui parle d'une femme qui pleure tout le temps. Combien de fois on m'a traitée de susceptible ou de soupe au lait.

J'ai subi beaucoup d'intimidation à l'école primaire. De plus, le fait qu'il nous fallait souvent déménager en raison de la carrière militaire de mon père m'obligeait à m'adapter à de nouveaux milieux. Timide et n'ayant pas appris à parler de mes émotions, je me repliais sur moi-même. Je me rappelle à dix ans avoir pris un flacon d'acétaminophène et avoir pensé tout avaler pour disparaître.

Dans ma famille, j'étais la fille responsable sur qui on pouvait compter et qui ne disait pas un mot. Je me sentais tellement à l'écart et incomprise; je souffrais intérieurement et personne ne s'en rendait compte. Au lieu de ça, je recevais des injures à l'école de même que de mon père qui, alcoolique, disait tout ce qui lui passait par la tête. Je voyais ma sœur qui accompagnait mes parents dans des activités, je les voyais tisser des liens et avoir des points communs tandis que moi, je devais rester à la maison pour travailler au commerce familial. Si j'avais le malheur de m'en plaindre ou de dire non, on me disait que si je ne le faisais pas, ma mère n'aurait jamais de congés pour se reposer. J'ai compris que ma peur de l'abandon a commencé à cette époque. Un jour, j'ai demandé à ma mère pourquoi elle a favorisé ma sœur. Sa réponse : « On ne peut pas savoir ce dont tu as besoin si tu n'en parles jamais! »

Très jeune, j'ai appris à ne compter sur personne. Je parle de ça pour vous sensibiliser au fait que les paroles dites à un enfant s'ancrent en lui et peuvent le blesser pour toujours. J'ai été une petite fille sensible et je suis devenue une femme forte qui a été capable de beaucoup. J'ai réussi jusque dans ma trentaine, où la dépression a ouvert la boîte noire dans mon cerveau et que toute la souffrance m'a assaillie d'un seul coup.

Avec la psychothérapie, j'ai compris que mon trouble de personnalité limite, qui s'est accentué avec la dépression, me faisait revivre mes neuf ans. Je redevenais fragile, vulnérable et j'avais besoin de protection. Mes crises de colère, je les exprimais maintenant en pleurs. Dans ma tête, je revivais les injures de mon enfance, j'y ai même cru par moments. Presque à chaque échec, je retrouvais le même discours : bonne à rien, une honte pour la famille. Je ne peux pas expliquer la souffrance épouvantable que j'ai éprouvée et le vide intérieur qui me donnait l'impression que je ne valais rien.

Je comprends si bien les gens qui développent une dépendance à l'alcool ou aux drogues car, pendant ma dépression, j'ai donné une grande place à l'alcool. Je voulais engourdir le mal. Ce qui m'a sauvée, c'est le fait que quand je sentais que je perdais le contrôle, une panique m'envahissait. J'avais trop peur d'être laissée à moi-même, sans personne pour me soutenir. J'avais l'impression que personne ne voyait ma souffrance parce que, comme on me le disait si souvent, rien n'était apparent. J'ai souvent eu envie de frapper et de crier que c'était à l'intérieur que j'avais mal. Une douleur indescriptible et qui me faisait craindre de perdre le contrôle. Avec la compréhension de mon trouble, j'ai grandi et appris à mieux le contrôler. Comme je le dis toujours, il y aura toujours en moi un sentiment de vide, mais au lieu d'être sans fond, il est devenu minuscule bien que toujours présent et je ne dois jamais l'oublier.

J'aurais pu choisir de ne plus jamais travailler, d'être déclarée inapte au travail à cause de mon état dépressif récurrent, de mon anxiété et de mon trouble d'adaptation, mais ce n'était pas ce que je voulais faire. Je suis fière aujourd'hui de dire que je me suis battue et que j'ai relevé mes défis personnels. Je suis retournée aux études dans le but de devenir à mon tour intervenante pour en aider d'autres comme moi à se réapproprier leur vie. J'ai cru et je crois encore que je peux aider à changer les choses.

Quand j'ai annoncé la nouvelle à mes parents, ma mère s'est montrée heureuse pour moi, mais mon père m'a de nouveau jugée et dénigrée. Il était si fier de dire que sa fille travaillait pour une institution financière et il n'a donc pas compris que je n'avais plus les capacités de le faire; il m'a souvent reproché d'avoir mis fin à cette carrière. J'ai bien tenté de lui expliquer que la maladie mentale m'a privée de certaines capacités cognitives et que je ne pouvais plus travailler pour la banque. J'ai appris plus tard qu'il avait dit de moi que je deviendrais un fardeau pour la société et que je vivrais toute ma vie de l'aide sociale. Encore aujourd'hui, je me demande comment j'ai réussi à passer par-dessus. Et vous savez quoi? Jusqu'à maintenant, je n'ai jamais demandé d'aide sociale. Je me suis remise aux études tout en travaillant à temps partiel.

Je me suis inscrite en criminologie à l'Université Laval (Québec). La première session a été difficile. Un peu orgueilleuse, je n'avais dit à personne que j'avais des difficultés cognitives par peur d'être refusée et jugée. J'ai suivi mes cours en tentant tant bien que mal de tout faire, je décuplais les efforts et je m'épuisais sans bon sens. J'ai appris qu'on pouvait jouir d'accommodements pour certains problèmes cognitifs. Personne ne m'en avait parlé. Entre-temps, je passais mes cours de peine et de misère. La plupart des professeurs, à une exception près, avaient compris mon problème et m'ont offert leur l'aide.

J'ai finalement eu droit à des mesures particulières : plus de temps pour les examens, et un local à moi seule où les faire dans la tranquillité et le silence. De plus, on m'offrait un soutien financier pour mes études. Tout cela m'a permis de mieux étudier et d'enchaîner plusieurs autres certificats, car je voulais tout savoir afin d'être en mesure d'aider les gens le mieux possible. Cependant, j'ai été déçue encore une fois, dans un cours sur les troubles psychiatriques, d'entendre une psychiatre dénigrer les gens souffrant du trouble de la personnalité limite. À son avis, nous étions des cas désespérés, des faiseurs de crises qu'il fallait gérer un peu comme des enfants trop gâtés. J'étais si fâchée que j'ai pris la parole pour donner mon point de vue, mais sa réponse a été que j'étais peut-être une exception. Il m'est arrivé la même chose plus tard dans mon rôle d'intervenante dans les rues de Québec de la part des policiers qui n'avaient pas la patience d'intervenir auprès des gens qui ont différents troubles mentaux.

J'étais si fière d'avoir mes diplômes et d'avoir réussi mes études. Durant mes études, j'ai occupé plusieurs boulots d'intervenante, surtout en tant que remplaçant, ce qui m'a permis de me familiariser avec plusieurs domaines. J'ai eu de la difficulté à me faire accepter par mes collègues. On me reprochait d'accorder trop de temps aux personnes suivies dans nos services, plus que les autres intervenants, et cela occasionnait de la jalousie dans l'équipe. Les personnes dont je m'occupais demandaient aux autres intervenants de leur donner la même écoute et le temps que je leur consacrais. Au lieu de prendre exemple sur ma conduite, on m'a congédiée. Eh oui, c'est possible d'être congédiée parce qu'on aime les gens et que l'on compatit à leur désespoir. Je traitais simplement mes clients comme des humains et non comme des numéros. J'ai appris que je n'étais pas la seule dans cette situation; les gens de cœur ont de la difficulté à se tailler une place dans ce milieu qui nous évalue sur des indices de performance.

Quand j'ai recommencé ma recherche d'emploi dans les organismes communautaires, je croyais naïvement que je pouvais faire mention de mes difficultés en santé mentale sans que cela soit un obstacle à mon embauche comme intervenante. On me refusait en me disant qu'il fallait quelqu'un de plus solide. Pourtant, mon problème n'avait rien à voir avec ma solidité psychologique. J'ai tellement pleuré d'être ainsi stigmatisée et jugée. Un autre employeur m'a même accusée de lui avoir menti, car je ne lui avais pas parlé de mon diagnostic psychiatrique pendant l'entrevue d'embauche.

À force de recherches et de persévérance, j'ai trouvé un emploi de travailleuse communautaire auprès des aînés, où j'ai été reconnue à ma juste valeur et où mon potentiel a été mis à contribution. Mon rêve s'était enfin réalisé. Ce poste m'a amenée par la suite à travailler pour un organisme qui fait la promotion de la santé mentale positive et la prévention de la détresse psychologique. On ne parlera jamais assez de l'importance de prendre soin de sa santé mentale autant que de sa santé physique.

Aujourd'hui, je considère mon parcours comme une force, c'est ce qui me permet d'aider les autres et d'être un exemple de persévérance. Je ne remercierai jamais assez les gens qui ont cru en moi et qui m'ont encouragée.

Surtout, je suis reconnaissante envers ma fille Rebecca qui, après toutes les inquiétudes et l'instabilité que je lui ai fait vivre, a développé elle aussi un trouble de l'anxiété. Rebecca est la personne la plus extraordinaire que je connaisse. Elle a hérité de ma force et de ma résilience. Elle se rappelle bien sûr les moments difficiles de notre vie, mais surtout elle retient que je me suis toujours relevée, que je me suis battue et que j'ai réussi. Aujourd'hui, elle est ambulancière et est passionnée par son métier. Elle a transformé nos épreuves du passé en expertise — elle sait comprendre et aider les autres, en particulier les gens avec des troubles mentaux. Elle est patiente, douce et ferme au besoin — c'est une excellente intervenante. En fait, ma fille est ma plus grande réussite et ma plus grande fierté, la preuve vivante que tout n'est pas perdu d'avance et que bien au contraire tout est possible quand on y croit et qu'on s'entoure des bonnes personnes.

CHAPITRE 14

La stigmatisation au travail et stratégies pour l'endiguer

Auteure : Sonia Laberon, MCU en psychologie du travail et des organisations, Comptrasec UMR 5114 CNRS, Université de Bordeaux.

Malgré les incitations politiques internationales en faveur de l'emploi des personnes avec handicap (p. ex., le réseau international des entreprises et des handicaps de l'Organisation internationale du travail, une agence spécialisée de l'ONU), leur accès au milieu ordinaire de travail reste autrement plus difficile que pour tout autre demandeur d'emploi. En effet, le handicap (notamment le handicap psychique, comme les troubles mentaux) est une caractéristique à haut potentiel de discrimination professionnelle. Il génère dans le monde du travail des freins représentationnels importants quant à l'efficacité en emploi.

Il est classique de constater que les personnes qui ont un handicap psychique, lorsqu'elles travaillent, occupent généralement des postes subalternes et de faible niveau de qualification. Il ressort des discours des employeurs et des collectifs de travail des appréhensions liées à un manque d'adéquation entre les qualités du postulant et les exigences du poste. Ce manque d'adéquation sert alors à justifier le rejet de tels types de candidatures. Parmi les différents types de handicaps, les personnes avec des troubles psychiques font l'objet des pires pronostics d'insertion professionnelle et, lorsqu'elles accèdent au travail, s'y maintiennent peu longtemps.

Outre les pratiques de recrutement souvent peu élaborées (techniques d'évaluation des candidats rarement validées, analyses des postes négligées...), les recherches en psychologie ont identifié des mécanismes cognitifs stigmatisants qui biaisent tant les évaluations des recruteurs relatives aux candidats qui ont un handicap psychique que la connaissance des caractéristiques des postes à pourvoir. Ces biais augmentent leurs jugements d'inadéquation au poste et freinent d'emblée l'inclusion professionnelle de ce public stigmatisé. Il en est de même pour leur intégration en emploi, lorsqu'ils franchissent le cap de la sélection.

Dans ce chapitre, nous présenterons les processus psychologiques qui sont à l'œuvre dans la procédure de recrutement et qui contribuent à exclure les porteurs de stigmates. Nous aborderons également les représentations du milieu de travail associées aux personnes aux prises avec un trouble psychique ou mental et les freins qu'elles constituent pour leur inclusion professionnelle en milieu ordinaire de travail. Nous proposerons enfin des pistes d'actions pour une inclusion professionnelle pérenne, plus orientées vers les possibilités d'adaptation de l'environnement professionnel que sur des actions visant les personnes avec des troubles mentaux.

1. Les processus psychologiques à l'œuvre dans la procédure de recrutement

Une procédure de recrutement est composée de plusieurs étapes que l'on peut classifier en cinq phases (Laberon, 2011) :

- La phase d'analyse : elle consiste à analyser le besoin de recruter puis de définir la fonction en recueillant des informations précises sur les activités de travail, l'environnement du poste, ses caractéristiques, missions, liens fonctionnels, tâches précises, exigences, marges de manœuvre, critères de rendement, et ainsi de suite. De cette définition de fonction doit être dégagé l'ensemble des caractéristiques que doit posséder le candidat pour être recruté et réussir dans le poste en question (qualifications, aptitudes, compétences précises). Elle est donc fondamentale, car c'est à ce moment que les besoins afférents aux prérequis d'embauche doivent être analysés en profondeur.

- La phase de stratégie : elle renvoie globalement à la façon de communiquer le besoin de recruter. Y sont considérés la façon de séduire les candidats potentiels, les sources pour trouver des candidats et les moyens alloués pour mettre ce recrutement en œuvre et le type de communication de l'offre.

- La phase d'évaluation : elle consiste à effectuer un premier tri des candidatures reçues (en général sur CV) puis en un examen approfondi mené au moyen de techniques plus ou moins sophistiquées (entretien classique, entretien structuré, méthodes psychométriques, mises en situation, etc.).

- La phase de sélection : les candidatures seront retenues ou rejetées selon leur adéquation au poste et une décision d'embauche sera prise en tranchant définitivement entre les meilleurs candidats retenus.

– La phase de concrétisation : le contrat est négocié et l'intégration doit être mise en œuvre. Cette dernière, trop souvent négligée, est une étape cruciale dans la réussite du recrutement. Elle a pour objectifs de faciliter la prise de fonction du nouveau recruté, d'accroître la connaissance et la compréhension de l'entreprise et de sa culture pour susciter l'adhésion et la cohésion, et de fidéliser le nouveau salarié.

Parmi ces phases, il y en a trois qui sont particulièrement touchées par des biais cognitifs liés à la stigmatisation relevant de nos représentations de l'efficacité en emploi, de la façon dont nous construisons notre jugement social lorsque nous rencontrons une personne ou encore d'attributions causales biaisées au sujet des réussites ou des échecs professionnels.

1.1 Les biais dans l'analyse du poste

Les conditions d'admissibilité à l'embauche dépendraient le plus souvent des stéréotypes que nous entretenons sur la réussite professionnelle (Laberon, 2011). Ces théories naïves de l'efficacité professionnelle peuvent être généralistes (stéréotype général du « bon » ou du « mauvais » travailleur, indépendant du poste à pourvoir) ou plus pointues (stéréotypes précis dépendants du poste à pourvoir). Par exemple, certains postes sont définis comme requérant des caractéristiques masculines (instrumentales) contre des caractéristiques féminines (expressives). De fait, ces stéréotypes de sexe vont venir alimenter les prérequis à l'embauche alors que ces derniers devraient s'appuyer uniquement sur une analyse fine de la fonction et des compétences comportementales liées au rendement.

Ainsi, des stéréotypes de sexe, d'âge, d'apparence physique, de motivation, de type de personnalité, d'origine ethnique et de handicap viennent impacter nos exigences relatives au poste. Les recruteurs évalueront donc par la suite les candidats par comparaison à un profil déjà lui-même stéréotypé. De ces attitudes résultent des comportements d'embauche discriminatoires : les tâches exécutées ou les postes occupés par les personnes socialement dévalorisées sont eux-mêmes dévalorisants. Ceci permet de comprendre pourquoi les personnes stigmatisées (faisant partie de groupes minoritaires) sont souvent confinées dans des postes précaires et des métiers peu prestigieux. L'élimination de ces biais, par une analyse de poste rigoureuse et outillée, apparaît donc indispensable, car elle permettrait de réduire les discriminations et les freins à l'inclusion professionnelle (Uhlmann et Cohen, 2005).

Le biais dans l'analyse du poste limite également la propension des recruteurs à appliquer l'obligation d'aménagement raisonnable du poste (toutes dispositions matérielles, non matérielles, humaines, sociales et organisationnelles permettant d'ajuster la charge physique, cognitive ou émotionnelle, l'environnement social, physique et technique, l'organisation, la planification et la répartition du travail et le développement des compétences et des carrières). Une surévaluation de l'importance et de l'exigence des tâches diminue leur faisabilité perçue (Laberon et Angel, 2019) et ce, d'autant plus si les postes sont considérés comme exigeants. Cette disproportion des efforts d'aménagements raisonnables peut paralyser la recherche de solutions d'inclusion perçues par les employeurs comme trop compliquées et trop coûteuses.

1.2 Les biais dans l'évaluation des candidats

Les techniques d'évaluation des candidats les plus utilisées par les recruteurs sont souvent les moins validées (Laberon, 2011). Elles sont propices à l'intervention de préjugés et de stéréotypes et favorisent ainsi les discriminations. C'est le cas des entretiens d'embauche non structurés, quasi systématiquement utilisés dans les procédures de recrutement. Plusieurs raisons peuvent expliquer ce phénomène : le manque de formation ou de qualité des formations des recruteurs, le coût temporel et financier des techniques valides (par exemple, les mises en situation professionnelles), mais aussi les biais évaluatifs liés à la construction du jugement social et à l'utilité des croyances en matière d'évaluation des candidats.

Ainsi, face à une personne et à la richesse de l'information sociale, nous utilisons les informations les plus accessibles, les plus saillantes et les plus aptes à mobiliser un processus de catégorisation sociale (processus cognitif qui consiste à organiser les éléments de notre environnement de façon claire et compréhensible pour nous) afin de produire des jugements rapides et justifiables (Leyens, 1983). Cependant, ce processus se nourrit de stéréotypes ou d'idées reçues à propos des groupes sociaux et conduit souvent à des préjugés (le préjugé est une prédisposition à réagir défavorablement à l'encontre d'une personne ou d'un groupe sur la base de son appartenance sociale, classe ou catégorie, et en fonction de notre propre appartenance sociale.)

Au moment d'un recrutement, la présence notamment d'un handicap psychique chez un candidat active ce processus psychologique. Les recruteurs infèrent des qualités et des défauts en décalage avec la réalité des caractéristiques du candidat. Ces stéréotypes permettront, en outre, de fournir des justifications moralement acceptables au préjugé et à la discrimination qui en découle. Les compétences du candidat peuvent être sous-évaluées (effet de halo) et les exigences relatives au poste modifiées pour justifier les inadéquations et masquer le jugement discriminant. Ces mécanismes de jugement social sont en général inconscients et relèvent d'une adaptation de l'individu à des situations complexes, urgentes, incertaines et risquées, comme peut l'être le recrutement.

1.3 Les biais dans l'intégration

De nombreux travaux de recherche ont apporté des résultats clairs sur les facteurs liés à la réussite ou à l'échec d'une intégration (p. ex., Lacaze et coll., 2010). Elle peut être liée à la fois aux pratiques d'intégration que l'entreprise met en place (aspect majeur) et aux comportements proactifs du nouveau venu (recherche d'information, demande d'interaction, expérimentation, etc.). Ces comportements dépendent également fortement de la qualité de l'intégration apportée au candidat retenu plutôt qu'à sa personnalité. Le rôle des supérieurs, collègues, parrains, mentors et subordonnés a notamment été pointé comme incontournable de la réussite de l'intégration et de la socialisation du nouveau venu.

Pourtant, le sens commun a pour habitude d'attribuer à l'individu la responsabilité de sa réussite ou de son échec d'intégration en emploi. Les employeurs sous-estiment le rôle de l'entreprise dans le processus d'intégration des nouveaux venus et les représentations sociales de l'efficacité professionnelle viennent alimenter les justifications d'un éventuel échec d'intégration. Donc, un candidat, même une fois recruté, doit s'attendre à des biais d'intégration, d'autant plus s'il est porteur de caractéristiques stigmatisantes.

Le paradigme de l'incapacité au travail de Loisel et coll. (2001) adapté aux personnes avec troubles mentaux par Corbière et coll. (2011) a aussi indiqué de prendre davantage en compte les caractéristiques de l'environnement plutôt que de l'employé pour expliquer son intégration au travail et son maintien en emploi. L'effet des acteurs de l'environnement de travail y est pointé comme majeur.

Une personne présentant des caractéristiques « atypiques » peut ainsi cumuler des difficultés pour accéder à l'emploi, mais aussi pour s'y maintenir : entretien de recrutement bâclé, sous-évaluation des compétences, accueil mitigé du collectif de travail, etc.

Que dire alors de l'effet décuplé que ces biais peuvent exercer lorsqu'il s'agit de candidats aux prises avec des troubles mentaux? Des études sur les représentations spécifiques liées au trouble mental au travail permettent de répondre à cette question.

2. Les représentations du trouble mental au travail

Les personnes présentant des troubles mentaux font face à des résistances à l'emploi en milieu ordinaire de travail (taux faibles d'insertion et de maintien en emploi). Ce phénomène est principalement lié aux appréhensions que génère ce type d'insertion. Les stéréotypes à l'égard des personnes présentant des troubles mentaux sont particulièrement robustes. La méfiance et l'inquiétude des employeurs lorsqu'on parle de santé mentale les conduisent à préférer recruter parmi un public présentant des incapacités physiques.

De façon générale, les études menées auprès d'employeurs montrent que les personnes avec troubles mentaux sont perçues comme agressives, dangereuses, étranges, imprévisibles, peu intelligentes, déraisonnables, peu fiables, sans maîtrise de soi et effrayantes. Les employeurs expriment également un ensemble de préoccupations quant à leur capacité à accomplir le travail demandé (manque de compétences, absentéisme, problèmes de qualité, de productivité, de rendement au travail), à gérer les relations professionnelles (difficultés de socialisation par manque de compétences sociales et émotionnelles, menace pour la sécurité des autres employés ou des clients) et à s'adapter (mauvaise gestion du stress au travail). Ils considèrent les besoins d'accommodements comme plus coûteux qu'ils ne le sont réellement.

Krupa et coll. (2009) ont synthétisé ces croyances en cinq grandes catégories : l'incompétence, la dangerosité et le caractère imprévisible (avec crainte d'une évolution délétère), le caractère non légitime de ce type de maladie (p. ex., motif d'absentéisme jugé moins crédible que les causes physiques), la croyance que le travail serait mauvais pour la santé de ces personnes (trop fragiles pour supporter le stress professionnel) et l'incompatibilité avec les besoins organisationnels.

Parmi les pathologies psychiatriques, c'est la schizophrénie qui provoque le plus de rejet et de stigmatisation (Angermeyer et coll., 2001). À l'opposé, la dépression fait l'objet de jugements moins radicaux mais tout aussi stigmatisants. Ces représentations spécifiques (Roelandt, 2010) renvoient plutôt à la souffrance psychologique et à la diminution de la capacité à travailler (problèmes de concentration, de prise de décision, d'apprentissage, d'isolement, de tristesse, d'irritabilité, de culpabilité, de perte d'intérêt pour les autres...). La causalité attribuée à la maladie est plus souvent environnementale (problèmes affectifs, relationnels, familiaux, professionnels) et les pronostics de guérison sont meilleurs.

Une étude menée en parallèle auprès de deux cent deux employeurs en France et de deux cent dix-neuf employeurs au Québec montre des représentations de la dépression plutôt péjoratives et proches. Le poids du stéréotype (jugements péjoratifs, souffrance et vulnérabilité de la personne, responsabilité de l'individu) s'avère plus important dans l'étude française et le poids du fardeau organisationnel (limitations professionnelles, relationnelles, fardeau économique, besoin d'aménagement) plus important dans l'étude québécoise. Quelques éléments relatifs à la normalisation de la maladie (banalisation, responsabilité partagée) apparaissent, mais ils sont minoritaires dans la représentation. L'étude montre enfin que ces représentations prédisent fortement le niveau d'appréhension à l'embauche entretenu par les employeurs interrogés et notamment la perception de fardeau organisationnel (Laberon et coll., 2017; Yvon et coll., 2021; Laberon et Yvon, 2021).

Ces représentations et stéréotypes négatifs sont des obstacles tenaces et entravent l'accès, le maintien, le retour et la réintégration en emploi de ce public (Corbière et coll., 2011). Leur mise à l'écart du processus de sélection peut être immédiate, sans même prendre le soin d'évaluer leurs compétences par rapport au travail à accomplir. Les justifications à cette exclusion sont de l'ordre du manque de polyvalence, de rentabilité, de l'absentéisme fréquent, de la non-acceptation par les collègues ou les clients, d'une charge supplémentaire pour le système organisationnel et d'une crainte d'évolution délétère du handicap. À noter également, la question de l'expérience positive ou négative de côtoiement des personnes présentant des troubles mentaux, qui renforce notablement les représentations et les attitudes positives ou négatives du milieu professionnel.

Pour conclure, la représentation du handicap psychique au travail pourrait se résumer sous le terme de « fardeau organisationnel » (Laberon et coll., 2017) et le changement de ces représentations du milieu professionnel apparaît être un enjeu majeur, car il est fortement lié à son niveau d'appréhension.

3. Stratégies pour endiguer la stigmatisation professionnelle

Il est habituel de voir des campagnes de communication persuasives pour lutter contre les discriminations, bien que l'on n'en rencontre pas tant autour des problématiques de santé mentale. Quoi qu'il en soit, il faut savoir que leur effet est malheureusement limité. Pour lutter de façon durable contre ces discriminations, il faut viser le préjugé et engager des actions permettant de modifier, même de façon lente et progressive, les représentations sociales à l'égard de la santé mentale dans son ensemble et de la santé mentale au travail. Cela peut passer par des actions avec un ciblage individuel et collectif mais aussi organisationnel.

La sensibilisation est une option (la connaissance est le pire ennemi du préjugé), mais le perfectionnement des pratiques en ressources humaines en est une autre, plus rapide et efficace. Certains procédés peuvent contribuer à ne plus laisser place aux stéréotypes dans le processus de recrutement et notamment dans les trois phases empreintes de biais cognitifs que nous avons évoqués au début de notre propos. Voyons quelques exemples de pratiques qui vont dans ce sens et qui peuvent apporter des améliorations considérables pour tous, sans même évoquer la notion de santé mentale :

- **Clarifier les évaluations :** plus les informations sur le poste et sur le candidat seront précisément définies et facilement mobilisables, moins les recruteurs se référeront à leurs stéréotypes pour prendre leur décision d'embauche. La mise en œuvre d'une procédure de recrutement bien structurée et outillée est donc un levier d'inclusion considérable. Pour cela, il faut dégager les ressources humaines et temporelles nécessaires au recueil d'informations précises sur le poste à pourvoir et sur les compétences professionnelles attendues, et sélectionner ou construire des outils de sélection centrés sur l'évaluation des compétences comportementales ou les comportements professionnels efficaces dans des situations de travail proches de celles du poste à pourvoir. Cela suppose d'y être formé, ce qui n'est pas souvent le cas. Il est pourtant indispensable de développer des pratiques de recrutement de meilleure qualité pour pallier les situations d'évaluation ambiguës qui sont « le nid » des stigmatisations.

- **Préparer l'intégration :** la qualité des pratiques d'intégration mises en œuvre par l'entreprise impacte fortement le bien-être et le maintien en emploi des nouveaux venus. Elle est d'autant plus importante quand il s'agit de mettre en place des aménagements de travail lorsque cela est nécessaire. Contrairement aux croyances, les pratiques organisationnelles d'intégration sont plus déterminantes que les comportements des nouvelles recrues pour leur réussite ultérieure. Ces pratiques visent à faire connaître et à aider à comprendre l'entreprise, la fonction, le contenu du travail (prescrit et réel), l'équipe de travail, etc.

Dans le cas d'une insertion jugée atypique, d'une réintégration ou d'un retour en emploi, la préparation de l'arrivée du salarié est d'autant plus fondamentale. Elle passera prioritairement par un travail de co-construction entre les acteurs (salarié, gestionnaire, collègues) autour des conditions d'emploi adéquates et des besoins de chacun. Sans cette préparation, tout aménagement spécifique à l'égard d'un salarié peut apparaître comme injuste et générer des attitudes négatives dès l'entrée en entreprise. Ces attitudes limiteront la proactivité du nouveau venu et peuvent provoquer son isolement ou son retrait (autostigmatisation). Il serait alors bénéfique de développer une approche large des aménagements et de les penser plutôt comme une solution d'adéquation besoins-poste pour tous plutôt que de faire du cas par cas, perçu comme injuste par les autres salariés.

– **Développer un climat organisationnel inclusif :** les pratiques de valorisation et d'apprentissage de la diversité préviennent et diminuent les discriminations et augmentent l'ouverture à intégrer les candidats de la diversité (Angel, Herman, 2015). Si les sensibilisations ou formations à l'inclusion et à la non-discrimination semblent incontournables, elles peuvent aussi avoir pour effet pervers une focalisation sur les stéréotypes au cours de l'entretien de recrutement (envahissement de l'espace cognitif par une focalisation sur les biais) au détriment de l'évaluation des compétences comportementales professionnelles du candidat. Le contact inter-groupe est une méthode plus efficace (contact employés, supérieurs, employeurs, recruteurs, conseillers et personnes des groupes sociaux stigmatisés de statut égal autour d'un objectif commun et dans un climat organisationnel équitable). Pour que ces stratégies de lutte contre la stigmatisation soient réellement efficaces, il faudra surtout les penser et les élaborer avec la participation de tous les membres de l'entreprise, sans quoi elles pourront générer des résistances et le remède pourrait être pire que le mal.

Conclusion : changer de paradigme!

La centration exclusive sur l'évaluation des personnes pour accéder à l'emploi (qui est le candidat?) est forgée sur une logique d'adéquation candidat-poste très figée et empreinte de stéréotypes sur les postes eux-mêmes et sur les individus qui y postulent. Les évaluateurs et autres conseillers en emploi, quels qu'ils soient, raisonnent habituellement en fonction de ce que la personne ne peut pas faire, qui plus est lorsqu'elle présente des problèmes de santé mentale. Le résultat de cette approche fixiste est immanquablement l'exclusion de tout public « hors norme ». Un changement de paradigme qui tient compte d'une dynamique dans la logique d'adéquation candidat-poste permet d'examiner les conditions et les moyens disponibles dans le milieu de travail qui permettent à leur tour de réussir dans le poste. Dans le cadre plus précis des publics dits vulnérables, il serait moins stigmatisant de passer d'une logique de protection des individus à une logique centrée sur la garantie de conditions de travail permettant la réussite et le développement professionnel de tous les travailleurs.

La déstigmatisation passe donc par la mise en œuvre de pratiques organisationnelles applicables à tous les salariés, pratiques qui ne pointent pas du doigt les publics jugés « hors normes » et qui seraient profitables à tous dans le cadre du développement professionnel et organisationnel.

Bibliographie

ANGEL, V., HERMAN, G. « How to explain obstacles to integration? An exploration of social and motivational factors », présenté dans le cadre du colloque international *Social production of job security in the post-industrial society* tenu à Louvain-la-Neuve le 26 septembre 2015.

ANGERMEYER, M. C., SCHULZE, B. « Reinforcing stereotypes : how the focus on forensic cases in news reporting may influence public attitudes toward the mentally ill », *International Journal of Law and Psychiatry*, 2001, 24 (4–5), 469–86.

CORBIERE, M., DURAND, M. J. *Du trouble mental à l'incapacité au travail*, Presses de l'Université du Québec, 2011.

KRUPA, T., KIRSH, B., COCKBURN, L., GEWURTZ, R. « Understanding the stigma of mental illness in employment », *Work*, 2009, 33 (4), 413-425.

LABERON, S. *Psychologie et recrutement : modèles, pratiques et normativités*, de Boeck (Belgique), 2011.

LABERON, S., ANGEL, V. « Freins et leviers psychologiques à l'inclusion professionnelle des personnes en situation de handicap : du recrutement au maintien en emploi », *Handicap et regards pluridisciplinaires*, éditions CNRS (France), 2019, p. 59-72.

LABERON, S., SCORDATO, N., AUVERGNON, P., LEROUGE, L., JOLY, L., ENCRENAZ, G., CORBIÈRE, M. *Inclusion professionnelle des personnes en situation de handicap psychique : leviers et freins psychosociaux et juridiques*, rapport scientifique pour IReSP, Laboratoire de psychologie EA 4139, COMPTRASEC UMR/CNRS 5114, Université de Bordeaux, février 2017.

LABERON, S., SCORDATO, N., CORBIÈRE, M. « Représentations du "trouble psychique" et adéquation à l'emploi perçue par des employeurs du milieu ordinaire de travail en France », *Revue Santé mentale au Québec*, 2017, 42 (2), 133-154.

LABERON, S., YVON, F. « Représentations et attitudes des employeurs à l'égard des personnes atteintes de dépression : situation au Québec et en France », présenté dans le cadre du colloque *Regard croisé sur la santé mentale et le retour au travail* tenu à Montréal les 20 et 21 octobre 2021.

LACAZE, D., PERROT, S. *L'intégration des nouveaux collaborateurs*, Dunod (France), 2010.

LEYENS, J.-P. *Sommes-nous tous des psychologues? Approche psychosociale des théories implicites de la personnalité*, Mardaga (Belgique), 1983.

LOISEL, P., DURAND, M. J., BERTHELETTE, D., VÉZINA, N., BARIL, R., GAGNON, D., LARIVIÈRE, C., TREMBALY, C. « Disability prevention : the new paradigm of management of occupational back pain », *Disease Management & Health Outcomes*, 2001, 9 (7), 351-360.

UHLMANN, E. L., COHEN, G. L. « Constructed criteria : redefining merit to justify discrimination », *Psychological Science*, 2005, 16 (6), p. 474-480.

ROELANDT, J.-L., CARIA, A., DEFROMONT, L., VANDEBORRE, A., DAUMERIE, N. « Représentations sociales du "fou", du "malade mental" et du "dépressif" en population générale en France », *L'Encéphale*, 2010, 36 (3, S1), 7-13.

YVON, F., CORBIÈRE, M. « Implicit and explicit attitudes of employers toward hiring people who have experienced depression », *Journal of Occupational Rehabilitation*, 2021, 31, 903–915.

CHAPITRE 15

Une vie de fantôme

Auteure : Mylène Lepage, membre d'une famille endeuillée

Faire face à l'incompréhension

Je viens d'une famille de cinq et j'ai deux sœurs. Je suis l'enfant du milieu, l'enfant sandwich! Je suis aussi mère de trois beaux enfants. Je suis originaire de la Gaspésie, plus précisément de Caplan, un beau petit village qui longe le bord de l'Atlantique dans la baie des Chaleurs. Le fait de vivre dans un endroit aussi extraordinaire et paisible m'a beaucoup aidée dans les moments les plus difficiles de ma vie.

Après une longue réflexion, j'ai accepté de participer à ce beau projet d'écriture de ce livre dans le but d'aider la société à trouver des pistes de solutions afin de contrer la stigmatisation et les préjugés véhiculés sur la maladie mentale.

Vers l'âge de vingt-huit ans, après avoir fondé ma propre famille, j'ai décidé de retourner aux études et je me suis inscrite dans un collège d'études générales et professionnelles (cégep) en soins infirmiers donnés par visioconférence. Cette décision a été l'une des plus belles de ma vie.

Pendant mes années au collège, j'ai eu la chance d'être embauchée par le Centre intégré de santé et de services sociaux de la Gaspésie comme étudiante en soins infirmiers. Notre formation se déroulait dans un hôpital de la région en collaboration avec le Cégep de la Gaspésie et Les Îles-de-la-Madeleine. Étudier et travailler en milieu hospitalier a été pour moi le contexte idéal pour comprendre et approfondir la matière.

La première année, j'ai travaillé dans une unité prothétique fermée avec des patients qui avaient des troubles mentaux. Je me suis sentie à ma place dans ce milieu et j'ai décidé de travailler avec eux, surtout qu'ils ne sont pas si différents de nous.

J'étais très fière de mon choix et j'en parlais avec les membres de mon entourage. Mais à ma plus grande surprise, j'ai été très déçue de la réaction de certains : tu vas travailler avec des fous, tu vas devenir folle avec des gens comme ça, ce sont des malades mentaux, ils sont dangereux, ils vont te blesser, etc. Je ne comprenais rien à ces réactions et à ce manque d'ouverture d'esprit. Il m'était difficile d'accepter que l'être humain n'ait pas évolué face à la maladie mentale et que les préjugés restent aussi forts même de nos jours.

Pendant mes stages et mes heures de travail, j'ai vu à quel point ces patients souffraient. Ils avaient un mal de vivre énorme à cause du jugement et de l'incompréhension des gens qui les entourent, un mal indescriptible, une douleur qu'aucun médicament ne pouvait enlever, tant elle était profonde.

J'ai lu beaucoup d'articles et de livres et j'ai regardé plusieurs documentaires sur la maladie mentale et surtout sur la réaction de la société face à cette dernière. J'ai découvert ce faisant que 46 % de la population souffrent d'un trouble mental ou en seront atteints un jour.

Un matin de novembre 2016, ma vie a basculé par suite du suicide de mon beau-père Michel. Je me suis levée comme tous les matins et je vaquais à mes occupations quand ma mère m'a appelée à 10 h 30 pour me dire qu'elle était très inquiète. Michel, son amoureux des huit dernières années, était sorti plus tôt faire une emplette, mais il n'était toujours pas revenu et il devait se préparer pour son quart de travail qui commençait bientôt. Il avait même laissé son cellulaire à la maison, ce qui n'était pas dans ses habitudes. J'ai conseillé à ma mère de contacter immédiatement la police et j'ai ajouté que mes sœurs et moi partions la rejoindre.

Pendant que mes sœurs et moi faisions route pour nous rendre chez notre mère, j'ai reçu un appel nous indiquant qu'elle et d'autres étaient partis effectuer des recherches aux endroits où Michel aimait se ressourcer, comme les sentiers pédestres et les plages des environs. Nous nous sommes donc rendues à la page de Caplan, que Michel affectionnait particulièrement.

Michel était originaire de la France. À son arrivée au Canada, il s'était d'abord installé à Montréal, où il avait habité pendant plusieurs années. C'était un amoureux de la nature, du calme, quelqu'un de zen, et il aimait se retrouver à la plage. Ce rayon de soleil, toujours souriant, même un peu coquin, aimait jouer des tours et nous faire rire. Il n'avait pas eu d'enfants, mais il était le meilleur grand-père qu'un enfant puisse avoir.

À notre arrivée sur les lieux, nous avons aperçu la voiture de Michel et celle des policiers. Ma mère était déjà là avec son frère. Alors que je me dirigeais vers les policiers, j'ai vu Michel au loin, étendu sur le sol. Il venait de commettre l'irréparable, il venait de s'enlever la vie. Sous le choc, je ne sentais même pas que c'était vrai et pourtant il était là, sous mes yeux. J'avais devant moi une scène que personne ne souhaite voir de sa vie. Voir ainsi sans vie une personne que l'on aime profondément est selon moi la plus grande douleur en ce monde.

Michel avait souffert en silence de la stigmatisation et de la peur de faire face aux préjugés. Ce matin-là, il n'a pas été capable d'endurer plus longtemps cette douleur qu'il comparait à un cancer qui le détruisait de l'intérieur dans la lettre qu'il a laissée dans sa voiture.

Après plusieurs semaines, quand la poussière est retombée, j'ai senti un énorme vide dans ma vie et surtout dans mon cœur, un vide qui ne s'explique pas.

Lors de ma première sortie en public, à l'épicerie, j'ai vécu une mauvaise expérience. Pendant que j'étais dans une allée à l'épicerie, j'ai entendu des inconnus faire des commentaires négatifs sur Michel, ma mère et même notre famille dans son ensemble. Ils se permettaient même d'inventer et de raconter des mensonges sur la façon dont l'événement s'était déroulé. Cela m'a terriblement fâchée de les entendre porter des jugements sur lui et sur sa décision de mettre fin à ses jours.

Depuis quelque temps, ma mère s'était isolée socialement, ce que j'ai aussi fait après ma visite à l'épicerie. Nous nous sommes confiées l'une à l'autre et avons pris soin l'une de l'autre pour tenter de surmonter ce drame. Ma mère, qui faisait une profonde dépression, trouvait le jugement des autres particulièrement difficile à endurer et elle avait honte de sortir en public.

À l'époque, j'avais un enfant d'âge préscolaire, un au primaire ainsi qu'un au secondaire. Je parlais régulièrement avec eux pour m'assurer qu'ils évacuent leurs émotions. Je me suis rendu compte assez rapidement qu'ils ne comprenaient pas ce qu'étaient les troubles mentaux. Parfois, ils entendaient des commentaires blessants à l'école, qui ne leur ont fourni aucune aide.

Dans les écoles primaires et secondaires, il y a de la stigmatisation et des préjugés, comme partout ailleurs dans la société. Même au secondaire, les jeunes manquent de connaissances sur la santé mentale, ce qui m'a conduite à me poser plusieurs questions. Pourquoi nos enfants comprennent-ils bien la santé physique, mais ils ne savent même pas qu'ils ont aussi une santé mentale? Pourquoi les jeunes ne demandent-ils pas d'aide et n'osent-ils pas parler de leurs troubles à leurs amis? Craignent-ils d'être jugés? Pourquoi le sujet n'est-il pas abordé à l'école?

Après quelques semaines, j'ai tenté de reprendre les études, mais après un certain temps, j'ai dû rencontrer mon médecin pour finalement décider de mettre fin à ma session d'hiver au cégep. Je faisais une dépression, de l'avis de mon médecin qui m'a prescrit une thérapie avec une travailleuse sociale ainsi qu'un médicament.

En aidant les autres sans prendre soin de moi, je me suis brûlée et j'étais épuisée. Je me suis retirée socialement et je dormais environ quatre heures par nuit. Je faisais des cauchemars presque toutes les nuits, je voyais le corps de Michel étendu au sol.

J'ai fini par comprendre que la douleur que je ressentais moi-même depuis l'enfance aurait pu me mener au même endroit que lui. Depuis que j'étais enfant, j'avais de la difficulté à exprimer mes émotions, que j'extériorisais sans filtre et qui étaient mal comprises, si bien que j'entrais en conflit sans le vouloir avec les gens que j'aime. J'ai même consommé drogues et alcool pour me consoler, car je me sentais incomprise.

Le décès de Michel m'a sauvée, car j'avais déjà pensé au suicide à quelques reprises. Il m'a donné la force de consulter une travailleuse sociale qui a complètement défait toutes les barrières qu'il y avait entre moi et la maladie mentale. Elle m'a permis de recommencer ma vie à zéro, en un nouveau départ, de faire des choix en fonction de ce que je désire, en y réfléchissant bien, et de les faire pour moi. Je sais que c'est le travail d'une vie et que je devrai y travailler encore toute ma vie pour conserver une bonne santé mentale. C'est ce que nous devrions tous faire!

Encore aujourd'hui, le plus difficile pour moi reste de m'expliquer avec mes proches, car trop de personnes ont des préjugés.

Maintenant en 2022, je continue de consulter des professionnels de la santé, sans gêne et sans crainte d'être jugée, quand j'en sens le besoin. Je profite de la vie et je réalise mes rêves. Je n'ai jamais été aussi heureuse que depuis que je me suis choisie. Après plusieurs semaines à me soigner, j'ai pu retourner sur le marché du travail dans le domaine de la santé, spécialité santé mentale. Quelques mois plus tard, j'ai obtenu le poste de directrice d'un organisme communautaire qui vient en aide aux parents et amis des personnes atteintes d'une maladie mentale.

Étant passée par la dépression et ayant perdu quelqu'un que j'aimais beaucoup en raison de sa maladie mentale, je me devais d'aider d'autres familles. J'ai commencé par me rendre dans des polyvalentes pour y rencontrer des élèves de troisième année du secondaire afin de leur présenter un programme visant à leur donner une vision différente des maladies mentales dans le but de faire tomber les préjugés.

Après un an seulement, j'avais déjà une bonne idée de ce que les jeunes comprennent des troubles mentaux, de même que des préjugés qu'ils véhiculent, souvent en raison du fait qu'on ne les informe pas sur cette réalité.

Premièrement, les adolescents et jeunes adultes manquent de connaissances générales sur la maladie mentale. Après avoir discuté avec les jeunes et répondu à leurs questions, et après avoir lu leurs fiches de sondage et d'appréciation, j'ai constaté que plus de 80 % d'entre eux entretenaient déjà des préjugés sur les maladies mentales et qu'ils ignoraient même qu'ils ont une santé mentale à préserver ou à soigner.

Les jeunes ont aimé la présentation et quelques écoles ont fait appel à nos services par la suite pour des situations particulières. Par exemple, une école nous a demandé de rencontrer ses élèves après la tentative de suicide de l'un de ceux-ci.

Ainsi, j'ai pu constater que les jeunes n'osent pas parler de leurs difficultés à leurs amis, souvent de peur d'être jugés. Ils ne savent pas non plus vers qui se tourner en cas de besoin. Le réseau scolaire étant déjà chargé, il y a aussi un manque de ressources pour ceux qui éprouvent des troubles mentaux, qui doivent souvent attendre jusqu'à six mois avant de pouvoir parler à un spécialiste.

Selon moi, le sujet de la maladie physique et de la maladie mentale devrait être abordé en même temps dès l'école primaire, où il existe déjà des préjugés face à la maladie mentale. Prenons par exemple un jeune qui est atteint du trouble déficitaire de l'attention avec hyperactivité (TDAH), ce qui n'est pas rare dans nos écoles. Ce jeune est souvent jugé négativement par ses pairs et parfois même par les membres du corps enseignant.

C'est souvent à la fin du primaire que les jeunes qui en sont atteints reçoivent un diagnostic de TDAH. Entre-temps, ils sont souvent insultés par leurs pairs et sont déjà à risque de développer de l'anxiété et du stress, et la plupart s'isolent dès leurs huit ou neuf ans.

Il est primordial que le ministère de l'Éducation revoie ses programmes pour faire de la place au volet santé mentale au primaire. On donne déjà un cours de sexualité dès la cinquième année du primaire; pourquoi ne pas ajouter un cours d'introduction à la santé mentale?

J'ai discuté avec plusieurs écoles primaires et quelques écoles secondaires, qui ont pour la plupart reconnu que l'on n'aborde pas suffisamment la santé mentale avec les jeunes. Plusieurs écoles m'ont aussi dit avoir des élèves, autant au primaire qu'au secondaire, avec des problèmes de santé mentale. Personne n'est à l'abri de la dépression. Il faut savoir la démystifier tôt pour y survivre.

Mes enfants sont pour moi une source d'inspiration. Ils m'ont donné le courage et la force nécessaires pour participer à ce projet d'écriture et vous raconter la tragique histoire qui a touché ma famille de près en novembre 2016. J'ai relevé ce défi dans le but d'aider à diminuer les préjugés face à la maladie mentale et la stigmatisation qui, malheureusement, parfois brise des vies.

En terminant, je tiens à remercier mon père, ma mère, mes sœurs, mes enfants, plus particulièrement mon fils Samuel, ainsi que mon neveu. De façon plus intime, merci à mon conjoint Steeve pour son soutien indéfectible; sans lui, je n'y serais jamais parvenue seule.

CHAPITRE 16

Mères schizophrènes : vivre avec le stigmate de la mauvaise mère

Auteures : Sandra Harrisson, Ph. D.,
Natasha Parmar, MScN, BScN, RN, et **Marie-Claude Thifault**, Ph. D.

« J'étais jeune et je croyais au paradis. Je recueillais les rires d'enfants. J'ai traversé les saisons sans jamais ressentir ce sentiment d'amour inconditionnel. Cet amour si fort que l'on ressent dans nos bras et dans notre cœur est perdu si je ne peux pas le donner à mes enfants. » [1]

Le stigmate du diagnostic de la schizophrénie peut être lourd de conséquences dans la vie d'une personne, encore plus auprès des femmes désirant être mères. Dire, lire, entendre « mères schizophrènes » est devenu choquant, voire abusif [2]. Les efforts pour renommer une condition psychique par un « syndrome » ou un « trouble » ont participé à amoindrir les effets négatifs des étiquettes, comme l'écrit Thomas Szasz, qui réduisent les individus à un rôle de victime [3]. Au cours des dernières années, plusieurs instances se sont penchées sur la possibilité de renommer cette condition en vue de diminuer les connotations négatives associées à ce diagnostic. L'Organisation mondiale de la santé s'est même inspirée de nouvelles études [4] dans l'élaboration de sa *Classification statistique internationale des maladies et des problèmes de santé connexes* [5] parue en janvier 2022. Quelques suggestions ont déjà fait leur apparition, telles que troubles du spectre psychotique, trouble de l'intégration, trouble de l'harmonisation et dysfonction de la pensée. Il n'en demeure pas moins que le changement de vocables risque de donner la fausse impression que le stigmate diminue face aux troubles graves de santé mentale. Dans les faits, les préjugés persistent, surtout auprès des mères traitées pour un trouble schizophrénique, jugées rapidement comme de « mauvaises mères ».

La pression sociale d'enfanter est toujours ancrée dans les mœurs nord-américaines. Peu de femmes la défient ouvertement comme l'a fait la sociologue Orna Donath dans son ouvrage *Le regret d'être mère* [6]. Elle affronte cet ultime tabou en présentant des témoignages de mères âgées de 25 à 75 ans qui avouent avoir cédé à leur non-désir d'être mère et l'avoir regretté. Nous avons également suivi des femmes qui, sans avouer regretter d'être devenues mères, ont partagé la tristesse et la souffrance que créait le poids du regard des professionnels de la santé sur leur capacité à être mère.

Lorsque l'optique d'une vie accomplie pour les femmes rime avec le fait de donner la vie, la pression sociale est grande, surtout chez celles souffrant d'un trouble de santé mentale grave. Peu a été dit sur les mères qui ont un diagnostic de schizophrénie. Elles font surtout l'objet d'études scientifiques visant à démontrer les séquelles avec lesquelles vivent leurs enfants [7]. Bien qu'elles soient souvent encouragées à abandonner leur progéniture [8] sous les recommandations des professionnels de la santé, plusieurs rêvent elles aussi d'être mères et, comme toutes les autres femmes, d'être de bonnes mères. Ce désir devient parfois, comme l'a mentionné l'une des protagonistes de notre étude, « un nouveau but dans la vie » [9], et cela, même si le diagnostic de schizophrénie risque de grandement complexifier leur rôle de mère. Les préjugés demeurent nombreux quant à la capacité de ces mères à prendre soin de leurs enfants [10]. L'image de violence, de négligence et d'incompétence parentale associée à la maladie demeure ancrée dans l'œil du public et ces femmes ont peu d'occasions de démontrer leur capacité d'être de « bonnes mères. » [11]

Croiser les données tirées des dossiers médicaux des patientes du département de psychiatrie de l'Hôpital Montfort depuis les années 1970 à celles plus récentes obtenues dans le cadre d'entrevues réalisées auprès de mères atteintes d'un trouble de santé mentale grave vivant à Toronto permet de présenter de manière unique des trajectoires parentales singulières de femmes avec un diagnostic de schizophrénie pour qui leur identité maternelle est souvent ébranlée et une source de conflits. La stigmatisation et la discrimination que subissent les femmes atteintes d'un trouble psychique grave ont été étudiées récemment dans les thèses de Sandra Harrisson, « Déshospitalisation psychiatrique au sein de la communauté francophone de l'Est ontarien, 1976-2006 : une approche sociohistorique » (2017), et de Natasha Parmar, « Apprehension of newborn infants by child protection services : Experiences of mothers » (2021). C'est à partir de ces deux études que nous proposons de revenir sur le sujet de la stigmatisation des mères schizophrènes. Il faut par ailleurs tenir compte du fait que certaines mères se désengagent, s'éloignent, ignorent leur progéniture tandis que d'autres se battent pour obtenir la garde légale de leur enfant [12]. C'est en donnant la parole aux femmes avec un diagnostic de schizophrénie, à leurs proches et parfois aux professionnels de la santé que nous voulons leur donner une voix afin qu'ils puissent témoigner de l'expérience d'être mère dans le cadre de leur trajectoire de soins.

Trois récits de mères schizophrènes, ceux de Gisèle, Sylvie et Elizabeth, offrent une lecture unique sur un sujet trop peu étudié en ce qui a trait à la charge émotionnelle des femmes atteintes de troubles psychiques graves et à leur difficulté à assumer pleinement leur rôle de mère. Les parcours de Gisèle et Sylvie sont documentés à partir de dossiers médicaux consultés dans les archives centrales de l'Hôpital Montfort et représentent le point de vue des professionnels de la santé. Le témoignage d'Elizabeth a été recueilli en 2019 lors d'une série d'entrevues individuelles réalisées dans un centre de santé communautaire de Toronto.

Récits de mères

Gisèle

C'est en 1987 que Gisèle décide, à 31 ans, d'avoir un enfant. Malgré plusieurs hospitalisations en milieu psychiatrique pour son trouble psychique, elle décide que d'être mère donnera un nouveau sens à sa vie et « à 31 ans, c'est le temps d'avoir un enfant ». Le fait que la décision ait été mûrement réfléchie et que l'enfant à venir soit désiré n'empêche aucunement les hauts et les bas inhérents aux chamboulements hormonaux que vivent plusieurs futures mères. Cependant, leurs effets sur un état psychique fragile compliquent le déroulement des neuf mois de grossesse.

Tout au début de sa grossesse, Gisèle se rendait deux fois par semaine aux ateliers de soirée de la clinique. Son état inquiétait son entourage, notamment son mari qui avait remarqué que la bonne humeur de son épouse avait fait place à de l'agressivité. Quant à son psychiatre, il nota dans son dossier qu'elle était hyperactive et était devenue insomniaque. Il observa également une désorganisation au niveau de la pensée de sa patiente. Avant même que commence son deuxième trimestre de grossesse, Gisèle se retrouve hospitalisée et, considérant son état psychotique et la possibilité d'une aggravation, une médication neuroleptique lui est administrée, même si elle est enceinte. Pendant le séjour hospitalier, s'ajoute à la médication une psychothérapie, afin de permettre à la future mère de stabiliser son état. Les observations des infirmières de l'unité de psychiatrie la révèlent agitée, anxieuse et jalouse. Elle revient inlassablement sur le sujet de son enfance, sur les secrets de sa mère ainsi que sur ses inquiétudes concernant son mari. Celui-ci, toujours selon les infirmières, visitait régulièrement son épouse et la ramenait à la maison pendant les fins de semaine. Au fil de ses visites et au retour des congés de week-end, il faisait part aux infirmières de son anxiété face à la santé de sa femme et à la naissance de leur premier enfant. Il était inquiet et se demandait si son épouse pourrait s'occuper de l'enfant et anticipait son retour à la maison. Après un mois d'hospitalisation, la future mère obtient son congé et s'engage à se présenter deux fois par semaine au centre de jour, rendez-vous auxquels elle ne sera pas fidèle et qu'elle abandonnera complètement sous prétexte de vouloir se reposer avant l'accouchement. Celui-ci se déroula bien et la nouvelle mère retourna à la maison avec son nourrisson.

Au mois de mars 1989, elle reprend ses entretiens avec son psychiatre. Gisèle parle presque exclusivement de son nouveau-né, dont elle est très fière. Irrégulièrement, elle rencontre son psychiatre pour leurs entretiens prévus mensuellement. Au mois d'août, Gisèle est décrite comme étant de belle humeur, volubile et enthousiaste. Elle fait part de son intention d'avoir un deuxième enfant, mais pour des raisons financières, elle retarde sa décision et envisage plutôt de retourner travailler. Après avoir lancé cette idée, elle revoit son psychiatre deux semaines après avoir réintégré son travail. Elle lui confie que le retour a été difficile et qu'elle trouve de plus en plus pénible de faire face à la pression à laquelle elle est soumise. Elle craint de faire une rechute et songe à demander une pension d'invalidité. Devenue extrêmement tendue, anxieuse, angoissée, Gisèle met un terme à son emploi le 22 janvier. À l'entrevue du 8 février, le psychiatre rapporte dans ses notes : « Elle est extrêmement anxieuse. Son discours est parfois teinté d'éléments paranoïdes et elle est surtout obsédée par le problème de ses origines. Elle est convaincue qu'elle n'est pas la fille de sa mère, mais de sa tante et cela expliquerait tous les mauvais traitements qu'elle aurait connus au cours de son enfance. »

Au mois de juillet, Gisèle annonce à son psychiatre qu'elle est de nouveau enceinte. Les premiers mois se passent plutôt bien : aucun indice de psychose, et elle semble bien tolérer sa grossesse. À six mois de gestation, Gisèle éprouve beaucoup de difficulté à s'occuper des tâches domestiques. Elle est irritable et très agressive, en particulier à l'endroit de son mari. À trente-neuf semaines de grossesse, le tableau clinique présenté par son psychiatre est le suivant : agitation psychomotrice, augmentation du flot verbal, relâchement des associations, désorganisation de la pensée, de plus en plus obsédée par ses origines. Gisèle est hospitalisée à l'unité d'obstétrique pour ensuite être transférée en psychiatrie. Elle donne naissance à une fille en février 1991. Gisèle est très attentive, joyeuse et chaleureuse envers son bébé et a hâte de rentrer chez elle. Malgré cet heureux événement, elle est absorbée par des idées qui la troublent. Elle pense que sa tante veut lui faire du tort et que son mari la trompe. Gisèle pleure, elle est agitée, parle vite et fort. Elle admet avoir un conflit avec son mari et voudrait que son psychiatre l'aide à y trouver une solution. Gisèle visite son nouveau-né à la pouponnière pour des périodes d'une trentaine de minutes. Elle lui donne le biberon de soirée et celui de minuit.

Son époux craint le retour à la maison de Gisèle et il pense qu'elle devrait être plus reposée avant d'obtenir son congé. Le psychiatre rencontre le couple pour discuter de leurs appréhensions quant au congé définitif de Gisèle. Après cette entrevue, le psychiatre constate : « La communication est difficile entre les deux époux. La patiente semble avoir un contact fragile avec la réalité. » Néanmoins, le congé est accordé et Gisèle quitte l'unité de soins en compagnie de son mari à la mi-mars.

Cinq mois après la naissance de sa fille, Gisèle est déprimée et hospitalisée à l'unité de psychiatrie. Au cours des premiers jours de son hospitalisation, elle accapare l'attention du personnel infirmier, qui note que ses propos sont incohérents et qu'elle exprime beaucoup de méfiance à l'égard de son mari et de sa tante. Elle s'inquiète du bien-être de ses enfants. Elle croit que son fils a été traumatisé lors de sa dernière hospitalisation. À son retour, celui-ci avait peur de tout et elle le reproche à son mari, qu'elle veut maintenant divorcer.

Gisèle multiplie les demandes auprès des infirmières qui n'ont d'autres choix que de limiter — à deux quarts d'heure le matin ainsi qu'à deux autres quarts d'heure l'après-midi — le temps des entrevues individuelles qu'elle sollicite. Elle nie sa maladie et tente de contacter l'aide juridique pour empêcher sa tante de voir son mari et ses enfants. Après une semaine, Gisèle gère mieux ses demandes. Elle rencontre une travailleuse sociale de l'aide à l'enfance qui réussit à la rassurer. Elle reçoit la visite de ses enfants, socialise un peu plus avec les autres patients et participe aux activités organisées dans l'unité. Elle passe les journées du week-end chez sa mère à condition de retourner à l'hôpital pour la nuit. Ce congé de deux jours lui fait un grand bien. Elle passe un bon moment avec ses enfants et prend le temps de discuter avec son mari, qui lui annonce qu'il a entrepris une thérapie plus intensive. En soirée, Gisèle est contente, fière de son mari, et dit à l'infirmière « qu'elle aimerait travailler sur sa vulnérabilité pour ne pas passer sa vie en psychiatrie, afin d'élever ses enfants ». Gisèle abandonne l'idée de quitter son mari et ils sont référés à une travailleuse sociale pour une thérapie conjugale. Elle obtient son congé définitif à la fin du mois d'août 1991. Cette fois, le couple semble repartir de l'hôpital sur de meilleures bases. Ainsi, jusqu'en 1993, Gisèle rencontre mensuellement son psychiatre en entretiens individuels. Au fil des mois, il note qu'elle est calme, cohérente, adéquate et stable.

Au début de l'année 1993, le service d'aide à l'enfant, constatant que Gisèle va beaucoup mieux, se voit dans l'obligation de se retirer du dossier. Toutefois, la travailleuse sociale recommande d'offrir un service de répit une fois par semaine à cette mère facilement débordée avec ses deux enfants. Gisèle et son époux poursuivent leur thérapie de couple. Leur relation est stable, même si le couple est fragile et facilement embourbé dans les problèmes. Parmi ceux-ci, il y a leur situation financière et les comportements de leurs deux enfants. L'aîné, âgé de cinq ans, souffre d'hyperactivité. Leur fille, qui a maintenant trois ans, vient tout juste d'acquérir le contrôle de ses sphincters et elle est sujette à des crises d'agitation. Selon le psychiatre consulté à ce propos, Gisèle ne devrait pas s'inquiéter, ce qu'elle n'arrive pas à faire considérant qu'elle anticipe déjà l'adolescence de sa fille. Nous perdons la trace de Gisèle en 1997, alors qu'elle cesse de participer aux thérapies de soutien recommandées par son psychiatre.

Sylvie

Le récit de Sylvie, qui a mis son premier enfant au monde en 1995 à l'âge de 35 ans, est tiré de son dossier médical documenté par son psychiatre, son travailleur social et des infirmières. Les notes aux dossiers mentionnent qu'elle a dû être hospitalisée deux mois après avoir donné naissance à son fils. Cette nouvelle mère s'est rendue à l'urgence pour téléphoner à son conjoint qui travaillait à l'extérieur de la ville, Bell Canada ayant coupé le service pour compte impayé. Elle était agitée, avait des hallucinations et tenait des propos incohérents. Son dossier rapporte qu'il a été nécessaire, pour la calmer, de lui administrer de fortes doses de sédatif et d'utiliser la contention. Elle présentait des idées paranoïdes assez prononcées. Plusieurs heures plus tard, plus calme, les propos de Sylvie sont plus cohérents. Elle dit qu'elle a accouché d'un garçon qui est en foyer nourricier, et que la Direction de la protection de la jeunesse lui rend les visites assez difficiles. Elle est triste et bouleversée. Elle est sous la tutelle de la curatelle publique et vit de prestations d'aide sociale. Les observations des infirmières pendant l'hospitalisation d'une durée de vingt-six jours rapportent que Sylvie tient des propos incohérents, multiplie les appels téléphoniques, veut parler à la police (ce qu'elle a fait à plus d'une reprise), à la reine, au gouvernement. Les infirmières ont noté :

- « À 5 h, pte [patiente] se présente au poste, devient anxieuse suite à manque de cigarettes — reçoit à cette heure Ativan 4 mg po [administré oralement] — propos décousus paranoïdes axés sur la peine de mort, dit qu'elle va mourir parce que condamnée – fait beaucoup de demandes [...], pte pleure.
- « 15 h – voudrait téléphoner à son bébé pour lui dire qu'elle est mourante.
- « 8 h, pte fait un appel téléphonique à la police de Hull l'avisant qu'elle veut son mari et son bébé.
- « Veut voir son ami, lui écrit des lettres d'amour, essaye de le trouver au téléphone sans succès. Pleure ++ présence accordée, a peu d'*insight*. S'inquiète de son enfant et de son mari, dit vouloir mourir dans les bras de [mari].
- « 7 h 45, circule dans le corridor, propos cohérents, dit vouloir signer un refus de traitement pour partir chez elle et prendre soin de son fils; pleure, dit avoir peur qu'on lui enlève la garde de son fils.

– « Recevons un appel de sa T.S. [travailleuse sociale], qui veut venir lui montrer son bébé et qui s'informe dans combien de jours elle sera prête; m'informe qu'elle doit comparaître en cour, que le bébé devra être changé de famille d'accueil si le besoin d'aide se prolonge. » [13]

Sylvie est toujours en couple avec le père de son fils unique, mais ils n'habitent plus ensemble. L'enfant, qui a été placé en foyer nourricier rapidement après sa naissance en raison de l'instabilité des symptômes de la mère, est au cœur des préoccupations de Sylvie et son sujet de prédilection pendant les séances thérapeutiques. Elle répète *ad vitam aeternam* qu'elle rêve d'une famille unie. Elle dévoile ses sentiments à son fils dans une lettre qui a été conservée dans son dossier : « Tu sais que maman t'adore de tout son cœur. Je souffre beaucoup de ne pas te voir. […] Je suis persuadée que tu veux retourner avec nous, ta maman et ton papa. Nous serons réunis enfin ensemble pour vivre une vie miraculeuse. Tu sais que tu ressembles à maman et à papa, mon amour. […] Mon cœur, tu es un miracle et c'est pour cette raison que nous serons réunis, vivant en santé ensemble dans ce monde atroce. » [14]

Cet extrait témoigne avec sensibilité de l'amour d'une mère pour son fils et de la douleur vécue par leur séparation. La suite de la lettre est également parsemée de propos délirants à caractère religieux. Elle associe notamment sa grossesse au corps du Christ et affirme que le père de son enfant est un ange envoyé du ciel pour les protéger. Hospitalisée pour quelques semaines, cette mère est décrite dans les notes d'observation de l'infirmière comme présentant un état instable, des propos incohérents, des hallucinations et un délire paranoïde. Quant au médecin, il rédige dans sa note que le Service d'aide à l'enfance « lui rend les visites assez difficiles, ce qui la rend plutôt triste et bouleversée ». Selon Lindy Fox, il est fréquent de constater que les professionnels de la santé aient des doutes quant à la capacité des mères schizophrènes de remplir pleinement leur rôle de parent [15]. Par conséquent, elles sont souvent encouragées à abandonner leur droit parental, et la perte de leur enfant est documentée comme étant une douleur profonde décrite par certaines comme un supplice, une torture, une agonie [16].

Elizabeth

Au moment de notre entrevue avec Elizabeth en 2019, celle-ci est âgée de 36 ans. Cette mère afro-caribéenne vit avec un trouble de l'apprentissage et la schizophrénie. Sa voix est douce, son rire est contagieux et son visage s'illumine dès qu'elle parle de ses trois enfants, dont elle a perdu la garde légale. Les deux aînés vivent dans les Caraïbes avec leur grand-mère maternelle et le cadet a été placé sous la responsabilité de son père biologique. Elizabeth ne peut parler ou voir ses enfants âgés de 11 ans, 10 ans et 5 ans sans préalablement en demander l'autorisation.

À cause de sa schizophrénie, Elizabeth prend des médicaments antipsychotiques pour l'aider à réaliser ses activités de la vie quotidienne. Au cours de sa première grossesse, on lui a recommandé d'arrêter de prendre ses antipsychotiques en raison des effets secondaires néfastes de ce traitement pendant la gestation. Elizabeth voulait s'assurer de faire au mieux pour son enfant, mais elle avait peu de soutien autour d'elle. C'est sans accompagnement qu'elle a décidé d'arrêter de son propre chef la prise de ses médicaments. N'étant plus sous traitement, Elizabeth a fait une psychose et a dû être hospitalisée. Pendant son séjour, elle a eu des comportements violents provoqués par des hallucinations actives qui l'empêchaient d'avoir une pensée logique et rationnelle. Elle explique qu'elle n'a pas de bons souvenirs de cette période et que ses actions étaient hors de son contrôle.

Après avoir donné naissance à son premier enfant en 2008, la Children's Aid Society a utilisé ses épisodes violents pendant sa grossesse pour justifier son incapacité à s'occuper de manière sécuritaire de son nouveau-né. Elizabeth trouve injuste que sa capacité à prendre soin de son enfant ait reposé sur son état psychotique alors qu'elle n'était plus sous traitement. Elle trouve également malheureux de ne pas être vue pour la personne qu'elle est vraiment normalement, soit une femme incapable de faire de mal à une mouche.

Avec le recul, Elizabeth reconnaît qu'il a été une bonne chose que son premier enfant soit confié à sa mère. Mais puisque cette dernière vivait dans les Caraïbes, elle a été complètement séparée de son fils et privée de son rôle de mère. Cela a teinté par la suite ses relations avec les hommes de qui elle espérait tomber à nouveau enceinte pour combler le vide provoqué par sa séparation d'avec son fils.

Lorsqu'Elizabeth est tombée enceinte de son deuxième (2009) et de son troisième enfant (2014), elle n'a pas eu la chance d'être perçue différemment. Ses capacités à être mère ont été évaluées en fonction de ses diagnostics psychiatriques et sur le fait qu'on lui avait retiré la garde de son premier enfant. Elle nous rapporte avoir entendu une infirmière de l'urgence, lors d'une consultation pour une complication pendant sa grossesse, s'écrier « Oh, c'est encore vous », et avoir vu l'infirmière donner la priorité aux autres patients avant de revenir vers elle. Elle se souvient qu'il n'était pas rare qu'une infirmière la regarde et la juge « comme si quelque chose n'allait pas chez elle ». Confrontée à ce manque de considération, immanquablement, elle « se mettait en colère et partait ».

Elizabeth a également été traitée de la même manière pendant ses rendez-vous prénataux. Elle a décrit le fait que « tout de suite, [les soignants] voyaient qu'elle avait des difficultés et pensaient évidemment qu'ils devaient contacter l'Aide à l'enfance ». Elle interprète cette façon d'être traitée comme si, en tant qu'individu, elle n'existait pas. La honte d'être elle-même et par conséquent inapte à prendre soin de ses enfants est une blessure profonde qui lui occasionne des cauchemars, comme celui pendant lequel ses enfants pleurent et qu'elle court vers leur berceau, mais constate qu'il est vide.

Elizabeth, confrontée à la situation insupportable de voir d'autres mères avec leurs enfants alors qu'elle était privée des siens, a longtemps alimenté ses idées suicidaires. Voir des gens tenir leur bébé dans leurs bras ou les promener dans une poussette entretenait une blessure profonde. Elizabeth nous dit qu'elle se sentait brisée. « Je voulais être comme eux. Pourquoi moi! J'ai vraiment eu l'impression que quelqu'un m'avait giflée à mort… C'est comme si quelqu'un était entré dans ma famille et l'avait détruite. Il avait détruit mon foyer heureux et l'avait transformé en quelque chose pour lequel ça ne servait à rien de vivre parce que je n'avais pas mes enfants. J'ai essayé de chasser cette idée de mon esprit, mais sans succès. Je veux avoir mes enfants avec moi. Alors, j'ai essayé de me tuer. Je me suis dit qu'il valait mieux être morte que de vivre sans eux. »

Elizabeth nous explique que l'impossibilité d'agir comme mère auprès de ses enfants continue d'alimenter son chagrin. Au moment de l'entretien, Elizabeth réitère son désir d'être témoin des étapes importantes de la vie de ses enfants. Elle ne se sent pas considérée comme une vraie mère, car elle est loin de ses enfants lorsqu'ils vivent des moments importants dans leur vie. « Je me suis dit récemment que je ne me sentais pas comme une mère. J'ai l'impression que les personnes qui s'occupent de mes bébés sont leurs mères. Moi, je ne suis pas là pour voir les premiers pas, entendre les premiers mots. Mes souvenirs de mon fils cadet sont une échographie. Contrairement à son père, j'ai tout manqué. Je ne sais pas quand il a rampé pour la première fois, je ne connais pas son premier mot - si c'était mama ou dada, je ne sais rien de tout cela. »

La douloureuse expérience de ne pas pouvoir materner ses propres enfants s'accentue, selon Elizabeth, lorsque les membres de la famille et l'entourage perpétuent l'idée qu'elle n'est pas la vraie mère de ses enfants. Elle a expliqué que lorsqu'elle a l'occasion de passer du temps avec son plus jeune fils, le père de ce dernier ne la reconnaît pas comme la mère de cet enfant. Cette absence de reconnaissance dans son rôle de mère est difficile à supporter et c'est en consommant de façon abusive de l'alcool qu'elle tente d'endormir sa douleur. « C'est pour ça que je me suis retrouvée à l'hôpital hier soir, j'ai tellement bu qu'ils m'ont donné des médicaments. »

Malgré tout, elle nous confie garder l'espoir et la foi. Elle a expliqué comment elle s'accroche à l'idée que ses enfants lui reviendront. Comme elle le dit : « J'ai accepté le sentiment dans mon esprit qu'un jour je les récupérerai. C'est la seule chose qui me pousse à faire toutes ces choses, comme aller à l'école et améliorer ma vie, parce que je veux leur montrer que je veux retrouver mes enfants. »

Au moment de l'entretien, Elizabeth avait récemment entrepris un programme d'éducation aux adultes. Elle explique : « Pour une fois, nous, les mères, voulons sentir que nous pouvons être traitées comme des personnes normales, quel que soit le sens de ce mot… Nous voulons juste nous sentir, vous savez, comme, regardez, je suis ce cours de finance et ici les gens ne me regardent pas bizarrement. Ils me disent tu peux le faire, nous pensons que tu es capable et je suis encouragée. Je pense que je le peux aussi! Ha ha! Et ils me font un câlin! Ils n'ont pas peur de me faire un câlin même s'ils savent que j'ai une maladie mentale. Ils m'incluent dans tout, vous savez! Et c'est tellement bon de se sentir comme ça. C'est ce que nous, les mères, avons besoin de ressentir, de nous sentir aimées. »

Elizabeth se reconstruit et cherche à ignorer ceux de son entourage qui ne la considèrent pas comme une assez bonne mère.

Conclusion

La croyance populaire veut que les femmes vivant avec une maladie mentale soient de « mauvaises » mères. Elles sont stigmatisées et reconnues comme potentiellement dangereuses et donc inaptes à devenir un parent adéquat et efficace. Les mères ayant eu un trouble schizophrénique doivent survivre au stigmate persistant qui teinte leur parcours parental. Le risque de perdre la garde de leur progéniture demeure omniprésent. L'appréhension se fait dans un contexte de protection de l'enfant d'un parent jugé potentiellement dangereux selon les stéréotypes véhiculés par la société. Pourtant, plusieurs mères, comme le parcours de Gisèle l'a démontré, réussissent leur parentalité lorsqu'elles bénéficient de services appropriés [17]. Les récits présentés font état de l'existence de ressources et de services offerts aux mères schizophrènes depuis plus de trente ans; néanmoins, le stigmate et les préjugés face à ces femmes demeurent toujours présents.

Au-delà des mots et des catégories, le stigmate de la mauvaise mère semble presque indissociable lorsqu'une femme vit avec un trouble de santé mentale grave. Les témoignages sur les parcours de soins de Sylvie, Gisèle et Elisabeth sur plus d'une trentaine d'années ont, dans les faits, beaucoup en commun. Les trois récits démontrent que la capacité de ces femmes à être mères a été remise en question et l'accessibilité à des ressources reste encore aujourd'hui non seulement un incontournable, mais une priorité pour mieux accompagner ces femmes dans le maintien de leur participation à l'unité familiale. La mise en place d'un réseau solide permet non seulement aux mères de développer des habiletés parentales, mais favorise également l'apprentissage cognitif et comportemental des enfants [18]. Il importe donc de mettre sur pied et de maintenir des équipes spécialisées en santé mentale et à l'enfance afin de limiter les retraits systématiques des enfants à titre préventif et de limiter ceux-ci aux cas exceptionnels de négligence [19]. Le désir d'une famille unie demeure un idéal pour bien des femmes, même celles atteintes d'un trouble psychique grave.

Références

[1] Traduction libre d'une note retrouvée dans le dossier d'une patiente hospitalisée au département de psychiatrie de l'Hôpital Montfort.

[2] GALINOWSKI, André. « L'annonce du diagnostic en psychiatrie », *Laennec*, vol. 59, no 3, 2011, pp. 44-58.

[3] *Idem*.

[4] À titre d'exemple : ROELANDT, Jean-Luc et coll. « How service users and carers understand, perceive, rephrase, and communicate about "depressive episode" and "schizophrenia" diagnoses : an international participatory research », *Social Psychiatry and Psychiatric Epidemiology*, 2020, 55, pp. 1201-1213.

[5] La CIM-11 a été approuvée par l'Assemblée mondiale de la santé en mai 2019 et a été publiée en janvier 2022;https ://www.cihi.ca/fr/normes-et-soumission-de-donnees/codification-et-classification/cim-11-classification-statistique.

[6] DONATH, Orna. *Le regret d'être mère*, Paris, Odile Jacob, 2019.

[7] HARRISSON, Sandra et THIFAULT, Marie-Claude. « Corps souffrants : une construction narrative à partir des mots, des gestes et des silences de mères schizophrènes », *Histoire, médecine et santé*, 2020, 17, pp. 117-132.

[8] Les mères atteintes de troubles graves de santé mentale tels que la schizophrénie ont peu de chances de conserver la garde de leurs enfants jusqu'à l'âge adulte, surtout lorsqu'elles sont sans conjoint. Les proches et les intervenants les encouragent plutôt à remettre leurs droits parentaux à une tierce partie, soit un membre de la famille ou l'Aide à l'enfance. SEEMAN, Mary V. « Intervention to prevent child custody loss in mothers with schizophrenia », *Schizophrenia Research and Treatment*, 2012, pp. 1-6.

[9] Dossier psychiatrique Montfort n° 1496, évolution psychiatrique, 1988. Afin de respecter une entente de confidentialité établie avec le bureau éthique de la recherche de l'Hôpital Montfort, nous nous limitons au numéro du document consulté et à l'année de celui-ci pour toutes les citations rapportées dans cet article. De plus, les citations ont été reproduites sans modifications et comportent par conséquent certaines erreurs de langue ou de sens qui ne sont pas signalées par l'emploi du mot *sic*, afin de ne pas briser le rythme de lecture et de permettre aussi au lecteur de découvrir un peu mieux l'archive consultée.

[10] CARRIÈRE, Monique et coll. « Réflexion sur les services aux familles dont la mère souffre d'un trouble de santé mentale (TSM) », *Santé mentale au Québec*, 2010, 35 (2), pp. 185-208.

[11] SEAMAN, Mary V. *Op. cit.*, 2012.

[12] CHESTER, Phyllis. Mothers on Trial : The Battle for Children and Custody, Laurence Hill Book, 2011.

[13] *Idem.*

[14] *Idem.*

[15] FOX, Lindy. « Missing out on Motherhood », *Psychiatric Services*, vol. 50, 1999, pp. 193-194.

[16] FOX, Lindy. Op. cit; ACKERSON, Barry J. « Parents with Serious and Persistent Mental Illness : Issues in Assessment and Services », *Social Work*, vol. 48, no 2, avril 2003, pp. 187-194.

[17] WALL-WIELER, Elizabeth et coll. « The Cycle of Child Protection Services Involvement : A Cohort Study of Adolescent Mothers », *Pediatrics*, 2018, 141 (6).

[18] BERGER, Lawrence M. et coll. « Mothers, men, and child protective services involvement », *Child Maltreatment*, 2009, 14 (3), pp. 263-276.

[19] *Idem.*

CHAPITRE 17

La lutte contre la stigmatisation et la discrimination en santé mentale : un enjeu politique

Auteure : Roselyne Touroude,
proche d'une personne avec un trouble mental
et vice-présidente de l'Unafam, France

Présentation de l'Unafam

L'Unafam, Union nationale des familles et amis de personnes malades et/ou handicapées psychiques, a pour missions sociales l'entraide et le soutien des familles, la lutte contre la stigmatisation et la défense des intérêts des personnes vivant avec des troubles psychiques et de leur entourage, ainsi que le soutien à la recherche.

Nos témoignages et réflexions sont ceux de familles qui accompagnent et soutiennent leurs proches au quotidien, de militants associatifs qui se battent au sein de la société pour changer le regard sur les personnes qui sont aux prises avec des troubles psychiques. Il n'y a pas « eux » et « nous », il n'y a pas des « malades » enfermés dans ce seul statut social de « malade mental » objets de soins psychiatriques. Nous sommes tous citoyens égaux en droits et sujets de droit, nous appartenons à la même société qui ne peut être bâtie sur l'exclusion.

Nous contribuons chaque année aux manifestations qui ont lieu pendant les deux semaines d'information en santé mentale dont le thème a été en 2020 « Santé mentale et stigmatisation » et en 2021 « Santé mentale et respect des droits ». La parole des familles est précieuse pour mettre en évidence les inégalités d'accès aux droits, qui sont des obstacles à la participation sociale et à une citoyenneté à égalité avec les autres.

Nous analyserons ici l'impact de la stigmatisation sur l'accès aux droits et décrirons des actions mises en œuvre par l'Unafam et ses partenaires pour y remédier.

Le cadre théorique français

La *Loi du 11 février 2005* pour l'égalité des droits et des chances, la participation et la citoyenneté des personnes handicapées définit la politique publique à leur endroit. Cette loi donne une définition juridique du handicap : « Constitue un handicap, au sens de la présente loi, toute limitation d'activité ou restriction de participation à la vie en société subie dans son environnement par une personne en raison d'une altération substantielle, durable ou définitive, d'une ou plusieurs fonctions physiques, sensorielles, mentales, cognitives ou psychiques, d'un polyhandicap ou d'un trouble de santé invalidant. »

Suivant cette définition, le handicap psychique est donc la conséquence des altérations de fonctions liées à des troubles psychiques sévères et persistants, dans la vie quotidienne, sociale, familiale et professionnelle des personnes touchées. À noter que nous emploierons l'expression « handicap psychique » dans ce chapitre, qui correspond aux handicaps psychosociaux du rapport de l'ONU [1].

Cette loi, qui a donné lieu aux maisons départementales des personnes handicapées, fait valoir deux principes :

- L'accessibilité, c'est-à-dire un accès réel aux services et à la vie sociale, professionnelle et culturelle;
- La compensation du handicap par des aides personnalisées permettant à la personne touchée de faire face aux conséquences de son handicap dans la vie quotidienne.

Aujourd'hui, notre cadre de référence est la Convention relative aux droits des personnes handicapées (CRDPH) des Nations unies, que la France a ratifiée en 2010. La convention définit les personnes handicapées comme « des personnes qui présentent des incapacités physiques, mentales, intellectuelles ou sensorielles durables dont l'interaction avec diverses barrières peut faire obstacle à leur pleine et effective participation à la société sur la base de l'égalité avec les autres » (Convention relative aux droits des personnes handicapées OHCHR).

Cette définition est un tournant dans l'approche du handicap présenté comme la conséquence d'une interaction entre la personne et les obstacles dressés par son environnement. La primauté est donnée au regard social et non plus au regard médical, comme dans la loi de 2005. La CRDPH promeut et assure la pleine et égale jouissance de tous les droits de l'Homme et de toutes les libertés fondamentales des personnes handicapées sur un pied d'égalité avec les autres, sans discrimination, de même que le respect de leur dignité intrinsèque. Il appartient à l'État français de prendre les mesures appropriées, d'ordre législatif, administratif ou autre, pour mettre en œuvre, de manière effective, les droits reconnus par la Convention.

L'approche par les droits de l'Homme est un changement de paradigme, mais beaucoup reste à faire pour la mettre en œuvre et se dégager du modèle centré sur les incapacités des personnes qui prédomine aujourd'hui encore dans notre pays. Le Comité des droits des personnes handicapées de l'ONU a examiné le rapport de la France en août 2021 et publié ses observations, regrettant que les mesures prises par la France ne traduisent pas le modèle du handicap basé sur les droits de l'Homme. De nombreux sujets de préoccupation et recommandations concernent les « personnes souffrant de handicaps psychosociaux » [2].

Qu'en est-il de la mise en œuvre effective de l'accès aux droits des personnes vivant avec des troubles psychiques? La reconnaissance du handicap psychique n'a pas entraîné de plan d'action global et coordonné pour mettre en œuvre des réponses aux besoins des personnes concernées sur l'ensemble du territoire national, leur permettant de participer à la vie de la société et d'exercer leur pleine et entière citoyenneté. L'Unafam demande un tel plan depuis des années.

Alors que s'élaborent et se mettent en œuvre des stratégies nationales interministérielles pour d'autres handicaps, la question des réponses aux besoins des personnes handicapées psychiques est à peine soulevée par la Feuille de route de la santé mentale et de la psychiatrie (2018), mise en œuvre par un délégué ministériel auprès du ministre de la Santé. Le rapporteur de l'ONU a regretté que cette feuille de route se réfère encore au modèle médical du handicap, alors qu'il est reconnu comme étant discriminatoire.

De fait, le bilan de sa mise en œuvre en 2021 montre que seuls sont travaillés les deux axes liés au sanitaire, mais que le troisième axe, « Améliorer les conditions de vie et d'inclusion sociale et la citoyenneté des personnes en situation de handicap psychique », est délaissé.

Non, les besoins des personnes vivant avec des troubles psychiques sévères ne sont pas suffisamment pris en considération par les politiques publiques et les réponses apportées ne sont pas à la hauteur des enjeux. L'accès aux soins et aux soutiens sociaux est marqué par de criantes inégalités territoriales. De nombreux obstacles entraînent une perte de chances pour la majorité des personnes concernées qui continuent à être empêchées d'assumer les rôles sociaux auxquels tout citoyen peut prétendre, ce qui les maintient en marge de la société.

Que révèlent les chiffres du baromètre Unafam 2021? Cinq mille familles ont répondu à l'enquête qui fait un état des lieux ainsi qu'évaluer les conséquences de la stigmatisation et des discriminations. Ce baromètre des aidants montre le vécu des personnes concernées et de leur entourage et dénonce les dysfonctionnements de notre société tout en visant à identifier les axes d'amélioration en matière de politiques publiques [3].

Le constat est clair : les personnes touchées par des troubles psychiques durement stigmatisés vivent au quotidien des restrictions d'accès à leurs droits fondamentaux trop souvent bafoués — accès à la santé, aux droits sociaux, au logement, à l'accompagnement, à l'emploi, à l'éducation. La difficile reconnaissance du handicap psychique prive nombre d'entre elles de leur droit à la compensation et des aides nécessaires pour l'autonomie et la participation sociale.

Les répercussions sont notables, sur la santé et la vie sociale – chômage, difficultés de logement, précarité, isolement, maintien dans des unités d'hospitalisation psychiatrique faute d'un logement et d'un accompagnement, « surreprésentation des personnes handicapées psychiques dans les établissements pénitentiaires en raison de l'absence de soutien en matière de santé mentale fondée sur les droits de l'Homme dans les communautés », comme en font foi les observations finales du Comité des droits des personnes handicapées de l'ONU de septembre 2021. Cette absence d'accès effectif aux droits a un retentissement important sur l'entourage des personnes avec handicap psychique.

Ces statistiques sont importantes, car la carence de données chiffrées fait obstacle au développement d'une palette de réponses aux besoins, à une politique publique garantissant le respect des droits des personnes vivant avec des troubles psychiques et de leur entourage, sur l'ensemble du territoire français.

Pour promouvoir la citoyenneté des personnes vivant avec des troubles psychiques, l'Unafam est engagée dans des actions de sensibilisation et d'accès aux droits, avec la CRDPH comme fil rouge. Voici quelques-unes de ces actions.

Changer de regard en renforçant le pouvoir d'agir pour briser les préjugés : Psycyclette

Contribution de Michel Lacan, bénévole de l'Unafam, qui présente le rallye Psycyclette qu'il a « inventé » comme une aventure humaine inclusive et riche d'enseignements.

Les stéréotypes négatifs qui dévalorisent les personnes avec handicaps psychiques ont la vie dure : « anormaux, irresponsables, incapables, avec une supposée dangerosité ». Maladies et handicaps psychiques restent encore tabous, isolant les personnes touchées et leur entourage.

Sur les routes de France, pendant huit jours, une trentaine de cyclistes sur des vélos disparates, tout de bleu vêtus, infirmiers en psychiatrie, patients, familles, cyclotouristes forment le peloton de Psycyclette. Une centaine de kilomètres par jour, ils partagent des moments de souffrance, de joie, échangent, s'entraident sans *a priori*, ne sachant pas qui est qui.

Au-delà de l'effort physique, mues par l'envie de se prouver à elles-mêmes et à la société qu'elles ont des ressources insoupçonnées, les personnes touchées par des troubles psychiques sévères révèlent des qualités qui les renforcent. Aux étapes, dans les mairies où Psycyclette est reçu, tous veulent faire connaître les conséquences des troubles psychiques sur les projets de vie et lutter contre la stigmatisation. « Le but de Psycyclette est de parler de nous, de faire évoluer les positions des gens par rapport à ces maladies qui sont stigmatisées, affirme Yannick, hospitalisé pendant plusieurs années. L'image de dangerosité portée par les médias renforce les préjugés négatifs à notre égard. »

Au sein du peloton, ils sont tous pareils pour affronter les difficultés et les intempéries. Des liens de confiance s'établissent, la parole est bienveillante, le soutien permanent. Kevin témoigne : « Psycyclette nous redonne la confiance en nous qui nous manque. À peine remis, on rechute, c'est un cercle vicieux. Faire Psycyclette est une fierté; le sport est devenu mon moteur. Depuis cinq ans que je le fais, je n'ai pas été hospitalisé alors que je l'étais tous les ans depuis mes dix-huit ans; ce n'est pas un hasard. »

Cette semaine permet d'expérimenter une vie de groupe sans hiérarchie, chacun est l'égal de son voisin. Des liens se créent avec l'autre que l'on n'aurait pas osé aborder. Les habiletés sociales sont améliorées, l'isolement rompu.

« Après Psycyclette, ces compagnons de route sont mieux armés pour se fondre dans la société pourvu que tombent les préjugés. Ce n'est pas aux personnes handicapées à s'adapter à la société, c'est la société qui doit s'adapter pour les accueillir et garantir leur citoyenneté. »

Changer de regard en rendant l'environnement plus soutenant : formation Premiers Secours en santé mentale

Contribution de Béatrice Borrel, responsable de la formation Premiers secours en santé mentale (PSSM) de l'Unafam (https://pssmfrance.fr/).

Le développement de PSSM est né de la volonté d'amplifier la lutte contre la stigmatisation des troubles psychiques et des personnes qui en souffrent, en contribuant à l'accès plus précoce à des soins adaptés, facteurs de rétablissement.

PSSM est inspiré du programme australien « Mental health first aid » mis en œuvre dans plus de vingt pays. Ce programme standardisé forme le plus grand nombre de citoyens à intervenir, à aider de façon proactive devant toute situation nécessitant des secours en santé mentale (début d'un trouble, détérioration d'un trouble de santé mentale, crise de santé mentale). Il est développé depuis 2019 par PSSM France, association regroupant trois organismes disposant d'expériences différentes : Unafam, association de familles ayant un proche vivant avec des troubles psychiques; Santé mentale France, association regroupant des établissements du sanitaire et des gestionnaires du médico-social; et l'Infipp Scop, organisme de formation professionnelle dans le secteur sanitaire médico-social.

Ce programme de deux jours est vecteur de déstigmatisation par un apport de connaissances :

- Sur les troubles psychiques et le repérage de situations de crise. « Cette formation démystifie les troubles psychiques et casse les représentations (des fous, des personnes dangereuses…), affirme une participante. Elle apporte des explications claires sur les différentes pathologies. »

– Sur le vécu des personnes ayant des troubles psychiques, grâce à une pédagogie utilisant divers supports, ce qui favorise l'empathie et engage à aller vers ces personnes en souffrance.

Le public qui n'avait pas ou peu de connaissances en santé mentale, apprend cette démarche d'écoute active et bienveillante, se sent capable progressivement d'apporter une aide aux personnes touchées : « C'est une invitation à la compréhension et au non-jugement. »

Les professionnels en contact avec ces personnes améliorent leur savoir-faire, la formation aide à « faire tomber les préjugés, accepter ses limites, prendre de la hauteur sur sa pratique ».

Premiers secours en santé mentale est un outil parmi d'autres, l'intérêt est la possible démultiplication : dix mille secouristes en France aujourd'hui, le but est d'en avoir soixante mille dans deux ans.

La réalité des chiffres

La majorité des adultes handicapés psychiques n'a pas accès aux soutiens sociaux. Les statistiques du baromètre Unafam sont éloquentes et restent inchangées depuis plusieurs années :

– 84 % des familles dénoncent l'absence de dispositifs d'aide pour leur proche; elles sont seules à pallier ces carences, quand elles le peuvent.

– 32 % des adultes handicapés psychiques vivent au domicile de leurs parents.

– 64 % des aidants interrogés déclarent que la maladie de leur proche a eu un impact sur leur propre santé.

– 8 % seulement des personnes touchées par un handicap psychique ont accès à un service d'accompagnement à domicile ou à la vie sociale.

– 7 % ont accès à la prestation de compensation du handicap, aide financière servant à financer des soutiens et des services d'aide et d'accompagnement à domicile.

– 19 % ont un emploi, dont 4 % en établissement d'aide par le travail, milieu dit protégé.

Comment parler de parcours de vie et de rétablissement sans ces soutiens à la vie quotidienne et à la participation sociale, sans accès à un logement, à des services, à des activités, à un emploi, à des loisirs?

Cette situation d'abandon, que dénonce le Comité des droits des personnes handicapées [4] (http://www.creaihdf.fr/sites/www.creainpdc.fr/files/rapport_onu_2021_002.pdf), est d'autant plus inacceptable que des professionnels sociaux et médico-sociaux existent, ont un savoir-faire, mais il manque la volonté politique d'élaborer une stratégie nationale pour ce public et de développer une palette de réponses disponibles sur tout le territoire.

Cela a des conséquences délétères pour les personnes concernées et leur entourage, comme en témoigne cette mère : « Notre fils a trente-sept ans. Il y a deux ans, il a voulu quitter notre domicile familial. Il avait un projet de logement et d'emploi. Il s'est retrouvé seul dans un appartement, sans possibilité d'accéder à un service d'accompagnement à la vie sociale. Il a demandé la prestation de compensation du handicap pour rémunérer des aides, mais cela lui a été refusé. Il a été déclaré inadmissible à cette aide, car son handicap n'entre pas dans les critères d'accès essentiellement tournés vers les handicaps physiques et sensoriels.

« Conséquences désastreuses pour mon fils qui ne pouvait pas se débrouiller tout seul, et obligation pour nous de faire cent quatre-vingts kilomètres pour le ménage, les courses, l'administratif, les rendez-vous médicaux. À la suite de cela, j'ai dû quitter mon emploi, car j'étais à bout. Mon fils était sous-alimenté, vivait dans un grand manque d'hygiène. Il est revenu vivre chez nous, alors qu'il préférerait vivre de façon autonome, avec des aides bien sûr.

« C'est déplorable de laisser une personne handicapée sans assistance. S'il n'avait pas eu ses parents, je ne sais pas dans quel état il serait. Je m'inquiète pour lui quand nous ne serons plus là ou trop épuisés pour poursuivre l'accompagnement. »

La situation de ce jeune homme illustre les conséquences du non-accès aux soutiens individualisés à des services d'aide qui lui auraient permis de gérer sa vie quotidienne et de participer à la vie sociale, de mener à bien ses projets de logement autonome et d'emploi. Ce déni de droits est un frein à l'autonomie et une entrave à l'inclusion sociale. Rendre accessibles ces soutiens et services est une responsabilité politique.

L'enjeu est important. Il s'agit de mettre en œuvre l'article 19 de la Convention relative aux droits des personnes handicapées de l'ONU, *Autonomie de vie et inclusion dans la société,* le droit de choisir son lieu de résidence et d'accéder à une gamme de services à domicile et autres services d'accompagnement, y compris l'aide personnelle nécessaire pour leur permettre de vivre dans la société et de s'y insérer et empêcher qu'elles ne soient isolées ou victimes de ségrégation.

Changer de regard pour favoriser des dynamiques d'émancipation

Contribution de Marie Delaroque, directrice du dispositif habitat Côté Cour de l'association Vivre et Devenir, qui présente le parcours de Pascale

Le logement et l'accompagnement sont des leviers contre les préjugés, pour l'autodétermination et l'inclusion sociale. Le parcours de Pascale illustre la stigmatisation et le combat contre les préjugés, et montre que le logement et l'accompagnement permettent de casser les fantasmes de la société envers les personnes ayant des troubles psychiques sévères.

Comment Pascale, pendant ces six ans de collaboration avec nos services, est-elle passée du statut de femme noire en errance, malade psychique souffrant d'addictions, à celui d'artiste, écrivaine reconnue, pleinement actrice de sa vie? Quelles valeurs mettons-nous de l'avant pour envisager la personne par ses compétences et non par son handicap?

Nous avons rencontré Pascale en 2016; elle avait 46 ans, était en rupture de soins psychiatriques, souffrait d'addictions, errait dans les rues de la ville. Le premier travail fut de recueillir son adhésion aux soins pour qu'elle reprenne un suivi médical. Après un séjour en centre d'hébergement et de réinsertion sociale et un accompagnement par un service d'accompagnement médico-social pour adulte handicapé, elle a pu accéder à un logement individuel sous-loué par notre dispositif.

Elle a saisi les occasions qui s'offraient à elle pour reprendre sa vie en main, reprendre son pouvoir d'agir, soutenue par une coordination de professionnels du sanitaire, du médico-social et du social. Cette dynamique positive, qui a mis trois ans à s'instaurer, a permis d'atteindre des objectifs : consolidation des périodes d'abstinence, obtention d'un logement individuel protégé, reprise d'une vie de couple, stabilisation de l'état psychique.

Ce processus de renarcissisation a permis à Pascale de s'investir dans l'écriture, domaine dans lequel elle excelle. Déjà publiée trois fois, invitée à des colloques nationaux de lecture, elle s'autorise à envisager des résidences d'auteur de plusieurs semaines à quatre cents kilomètres de chez elle.

Quels processus favorisent le passage d'un statut « déviant » à l'accès à la citoyenneté de personnes en situation de rupture sociale et de maladie psychique? Les représentations sociales négatives constituent un frein au rétablissement et à l'inclusion; elles induisent une autostigmatisation, les personnes développent des opinions négatives à leur sujet, intègrent des limitations dans tous les domaines de vie, ont une faible estime de soi.

Pascale cumulait les préjugés autour des statuts de femme noire, de femme dépendante de l'alcool et des drogues, de figure maternelle irresponsable, de femme en errance sans domicile, souvent perçue comme une fainéante qui détourne les aides sociales et qui se prostitue.

En forçant le contact par l'inclusion dans la société, on peut combattre les préjugés et les fantasmes autour des problématiques de santé mentale. Le préalable est de replacer la personne en tant que sujet, avec des compétences, des envies et des désirs. Ces valeurs fortes vont agir sur la perception que la personne a d'elle-même puis sur les représentations de la société, surtout s'il s'agit de personnes ayant connu l'errance et des hospitalisations répétées en psychiatrie, dont l'identité est entachée et l'estime de soi quasi inexistante. Elles feront du logement et de l'accompagnement des tremplins vers l'inclusion sociale.

Le logement est la composante essentielle d'un milieu où la personne évolue tout en disposant des services sociaux et médico-sociaux. Il favorise la rencontre avec l'autre, le voisin, le concierge, le boulanger, ce que ne permet ni l'hospitalisation ni la vie en établissement médico-social. La personne est au cœur de son projet, prend part à toutes les étapes de l'accompagnement, est responsable de l'appartement qui lui est confié sans préalable. Le lien de confiance est acquis dès la rencontre et n'a pas à se gagner; il doit plutôt se conserver.

Notre objectif premier est que la personne ait un bon niveau de fonctionnement autonome dans la communauté en favorisant une approche globale : logement, accompagnement, éducation, loisirs, etc.

En cas de colocation, la personne est présentée aux autres comme une ressource supplémentaire pour le groupe déjà constitué, comme un individu unique, non pas réduite à ses symptômes, mais disposant de capacités et de compétences personnelles pouvant être développées.

Cette définition de son rôle social est déterminante : que vais-je apporter à la colocation?

Notre approche vise à donner à chacun l'instruction et la formation nécessaires pour devenir acteur capable de participer à la vie de la communauté. Les équipes des services d'accompagnement doivent faire montre d'humilité, de bienveillance, de respect envers le rythme de chacun, faire une écoute active des besoins de l'autre, l'accepter comme détenteur d'un savoir au moins aussi important sur sa pathologie et ses répercussions dans la vie quotidienne.

En considérant la personne comme collaboratrice de ce travail de réinsertion, on contourne le piège de la position haute du « soignant ». Elle est mise d'emblée en position de réussite et de responsabilité. Les équipes fixent conjointement des objectifs réalistes et réalisables, facilement atteignables dans un premier temps, pour maximiser la reprise de confiance en soi. Dans 90 % des situations, cette approche humaniste aboutit à la réussite du projet porté par la personne et permet de participer à la stabilisation de son état psychique et à la reprise de liens familiaux et sociaux. Aujourd'hui, Pascale a cinquante-deux ans et se définit par son statut d'écrivaine, aboutissement de ce processus d'inclusion.

L'Unafam œuvre avec ses partenaires pour le développement de ces dispositifs, mais aussi pour les modifications juridiques nécessaires.

Changer de regard pour un égal accès aux droits

L'un des combats de l'Unafam a trait à la modification du texte réglementant l'accès à la prestation de compensation du handicap (PCH), aide financière établie par la loi de 2005 pour couvrir tout ou partie des frais liés au handicap, notamment pour financer des aides à domicile. Ce texte ne prenait pas en compte les retentissements fonctionnels d'altérations des fonctions mentales dans différents domaines de vie excluant la majeure partie des personnes avec troubles psychiques de la PCH, notamment de l'élément d'aides humaines, dont l'accès est réservé à ceux ayant une difficulté absolue ou deux graves à réaliser les quatre actes d'entretien personnel (toilette, habillage, alimentation, élimination) et les déplacements dans le logement.

Il constituait un obstacle pour l'accès à des soutiens à l'autonomie dans la vie quotidienne et à la participation sociale.

En 2021, nous avons analysé ce texte réglementaire et rédigé le rapport intitulé *Pour la fin d'une discrimination dans l'accès à la prestation de compensation du handicap, pour les personnes en situation de handicap du fait d'altérations des fonctions mentales, cognitives, psychiques*, dans lequel nous proposons des modifications réglementaires [5]. Un récent décret les prenant en compte sera mis en œuvre en 2023.

La discrimination dans l'accès aux droits affecte tous les pans de vie, notamment les besoins inhérents à la parentalité qui est l'un des éléments de la participation sociale. Ainsi, le 1er janvier 2021, le gouvernement a instauré deux nouvelles aides aux parents en situation de handicap :

- L'aide humaine à la parentalité, qui permet au parent de rémunérer quelqu'un pour l'aider à s'occuper de son enfant;
- L'aide technique à la parentalité, qui permet au parent d'acheter du matériel adapté pour l'aider à s'occuper de son enfant.

L'intention est louable, mais ces aides pour l'exercice de la parentalité sont réservées aux personnes qui sont admissibles aux aides humaines de la PCH alors que les critères d'accès en sont restrictifs. Comment en 2021 peut-on encadrer une aide destinée aux parents handicapés dans un texte discriminant, en sachant que des « catégories » de parents n'y auront pas accès? Le sujet de la parentalité des personnes avec des altérations des fonctions mentales est-il à ce point tabou dans notre société?

Voilà un exemple de la mise à l'écart des personnes vivant avec des altérations des fonctions mentales, comme si elles n'étaient pas des citoyennes à part entière, comme s'il n'était pas envisageable qu'elles aient des enfants.

Le Comité des droits des personnes handicapées s'inquiète dans ses observations finales et recommande :

- D'identifier les obstacles réels à l'exercice des droits parentaux;
- D'entreprendre des plans pour éliminer les stéréotypes qui sapent le droit des personnes handicapées à fonder une famille;
- D'entreprendre des réformes juridiques de la prestation de compensation du handicap;

– De fournir une information et un soutien précoces et complets en particulier aux parents autistes, aux parents souffrant de handicaps intellectuels ou psychosociaux, afin qu'ils puissent exercer leurs droits en matière de vie familiale.

Changer de regard pour promouvoir le respect de la qualité des droits

S'appuyer sur la Convention relative aux droits des personnes handicapées permet aussi d'évaluer et d'améliorer la qualité et les droits de l'Homme dans les structures de santé mentale : c'est le programme des droits à la qualité de l'Organisation mondiale de la santé (OMS) pour l'évaluation de la qualité et du respect des droits, qui propose une approche des soins de santé mentale axés sur les droits de la personne et le rétablissement.

Ce programme est déployé en France depuis 2018 par le Centre collaborateur de l'OMS auprès des établissements qui en font la demande [6]. L'Unafam fait partie de l'équipe d'observateurs.

De l'avis de l'observateur Patrick Cambier : « Le recueil d'informations porte sur les conditions d'hébergement et d'accès aux soins, mais aussi sur la prise en compte de l'usager dans sa globalité en tant que citoyen. Il permet d'évaluer ce qui est mis en œuvre dans le service pour que l'usager soit vraiment acteur y compris au regard de sa maladie (réadaptation psychosociale, plan de rétablissement individualisé...). Cela permet, au moment de la restitution, de promouvoir ce volet afin d'enclencher la mise en œuvre de pratiques qui s'avèrent déterminantes.

« Les questionnaires nous invitent à sortir du seul aspect sanitaire de prise en charge des usagers de la psychiatrie pour considérer le champ plus vaste des droits, de la promotion de la dignité et de l'autodétermination.

« Dès l'entrée en soins psychiatriques d'une personne, son rétablissement devrait être l'objectif des équipes de soins et d'accompagnement pour lui permettre de trouver ou de retrouver sa place citoyenne dans la société. »

Le déploiement du programme de droits de qualité est nécessaire à l'heure où le Comité des droits des personnes handicapées des Nations Unies observe avec inquiétude les pratiques de soins sans consentement, d'isolement et de contention dans les établissements de santé mentale, et recommande d'appliquer les directives de l'Organisation mondiale de la santé aux services communautaires de santé mentale, en promouvant des approches centrées sur la personne et fondées sur les droits.

Réduire la personne vivant avec des troubles psychiques sévères à sa maladie, c'est l'enfermer dans le statut de malade et dans le champ du sanitaire; c'est réduire ses besoins aux soins psychiatriques, c'est négliger, voire ignorer tout ce dont elle peut avoir besoin, en dehors des soins, pour vivre en autonomie et s'autodéterminer. Le centre de gravité du parcours des personnes et de leur accompagnement est le domicile, quel qu'il soit; ce ne peut pas être le service de psychiatrie. Le projet de soins doit servir le projet de vie de la personne.

Les mots peuvent être réducteurs : dire d'une personne qu'elle « est schizophrène », c'est réduire son individualité à un mot chargé de préjugés négatifs, à une pathologie, la voir comme un problème pour la société; c'est la porte ouverte à la mise à l'écart. Dire qu'elle « a une schizophrénie », qu'« elle vit avec des troubles psychiques », c'est la respecter en tant que sujet et considérer qu'elle a un problème si on lui refuse les soutiens sociaux nécessaires pour vivre avec dignité et respect dans la communauté.

Il ne suffit pas de la soigner, même avec des soins de réhabilitation psychosociale. Il faut dans le même temps lever les obstacles environnementaux, changer la société afin qu'elle accepte la participation de ceux aujourd'hui trop souvent exclus, comme acteurs sociaux du monde de la formation, du travail et de la vie sociale comme parents, sportifs, employés, voisins, enseignants, etc.

Il faut rendre accessibles, sans entrave, les services sociaux d'accompagnement, réviser les textes réglementaires discriminants, développer une palette de réponses aux besoins de vie. C'est ce qu'affirme Marie-Jeanne Richard, présidente de l'Unafam : « Le sanitaire doit pleinement assurer son rôle d'offre de soins d'excellence sur tout le territoire. Mais on ne le redira jamais assez, vivre, ce n'est pas se soigner, c'est accéder à la pleine citoyenneté. C'est le rôle de l'État de veiller à mettre fin à la discrimination et au rejet des personnes vivant avec des troubles psychiques. Mais force est de constater que le pan du soutien à l'autonomie de vie (logement, emploi, ressources, prestation de compensation du handicap et autres compensations du handicap) est le grand oublié des assises de la santé mentale et de la psychiatrie qui se sont tenues en septembre 2021. »

Lutter contre la stigmatisation en santé mentale, c'est promouvoir l'approche basée sur la qualité de vie, le respect des droits de l'Homme, les attentes et les capacités des personnes vivant avec un handicap psychique. C'est le sens de notre engagement, car le déni des droits est un déni de citoyenneté.

Grâce à la CRDPH, nous sommes à un tournant dans la manière de penser le handicap et les personnes en situation de handicap psychique : notre combat pour que ces dernières soient considérées comme des citoyens à part entière est porteur d'espoir.

C'est un enjeu de justice sociale, un enjeu politique.

Références

[1] Voir le dossier technique Troubles psychiques 2017de la CNSA, https://www.cnsa.fr/documentation/ web_cnsa-dt-troubles_psy-2016.pdfs.

[2] https://www.ohchr.org/fr/professionalinterest/pages/conventionrightspersons-withdisabilities. aspx et http://www.creaihdf.fr/sites/www.creainpdc.fr/files/rapport_onu_2021_002.pdf.

[3] www.unafam.org/sites/default/files/fichiers-joints/10-2021/Unafam%20BAROMETRE%202021.pdf.

[4] http://www.creaihdf.fr/sites/www.creainpdc.fr/files/rapport_onu_2021_002.pdf.

[5] https://www.unafam.org/actualites/acces-la-prestation-de-compensation-du-han-dicap-mettons-fin-une-discrimination.

[6] https://www.ccomssantementalelillefrance.org/?q=qualityrights-toolkit.

CHAPITRE 18

Les cicatrices de la stigmatisation

Auteure : Julie Tansey, personne en rétablissement
et directrice générale de l'Association Vox Québec

La vie est drôlement faite. Il y a tant d'épreuves auxquelles nous devons faire face un jour ou l'autre.

Je suis de ceux qui croient fermement que rien n'arrive pour rien et que tout ce que nous traversons est nécessaire afin d'avancer vers une vie plus satisfaisante, un rétablissement intéressant.

Avec un diagnostic de trouble anxieux mixte et un trouble de somatisation de type douloureux, je suis très familière avec le concept de la stigmatisation. Que ce soit sur le plan scolaire, médical ou professionnel, mes expériences avec la stigmatisation se sont multipliées rapidement.

Dès l'adolescence, les symptômes inexpliqués sont devenus monnaie courante. J'ai vu des spécialistes de toutes sortes : neurologue, dermatologue, cardiologue, ORL, gastroentérologue, rhumatologue, gynécologue, et j'en passe. La plupart du temps, les tests ne révélaient rien et le dossier était fermé. Il y a cependant eu quelques exceptions qui, selon moi, auraient pu être évitées, n'eût été la stigmatisation.

Lors de mon hospitalisation en psychiatrie de 1991-1992, je poursuivais mes études secondaires au centre de jour du Centre d'accueil Rose-Virginie-Pelletier, à Pierrefonds. Nous étions deux filles de l'hôpital qui entraient ce jour-là en classe de troisième année secondaire. L'éducatrice nous a présentées au reste de la classe comme étant deux patientes de l'hôpital psychiatrique qui se joignaient au groupe pour le reste de l'année.

Bonjour stigmatisation! Il fut long le moment avant que quelqu'un veuille me parler ou être mon amie. Ça sentait le jugement et la crainte et ça se voyait sur les visages. Ce n'est qu'au fil du temps que les choses se sont tassées et que les filles ont fini par m'accepter parmi elles. L'une d'elles m'a dit un jour que, finalement, quand on me connaît, je ne suis pas si folle que ça. Je ne savais pas si je devais le prendre comme un compliment, mais j'ai laissé le temps passer et j'ai réussi à me faire quelques amies.

Au milieu des années 1990, j'ai commencé à avoir des épisodes occasionnels de palpitations très intenses, toujours très brèves, mais rien de ce que j'avais expérimenté auparavant. Après en avoir parlé à plusieurs reprises à mon médecin de famille, qui me répétait qu'il s'agissait d'anxiété et rajustait régulièrement ma médication à la hausse, j'ai eu un épisode qui a duré suffisamment longtemps pour qu'on me conduise à l'hôpital en ambulance. Là, on m'a fait passer un électrocardiogramme qui confirmait qu'il ne s'agissait pas d'une simple crise d'anxiété, mais d'une arythmie beaucoup plus importante. Il aura fallu sept années avant qu'on me diagnostique avec un syndrome de Wolfe-Parkinson-White, une malformation cardiaque qui nécessite un traitement médical et même une chirurgie cardiaque que j'ai finalement subie en mai 2000. J'aurais pu y passer, mais la vie en a décidé autrement et c'est tant mieux!

Au cours des années qui ont suivi, les choses se sont compliquées, car certains de mes tests médicaux révélaient des anomalies, mais rien qui aurait pu permettre de conclure à un diagnostic précis. En fait, je cumulais les diagnostics. J'avais des lésions cérébrales et on a cru que j'avais la sclérose en plaques. Le diagnostic a été contredit neuf mois plus tard, après une ponction lombaire, neuf mois durant lesquels j'ai perdu mon emploi et mon logement et où j'ai dû déclarer faillite.

L'attente pour passer des tests dans le réseau de la santé est très longue et quand on souffre d'un trouble de somatisation, on se retrouve régulièrement sur différentes listes d'attente. On accumule également les absences durant cette attente, ce qui peut affecter toutes les sphères de notre vie. J'ai occupé un grand nombre d'emplois au cours des années à cause des nombreuses absences médicales, et la recherche d'emploi est devenu de plus en plus difficile.

J'ai aussi souffert de reflux gastro-œsophagien sévère durant de nombreuses années et après de multiples tests et essais de traitements médicamenteux, on m'a diagnostiqué une hernie hiatale et recommandé une chirurgie mineure par laparoscopie.

Le 27 novembre 2017, c'était le fameux jour J de la chirurgie. Je n'avais rien mangé et rien bu depuis minuit la veille. Je me suis rendue à l'étage de la chirurgie d'un jour avec mon conjoint. Une infirmière m'a invitée à m'allonger sur une civière. J'étais nerveuse, mais j'avais confiance. À la limite, j'avais même hâte car je m'imaginais déjà une vie nouvelle sans ces symptômes de reflux gastro-œsophagien, qui étaient si intenses depuis tant d'années. J'allais enfin pouvoir mener une vie plus normale.

L'infirmière est revenue me voir après un moment. Elle m'a demandé de répondre à un questionnaire et elle m'a fait signer un formulaire de consentement, celui où je reconnaissais être consciente des risques de la chirurgie. Une formalité, quoi…

Au début de l'après-midi, l'infirmière est venue m'annoncer que l'équipe de chirurgie était prête à me recevoir. J'ai embrassé mon conjoint et lui ai dit à bientôt. La nervosité est devenue un peu plus intense, mais j'arrivais tout de même à la contenir. L'attente fut relativement courte. Je crois que c'est l'anesthésiste qui est venu me voir en premier. Il a vérifié mon identité et m'a expliqué son rôle, et il est reparti. Puis ce fut le tour du chirurgien, qui m'a demandé comment je me sentais. Je lui ai fait part de ma nervosité et je lui ai demandé de me promettre que tout se passerait bien. Il m'a assuré qu'il n'y avait aucun risque et que tout irait très bien. Il est reparti en me disant qu'on viendrait me chercher sous peu pour me conduire à la salle d'opération.

Dans la salle d'opération, plusieurs personnes s'affairaient autour de moi. Les choses se passaient assez rapidement. Mes souvenirs deviennent de plus en plus flous. Je me souviens avoir posé plusieurs questions, par besoin d'être rassurée. J'essayais d'utiliser l'humour pour briser le stress qui m'habitait. Je me souviens avoir été badigeonnée d'un liquide rouge. Une injection dans le soluté, le décompte a commencé et bonsoir, j'étais partie!

Je me suis réveillée assise dans un lit, mon conjoint près de moi. Je me sentais très bizarre. Il y avait des coussins pneumatiques autour de mes jambes. Je sentais une lourde charge sur mes épaules et je souffrais vraiment beaucoup. Il y avait des tuyaux à ma droite qui s'accrochaient au pied du lit. On m'avait installé une sonde urinaire, ainsi qu'un tube qui entrait directement dans mon estomac. Je me sentais engourdie.

Mais où étais-je? Que se passait-il? Je ne comprenais rien. Je savais que je ne voulais pas être là! Je paniquais. Je souffrais.

J'ai appris à ce moment que les choses ne s'étaient pas passées comme prévu…

Revenons un peu en arrière. La chirurgie a pris fin à16h le 27 novembre 2017. À mon réveil, on m'a transportée jusqu'à ma chambre, au cinquième étage de l'hôpital. Mon conjoint m'y attendait avec mes effets personnels.

Mon conjoint est parti en début de soirée pour retourner à la maison. Je n'allais déjà pas bien. Je souffrais beaucoup et j'avais de plus en plus de difficulté à respirer. Je gémissais, je criais de douleur. L'infirmière, qui n'en pouvait plus, m'a dit de nombreuses fois de me calmer et d'arrêter de crier, car je dérangeais tout le monde. J'essayais de lui faire comprendre que je souffrais et je sentais qu'il y avait quelque chose qui n'allait vraiment pas, mais elle ne voulait rien entendre. Elle me disait que je faisais de l'anxiété et elle m'a donné un autre médicament pour me calmer.

Je ne sais pas ce qui s'est passé, mais vers 23 h 30, j'ai réussi à trouver mon cellulaire. Je sentais un besoin urgent de contacter mon conjoint pour le convaincre de revenir à l'hôpital. J'ai vraiment insisté. Je sentais que ma vie était menacée et que j'avais besoin d'aide. Je criais. Je me souviens que dès que mon conjoint m'a promis de venir, tout mon corps a lâché, envahi par une étrange sensation de protection. Je ne sentais plus la douleur, je ne sentais plus rien.

Il semble que mon conjoint soit arrivé vers minuit ce soir-là. Il a insisté autant comme autant pour que l'on fasse revenir le chirurgien à mon chevet. À son arrivée, ce dernier a cru que la douleur était due à un surplus d'air dans l'abdomen. Il a fait une perfusion au-dessus de mon sein droit, pensant qu'en libérant de l'air, ma douleur s'estomperait. Quelle ne fut pas sa surprise de voir que ce n'était pas de l'air, mais bien du liquide qui sortait de mon thorax. ENFIN, on me prenait au sérieux! On m'a fait passer des radiographies et une imagerie et on a pu détecter une perforation de l'œsophage longue de trois centimètres. On m'a installé deux drains thoraciques et on m'a conduite aux soins intensifs. J'y suis restée jusqu'au matin en attendant un transfert au Centre hospitalier de l'Université de Montréal, où m'attendait un spécialiste de la chirurgie thoracique.

Je suis entrée en salle de chirurgie pour la troisième fois en deux jours à peine. J'ai d'abord subi une thoracotomie postéro-latérale, pendant laquelle le chirurgien a utilisé des tissus et muscles de mon côté droit pour réparer mon œsophage. Il s'agit d'une opération majeure avec un taux de douleur parmi les plus élevés.

Je suis restée à l'hôpital douze très longues journées. La souffrance était indescriptible. Je n'avais jamais rien senti de tel. J'étais dans ma chambre avec plusieurs amis autour de moi. Je me souviens leur avoir demandé de rester et de continuer à parler de choses drôles et joyeuses, sans s'occuper de moi. Je n'arrivais plus à participer à la discussion, mais ça me faisait du bien d'entendre quelque chose de positif autour de moi.

Je reçois une rente d'invalidité du Québec depuis environ deux ans maintenant.

La pandémie est venue remettre les pendules à l'heure pour plusieurs d'entre nous. Un événement impensable, mais une bénédiction pour la santé mentale. On ne peut plus fermer les yeux sur la question.

Je suis directrice à temps partiel de l'Association Vox Québec depuis quelques mois et je veux devenir le genre d'employeur que j'ai toujours voulu avoir. J'ai décidé d'embaucher des gens qui, comme moi, se butent à des difficultés en emploi. Je suis convaincue qu'en faisant les choses autrement, je peux inspirer le changement dans les milieux professionnels.

Mon expérience comme visage de la santé mentale en 2015

En juin 2015, je faisais des recherches sur Internet pour trouver un programme de reconnaissance des bénévoles. Je connaissais plusieurs personnes qui se démarquaient autour de moi par leur implication communautaire et je voulais trouver une façon de leur rendre hommage. J'ai découvert le site de l'Alliance canadienne pour la maladie mentale et la santé mentale, qui recueillait les candidatures pour la cohorte 2015-2016 des Visages de la maladie mentale au Canada. En prenant connaissance des critères d'admissibilité, j'ai compris qu'il était possible de se proposer soi-même et j'ai voulu tenter ma chance. Quelques semaines plus tard, ma candidature était retenue et en juillet 2015, je me suis rendue à Toronto pour le tournage de nos profils et de la campagne lancée officiellement lors de la semaine de sensibilisation aux maladies mentales qui a lieu chaque année au mois d'octobre.

À l'époque, je travaillais depuis seulement quelques semaines comme adjointe au développement des affaires pour une entreprise située en banlieue de Montréal. Pour participer au tournage à Toronto et aux événements reliés à la campagne publique au cours de l'année, j'ai dû demander des congés à mon employeur et lui annoncer que je serais un des visages de la maladie mentale au Canada. Je n'ai jamais réfléchi aux conséquences de mon choix, car je suis investie d'une mission qui passe toujours avant tout le reste. J'ai donc pris mon courage à deux mains et j'ai rencontré ma supérieure pour lui annoncer ce que je m'apprêtais à faire. Elle m'a écoutée sans dire un mot pour ensuite me dire qu'elle allait réfléchir à tout ça et me revenir plus tard avec sa réponse. J'ai senti un léger malaise, mais sans plus. Le lendemain matin, un courriel dans ma boîte de réception me félicitait et me donnait le feu vert.

Lors de ma dernière journée de travail avant de partir pour Toronto, mes collègues m'ont remis des fleurs avec une petite note dans laquelle ils me félicitaient et me souhaitaient bonne chance. J'en ai été très touchée.

Les semaines ont passé et le mois d'octobre est arrivé. J'ai fait plusieurs représentations à travers le pays, des entrevues, des conférences, des articles dans différents médias. Mon histoire est devenue publique assez rapidement et je me suis investie corps et âme dans l'aventure, une aventure incroyable et inoubliable!

Le retour au train-train quotidien a été plus difficile que prévu. Au bureau, j'avais l'impression que tous me regardaient et me jugeaient, comme si je me promenais toute nue devant eux. Je me sentais très vulnérable. J'ai eu droit à des confidences de la part de certains employés et dirigeants, des questions et des commentaires en tout genre. Beaucoup d'attention était dirigée sur moi et j'ai eu de la difficulté à composer avec cela. J'ai dû prendre quelques semaines de congé pour faire le point. C'est là que les choses se sont gâtées.

La stigmatisation en entreprise vient à mon avis au moment des rechutes ou des absences pour raisons médicales. Comme je l'ai dit plus haut, lorsque je vais moins bien, je développe plusieurs symptômes physiques et je dois m'absenter régulièrement (rendez-vous, tests, traitements, maladie). C'est une roue qui tourne depuis toujours, et c'est le début de la fin avec mon employeur du moment. Cette fois ne fut pas différente; j'ai obtenu un arrêt de travail et les relations avec mon employeur et mes collègues se sont rapidement détériorées.

La différence cette fois, c'est lorsque j'ai voulu trouver un nouvel emploi. Ma vie était maintenant connue sur les réseaux sociaux et j'ai pu constater les répercussions de mon dévoilement. C'est que les employeurs font eux aussi partie des réseaux sociaux!

J'ai annoncé publiquement mes nombreux diagnostics et mon instabilité sur le plan professionnel. Je n'arrivais plus à me trouver du travail. Pendant les entrevues, on me posait des questions comme « Y a-t-il un risque que tu apportes un couteau au bureau? Vas-tu péter les plombs? Es-tu suicidaire? », et j'en passe. J'étais découragée et j'avais l'impression d'être passée de héros à zéro!

J'ai fini par me trouver un emploi au salaire minimum dans une boutique de produits naturels d'un centre commercial. Je suis rapidement devenue gérante de ma propre boutique. Mon employeur n'était pas au courant de ma condition mentale. Lorsque j'ai fini par lui en parler, le lendemain, j'ai été congédiée et raccompagnée jusqu'à la sortie.

Mon expérience de la stigmatisation a été très importante et très fréquente, et ce, dans plusieurs sphères de ma vie. Je crois fermement qu'il s'agit du problème le plus important à régler si on veut avancer et améliorer la vie des personnes qui vivent avec des troubles de santé mentale.

CHAPITRE 19

La fierté : un concept novateur dans la lutte contre la stigmatisation

Auteurs : Sai Snigdha Talluri et **Patrick W. Corrigan**,
Illinois Institute of Technology (traduction de Marie-Laurence Marier)

L'autostigmatisation se produit lorsqu'une personne aux prises avec un problème de santé mentale intériorise les stéréotypes négatifs que véhicule la société au sujet de la santé mentale. La personne peut alors sentir le besoin de masquer ses difficultés pour éviter d'être perçue négativement par autrui. Outre le fait d'être conscients des stéréotypes sur les troubles mentaux, ceux qui vivent de l'autostigmatisation se montrent en accord avec les stéréotypes et, surtout, s'identifient personnellement à ces derniers (Corrigan et coll., 2009).

Les pensées suivantes sont des exemples d'autostigmatisation :

– J'ai un trouble mental; je suis donc violent et imprévisible.

– J'ai un trouble mental; je suis donc nécessairement faible.

– J'ai un trouble mental; je ne peux donc pas réussir comme les autres.

Ce ne sont cependant pas toutes les personnes aux prises avec un trouble mental qui entretiennent de telles pensées. Dans certains cas, l'autostigmatisation peut se manifester par une faible estime de soi et un faible sentiment d'efficacité personnelle. Cet effet sur l'estime de soi peut mener une personne à alimenter des pensées fatalistes comme celles qui suivent : « À quoi bon essayer? À quoi bon chercher un emploi? Je n'ai pas les compétences voulues pour occuper un emploi. À quoi bon essayer de vivre de façon indépendante? Je ne serai pas capable de gérer ma propre maison. » Ceux qui ont intériorisé de telles pensées ont de la difficulté à entretenir une image de soi positive, parce qu'ils croient qu'ils n'ont rien à offrir (Corrigan et coll., 2009). L'autostigmatisation conduit également à l'isolement, qui résulte en une diminution de l'utilisation des services de santé, un état de santé précaire et une qualité de vie moindre (Corrigan et Rao, 2012).

Pour éviter de ressentir de la honte, les personnes ont parfois tendance à composer avec l'autostigmatisation en cachant aux autres qu'elles ont un trouble mental. Plusieurs programmes visant à réduire les effets de l'autostigmatisation ont été mis sur pied. Un examen de la littérature a permis de retenir quatorze études qui ont testé différentes approches. Les approches psychoéducatives, au moyen desquelles on transmet aux personnes atteintes de l'information factuelle sur la santé mentale, sont les plus fréquentes (Mittal et coll., 2012; Alvidrez et coll., 2009). On y trouve également deux autres approches : la thérapie cognitive comportementale et la thérapie d'acceptation et d'engagement. Ces dernières permettent à l'individu, lorsqu'il observe chez lui des pratiques autostigmatisantes, de faire usage d'affirmations contraires à celles véhiculées par l'autostigmatisation (Fung et coll., 2007; Lumo et coll., 2008).

Une autre approche dans le traitement de l'autostigmatisation consiste à parler de sa propre expérience de la maladie mentale. Certains ressentent moins de honte lorsqu'ils révèlent leur vécu. La communication de cette expérience consiste non seulement à faire état des difficultés que pose le trouble mental, mais aussi à faire part d'expériences de prise de pouvoir personnel et de rétablissement. Le dévoilement est un processus complexe qui nécessite que la personne s'identifie à son trouble mental avant qu'elle dévoile son état (Corrigan, 2018). Nous nous attarderons ici à comprendre comment les gens aux prises avec un trouble mental peuvent utiliser le dévoilement comme outil pour lutter contre l'autostigmatisation.

Identité et dévoilement

Les travaux de recherche effectués auprès de différents groupes stigmatisés, comme les Afro-Américains, les personnes âgées, les femmes, les gays et les lesbiennes, ont démontré que l'identification à un groupe stigmatisé pourrait réduire le stress et favoriser l'estime de soi (Branscombe et coll., 1999; Garstka et Schmitt, 2004; Schmitt et Branscombe, 2002). Les leçons tirées des expériences de dévoilement de la communauté LGBTQ en particulier se sont avérées utiles pour comprendre et élaborer le processus de dévoilement dans l'identification au trouble mental. En effet, de multiples similarités ont été observées entre l'expérience de la stigmatisation qu'ont faite les personnes appartenant à la communauté LGBTQ et les personnes ayant un problème de santé mentale

Tout comme pour l'appartenance à la communauté LGBTQ, le trouble mental n'est pas chose facilement perceptible aux yeux du public. De même, on ne peut pas, d'un simple regard, juger de l'appartenance ou non d'un individu à la communauté LGBTQ, pas plus qu'on ne peut juger de sa santé mentale. L'orientation sexuelle n'est cependant pas toujours une catégorie distincte et clairement définie : il y a d'abord ceux qui s'identifient comme homosexuels ou hétérosexuels, d'autres qui s'identifient également comme hétérosexuels, mais qui ont déjà eu des expériences homosexuelles ou lesbiennes. Enfin, il y a ceux qui s'identifient comme bisexuels. De la même façon, la frontière entre la maladie mentale et ce qui est considéré comme « normal » n'est pas toujours claire. Éprouver des symptômes habituellement associés à un trouble mental, comme la dépression ou l'anxiété, n'est pas chose rare : à peu près tout le monde en fait l'expérience à un moment ou à un autre de sa vie. De plus, les deux groupes ont fait l'expérience d'une stigmatisation considérable en raison des préjugés que véhicule l'ensemble de la société. Rappelons qu'autrefois, l'homosexualité était considérée comme un péché et la maladie mentale était attribuable à un démon dont la personne était possédée.

Compte tenu de ces points communs, des chercheurs ont étudié les expériences de dévoilement de membres de la communauté LGBTQ dans le but de lancer un mouvement similaire au sein de la communauté en santé mentale. Corrigan et collectif (2009) ont donc réalisé une étude dans laquelle ils interrogeaient des hommes qui s'identifiaient comme gays et des femmes qui s'identifiaient comme lesbiennes dans le but de comprendre le processus de dévoilement. Les participants voyaient l'acceptation, la communauté, le bien-être et le bonheur comme des avantages au processus de dévoilement. Ils ont également identifié la honte, la conformité et la discrimination en tant que désavantages du dévoilement. Ces observations ont ensuite été soumises à une analyse quantitative du processus de révélation du trouble mental. Les recherches ont par la suite démontré que la révélation constituait un élément protecteur contre les effets de l'autostigmatisation sur la qualité de vie. Elle permettait également d'accroître un sentiment d'autonomisation personnelle et ainsi contribuer au bien-être des participants (Corrigan et coll., 2010).

Pour que la révélation soit possible, la personne doit d'abord s'identifier à un groupe. Les recherches sur l'identification à différents groupes et sur l'autostigmatisation sont complexes. Une étude a d'abord révélé une corrélation positive entre l'identification à un groupe et le sentiment d'efficacité des personnes vivant avec un trouble mental (Watson et coll., 2007). Par ailleurs, une autre étude, menée auprès d'étudiants latino-américains, a conclu que les étudiants qui s'identifiaient fortement à leur groupe d'appartenance ont rapporté se sentir dépressifs et ressentir une faible estime de soi lorsqu'ils étaient exposés à une menace stigmatisante visant l'identité de leur groupe (McKoy et Major, 2003). L'identification à un groupe semble donc être associée à une grande estime de soi, à condition que les individus s'identifient fortement à leur groupe et qu'ils le valorisent et l'estiment. À l'opposé, une faible estime de soi est associée à une forte identification à un groupe et une perception négative de ce même groupe. En somme, pour réduire l'autostigmatisation, la personne doit s'identifier positivement à son groupe, en l'occurrence un groupe constitué d'individus souffrant d'un trouble mental.

Des constatations similaires ont été vues chez des personnes avec des problèmes de santé mentale qui ont rapporté une réduction du sentiment d'espoir et de leur estime personnelle lorsqu'ils s'identifiaient à leur problème de santé mentale et acceptaient la stigmatisation qui y était associée. Or, les individus ressentaient davantage d'espoir et une meilleure estime de soi lorsqu'ils acceptaient leur problème de santé mentale, mais qu'ils en rejetaient la stigmatisation qui y est associée (Rüsch et coll., 2006, 2009). Par conséquent, il a été possible d'en conclure qu'une perception positive de l'identification à la maladie mentale engendrait de meilleurs résultats.

L'identification à un trouble mental ne relève pas d'une décision catégorique par laquelle la personne s'y identifie ou pas. En fait, les gens ne s'identifient parfois qu'à certains aspects du problème, comme les effets de la dépression ou les effets secondaires d'un médicament, sans toutefois s'identifier à d'autres aspects, comme la frustration qu'engendre l'accès restreint au système de santé mentale.

Le degré auquel les symptômes d'un trouble mental font obstacle au bon fonctionnement des individus dans leur vie quotidienne aurait tendance à changer au fil du temps et pourrait donc influer sur le degré d'identification à un trouble. De plus, si une personne a fait l'expérience récente de stigmatisations en lien avec des troubles mentaux, elle pourrait en résulter une influence sur la façon dont elle s'identifie à la santé mentale. Si une personne souffrant de schizophrénie, par exemple, tombe sur un article de journal intitulé « Les gens qui entendent des voix sont fous », il se peut que cela la dissuade de s'identifier à son trouble mental.

Fierté et identité

L'identité est source de fierté pour qui sait l'apprécier. La fierté constitue un plaisir ou une satisfaction issue des réalisations d'un individu ou lorsque ses réalisations répondent aux normes établies par sa culture. De la même façon, les gens qui vivent avec un trouble mental peuvent éprouver de la fierté lorsqu'ils surmontent les obstacles afférents à leur trouble. Les promoteurs de justice sociale encouragent maintenant les gens de différents groupes minoritaires à accueillir et chérir leur identité et leur patrimoine. Il est fréquent d'observer des groupes ethniques minoritaires chérir leur culture et honorer leurs racines, comme c'est le cas chez les Afro-Américains, les autochtones américains et les habitants des îles du Pacifique. Il peut cependant s'avérer difficile pour ceux aux prises avec un trouble mental d'accepter leur condition et d'en être fiers, surtout lorsque les symptômes associés au trouble leur causent une détresse extrême.

Devrait-on être fier de son trouble mental? Le mot fierté, par définition, comprend deux composantes : l'accomplissement et l'authenticité. Les accomplissements sont définis par des critères externes à l'individu et par ses buts personnels. Le mot accomplissement peut laisser sous-entendre que les gens qui vivent avec un trouble mental doivent être exempts de symptômes pendant un certain temps avant de pouvoir affirmer leur réussite. Ce n'est toutefois pas nécessairement vrai. L'accomplissement, dans ce cas-ci, implique que l'individu ressente à nouveau de l'espoir et qu'il satisfasse à ses buts personnels. À titre d'exemple, les personnes avec un trouble bipolaire peuvent lutter contre l'euphorie et la désinhibition sans que l'équilibre de leur vie en soit pour autant menacé. Cela peut, en soi, être vu comme un accomplissement. Un sentiment de pouvoir et d'autodétermination, outre les symptômes et les déficiences associées à la maladie mentale, favorise l'intégration d'un sentiment d'estime et de confiance en soi à la conceptualisation d'une identité dont une personne puisse être fière.

L'authenticité constitue un second aspect de la fierté de son identité. Elle implique davantage que le simple fait d'accepter qui l'on est. En fait, elle implique également que l'on soit satisfait de son identité. L'authenticité répond donc à la question « Qui suis-je? » et implique la reconnaissance des diverses facettes internes de la personne devant faire face à un monde souvent imposant.

Programme Honest Open Proud et système de santé publique

Mis au point par Corrigan et collectif en 2017, le programme Honest Open Proud (HOP : honnête, ouvert, fier) a pour but de venir en aide à ceux qui vivent avec un trouble mental et qui souhaitent parler de leur expérience. HOP a été mis sur pied pour aider les gens à identifier leurs croyances autostigmatisantes et à lutter contre elles tout en transmettant un message d'espoir, de réussite et de fierté que leur procure leur identité.

HOP est un programme de groupe de quatre sessions généralement mené par des gens ayant déjà souffert d'un trouble mental. Les principaux objectifs du programme sont de permettre aux participants 1) de peser le pour et le contre du dévoilement de leur trouble mental; 2) d'apprendre à parler de leur expérience de façon relativement sécuritaire; et 3) de préparer un discours qui permette l'atteinte des objectifs fixés par le dévoilement. Un mois plus tard, une session finale est tenue afin de permettre aux participants de réfléchir à leurs expériences de dévoilement (si dévoilement il y a eu), de revoir leur liste de points positifs et négatifs et de repenser leur discours de dévoilement. Nous décrivons ci-après les mécanismes de HOP et comment ils contribuent à réduire l'autostigmatisation et à promouvoir l'autonomisation.

Avantages et désavantages du dévoilement

Dévoiler son trouble mental comporte aussi bien des avantages que des désavantages. Il est important de les évaluer sérieusement avant qu'une décision ne soit prise. Les désavantages correspondent aux raisons pour lesquelles un individu choisirait de ne pas divulguer son expérience avec la maladie mentale et les avantages sont les raisons pour lesquelles le dévoilement s'avérerait utile. Les avantages et les désavantages peuvent différer selon le contexte, c'est-à-dire qu'ils ne seront pas nécessairement les mêmes si l'on se trouve, par exemple, au travail ou si l'on se trouve dans un établissement religieux, comme une église.

Les avantages du dévoilement

Lorsque les gens racontent leur expérience avec un problème de santé mentale, leurs pairs et leurs familles peuvent devenir une source de soutien. Le dévoilement peut les aider à parler plus ouvertement de leur vie quotidienne. En voici un exemple : « Avant, je craignais que mes collègues n'apprennent que je quittais le bureau plus tôt pour voir mon psychiatre. Aujourd'hui, je ne m'en fais plus. Je peux désormais me plaindre ouvertement du temps d'attente avant de voir le docteur, tout comme on se plaint de l'attente lors d'une visite chez le dentiste. »

Ces gens pourraient nouer des liens avec ceux ayant une expérience comparable à la leur. Dévoiler son problème de santé mentale peut être la première étape pour trouver un réseau de soutien auprès des membres de la famille, d'amis et de collègues qui ont un vécu semblable. Les groupes de soutien constituent des espaces sécuritaires où parler de ses expériences et luttes quotidiennes avec un trouble mental. En d'autres termes, le dévoilement peut mener à l'approbation et au soutien des autres. Par exemple : « Je ne savais pas que tu souffrais d'anxiété. Merci de m'en parler. »

Ceux qui révèlent à d'autres leur trouble mental peuvent en venir à se rendre compte qu'ils n'ont plus besoin de se cacher et de vivre dans le secret. Cacher leur trouble mental peut nourrir en eux des sentiments de honte ou de culpabilité. Au contraire, lorsqu'ils font part à d'autres de leur expérience, ils entretiennent un sentiment de pouvoir, lequel peut éliminer celui de honte ou de culpabilité.

Ce sentiment d'avoir du pouvoir sur sa vie constitue une avancée importante dans l'éradication de la stigmatisation. Le dévoilement remet directement en question plusieurs des stéréotypes négatifs que peuvent avoir les individus à l'égard des problèmes de santé mentale.

Étant donné que de nombreuses personnes doivent faire face, un jour ou l'autre, à un obstacle que pose leur trouble mental, dévoiler ce trouble peut vraisemblablement leur permettre de nouer des liens avec d'autres personnes dont l'aide pourrait éventuellement s'avérer utile. Voici un exemple : « Marie m'a confié se sentir parfois anxieuse, elle aussi. Cela m'a beaucoup aidée. La dernière fois que je me suis sentie anxieuse au travail, je suis allée voir Marie à son bureau et nous avons parlé. Elle a les bons mots pour m'aider à passer à travers cette journée. »

Les désavantages du dévoilement

Bien que le dévoilement comporte plusieurs avantages, il comporte également des inconvénients. Ces inconvénients doivent être soigneusement soupesés afin que la personne ne soit pas blessée par la suite. L'une des raisons pour lesquelles certains choisissent de ne pas lever le voile sur leur trouble mental est qu'ils craignent les réactions de leur entourage. Ceux qui entretiennent des stéréotypes négatifs sur les personnes aux prises avec un problème de santé mentale pourraient les exclure sur les plans professionnels, scolaires ou en matière de logement. Cela vaut également pour la famille. En voici un exemple : « Je ne voulais pas que tout le monde sache que tu as été hospitalisé. Maintenant, mes collègues se moquent de moi et de mon fils "psychopathe". »

Dévoiler son trouble mental peut aussi donner lieu à de la discrimination. Un superviseur pourrait vous tenir à l'écart d'un projet parce qu'il est hostile. Par exemple : « Je ne veux pas de cette femme détraquée dans mon équipe. » Ceux qui révèlent leur trouble peuvent également être préoccupés par ce que les autres pensent de leur dévoilement ou à l'idée qu'on ait pitié d'eux en découvrant leur problème : « C'était tel que je préférais garder mon histoire secrète. J'en ai parlé à deux des gars au café du coin et ils avaient une attitude condescendante. Ne t'en fais pas, mon cher, m'a dit l'un. Ne travaille pas trop fort, mec, m'a dit l'autre. J'aurais préféré qu'ils me méprisent. »

En outre, le dévoilement peut causer la mise à l'écart des personnes lors d'activités sociales avec des amis, des voisins ou d'autres membres de la collectivité. L'information a tendance à se propager rapidement dans les petites villes et les régions rurales. Ces communautés comptent généralement un petit réseau dont les membres entretiennent entre eux des relations de longue date. Par conséquent, une nouvelle information qui circule au sujet d'une personne a tendance à avoir un effet considérable sur le réseau et à être rapidement propagée. Raconter son histoire dans une grande ville aura un effet plus limité que si on le fait dans une petite ville. La personne doit tenir compte de la façon dont l'information sera propagée lorsqu'elle décide de dévoiler son problème de santé mentale. Un effet semblable est observable au sein de grandes entreprises par comparaison aux petites entreprises.

Le pour et le contre du dévoilement

Les avantages et désavantages du dévoilement semblent varier selon le contexte dans lequel il se produit. Parler de son problème de santé mentale au travail peut favoriser de meilleures relations interpersonnelles et modifier les attentes à l'égard de la personne touchée. Cela peut également permettre à cette dernière d'obtenir l'autorisation de se rendre à ses rendez-vous médicaux en lien avec sa santé mentale.

Le dévoilement au travail peut cependant engendrer de la discrimination et de la désapprobation. Un employeur pourrait, par exemple, juger qu'un employé ne peut être promu parce qu'il a un problème de santé mentale. De même, parler de son expérience à l'école ou au collège ne sera pas reçu de la même façon que si l'on s'adresse à un membre de la famille ou à un ami. Le dévoilement ne se fait presque jamais de façon isolée et peut avoir des conséquences sur les amis, les membres de la famille et les collègues de travail.

Le fait que les avantages et inconvénients soient tantôt immédiats, tantôt tardifs, constitue un autre aspect à prendre en compte. Il peut s'avérer utile de reconnaître les avantages à court terme (« Mes collègues pourraient peut-être m'aider à faire face au patron s'ils étaient au courant de mon problème de santé mentale ») de même que les désavantages à court terme (« Si j'en parle au patron, je crains qu'il ne m'écarte du nouveau projet ») comparativement aux avantages à long terme (« Si j'en parle à mon patron, peut-être sera-t-il en mesure de m'accommoder au travail ») et aux désavantages à long terme (« Si je parle de mon anxiété au patron, il pourrait me refuser cette promotion »).

Les gens ont généralement tendance à être davantage influencés par les avantages et les inconvénients à court terme, parce qu'ils se produisent plus rapidement. Ceux à long terme comportent toutefois des retombées plus importantes pour l'avenir et devraient également être pris en compte.

Peser le pour et le contre pour prendre une décision n'est pas un exercice facile. Manifestement, certains avantages ou inconvénients pèseront davantage que d'autres dans la prise de décision. Il est rare de prendre une décision en ne tenant compte que de ce qui est bon pour soi. Il importe d'examiner les conséquences que cette décision pourra avoir sur les autres tout en s'assurant de minimiser le tort qu'il risque de causer à la personne elle-même, tout en maximisant les avantages. La personne peut trouver difficile de prendre une décision par elle-même quant à son dévoilement. Certains veulent alors obtenir l'avis des membres de la famille, d'un thérapeute ou d'amis.

Dresser la liste des pour et des contre qu'il y a à parler ouvertement de sa santé mentale constitue une approche utile. En procédant à cet inventaire, il faut éviter d'ignorer quelque avantage ou désavantage que ce soit, aussi minimes soient-ils. Il peut également s'avérer utile d'en sélectionner un ou deux qui sont particulièrement importants ou préoccupants pour la personne.

Après avoir pesé le pour et le contre, les gens devraient définir l'objectif que le dévoilement leur permet d'atteindre. À quoi s'attend-on après le dévoilement? Ceux qui décident de dévoiler leur trouble mental ont des attentes et des souhaits quant à l'effet de leur décision. Ils peuvent vouloir obtenir un soutien des autres, des mesures accommodantes au travail ou à l'école, ou simplement se libérer du lourd poids de leur « secret ». Il n'existe pas de bon ou de mauvais objectif, mais parler des attentes avec les pairs, les amis ou les membres de la famille constitue un avantage. Même après avoir évalué les avantages et inconvénients et tenu compte de leurs attentes, certains pourraient être incapables de décider s'ils dévoilent ou non leur trouble mental et pourraient, par conséquent, reporter leur décision. Une fois que la décision est prise, différentes approches doivent être examinées.

Les approches du dévoilement

Il existe plusieurs sortes de dévoilement, tout comme il existe différentes façons de lever ou non le voile sur son problème de santé mentale. La recherche résumée dans le programme HOP décrit le dévoilement selon cinq approches (Herman, 1993). Le tableau qui suit en dresse un résumé. Chaque approche du dévoilement comporte ses propres avantages et inconvénients.

Tableau 1. Cinq façons de dévoiler son trouble mental
1. L'évitement : ne rien révéler à qui que ce soit sur son trouble mental et éviter les situations où l'on pourrait le découvrir.
2. Le non-dévoilement : l'expérience de la personne avec un trouble mental demeure confidentielle.
3. Le dévoilement sélectif : dévoiler ses problèmes de santé mentale à un nombre restreint de gens comme des amis, de la famille ou des collègues de travail.
4. Le dévoilement systématique : décider de ne pas dissimuler activement son expérience en lien avec sa santé mentale.
5. Le dévoilement public : aller à la rencontre des gens et les informer sur la santé mentale en faisant part de son expérience en ondes ou en ligne.

L'évitement, qui consiste à taire son problème de santé mentale et à éviter volontairement les situations où il pourrait être découvert, constitue la première façon d'aborder la question. Cela signifie que les individus qui ont un problème de santé mentale et qui adoptent cette pratique ne tissent des liens qu'avec ceux qui ont vécu des expériences semblables à la leur. Ils pourraient, par exemple, choisir de vivre uniquement au sein d'une communauté thérapeutique, de travailler dans un milieu encadré ou de n'entretenir des relations qu'au sein d'une amicale réservée exclusivement aux gens avec une maladie mentale. L'évitement ne s'avère cependant pas toujours utile, car il nourrit l'idée que les gens ayant un trouble mental sont différents et qu'ils doivent être tenus à l'écart du reste de la société.

L'évitement complet du monde extérieur limite l'accès à un vaste éventail d'occasions et de systèmes de soutien. Une approche plus modérée pourrait être d'éviter les contacts avec les gens qui approuvent les stéréotypes à propos de ceux qui ont un trouble mental. Parmi ceux qui adhèrent à ces stéréotypes se trouvent des gens irréfléchis qui adoptent un ton intimidant et un humour grossier pour décrire les personnes aux prises avec un problème de santé mentale. « Les fous ne devraient pas vivre en société » déclarent-ils, ou « Méchant malade mental ». Il y a aussi ceux qui mènent des campagnes de peur et qui soutiennent que les problèmes de la société sont attribuables aux gens qui ont un trouble mental. Ils sont d'avis que les crimes sont perpétrés par des individus qui ont une maladie mentale et qui devraient, par conséquent, être mis derrière les barreaux. Enfin, il y a ceux qui refusent de donner une chance aux personnes avec un trouble mental. « Je refuse de travailler avec un fou », disent-ils. L'approche de l'évitement exige que la personne demeure vigilante à l'égard de ceux qui se montrent intolérants.

La seconde approche du dévoilement implique que les expériences de ceux qui ont un problème de santé mentale demeurent confidentielles. On ne peut pas deviner qu'une personne a un problème de santé mentale simplement en la regardant. Plutôt que de fuir les gens et les situations, la personne peut choisir de ne rien divulguer sur son état et de préserver ainsi son secret. Cela signifie qu'elle doit faire montre de vigilance dans ses propos et préparer des réponses aux questions qu'on pourrait lui poser.

Voici l'histoire de Lisa, relevée de ses fonctions dans l'armée où elle occupait un poste au sein des opérations informatiques, et qui a dû être hospitalisée à maintes reprises pendant plusieurs années. Lorsqu'en entrevue pour un emploi on la questionnait sur ses activités au cours de ces années, elle évoquait en toute honnêteté les cours qu'elle avait suivis tout en omettant de mentionner que son parcours était parsemé d'épisodes d'hospitalisation. Ces épisodes peuvent marquer des interruptions d'emplois ou des périodes d'inactivités plus ou moins importantes. Aussi importe-t-il de rediriger l'attention sur des renseignements qui ne génèrent pas de stigmatisation de la part de ses interlocuteurs.

La troisième approche est celle du dévoilement sélectif, la personne choisissant à qui elle parlera de sa santé mentale, par exemple à un seul de ses collègues ou encore à son voisin, et peut alors obtenir du soutien de ces derniers. Ceux qui procèdent au dévoilement peuvent alors se sentir soulagés du fait qu'ils n'ont plus à se soucier de surveiller leurs paroles en présence de ceux à qui ils se sont confiés. Cela signifie cependant que leur problème de santé mentale demeure inconnu de nombreuses personnes et qu'ils doivent continuer de vivre dans le secret, auquel cas ils peuvent éprouver de la honte.

L'approche suivante est celle du dévoilement systématique. Ceux qui choisissent cette approche décident de ne plus cacher leur trouble mental. Il ne s'agit pas toutefois de crier son diagnostic sur les toits, mais plutôt de ne plus porter le fardeau du secret. Les personnes n'informent pas tout un chacun de leur santé mentale, mais il leur est égal qu'on puisse la découvrir. Le dévoilement systématique signifie essentiellement que l'individu est ouvert à parler de sa santé mentale, mais seulement lorsque l'occasion se présente de façon naturelle ou que le moment est opportun. Choisir cette approche sous-entend une modification de l'opinion qu'a la personne de son trouble mental, car il lui faut alors accepter que sa maladie mentale fasse partie de sa vie et de son identité. Le dévoilement systématique signifie également que la personne peut être appelée à faire face à la désapprobation d'autrui en cas de réactions négatives.

La cinquième et dernière approche est celle du dévoilement public, qui repose sur la recherche active de gens avec qui il est possible de parler de son expérience en santé mentale. Ce type de dévoilement a pour but d'informer le public sur la santé mentale. Cette approche favorise un sentiment de pouvoir sur sa santé mentale et sur la stigmatisation. Tout comme le dévoilement systématique, le dévoilement public peut donner lieu à des réactions hostiles. La personne doit s'assurer d'être adéquatement préparée pour recevoir de telles réactions.

Chaque approche du dévoilement comporte ses propres avantages et inconvénients, lesquels devraient être pris en compte avec soin. Après avoir choisi le type d'approche qui lui convient, la personne doit choisir la façon dont elle procédera au dévoilement : conversation en tête-à-tête, dévoilement devant un groupe en ligne ou au cours d'un événement ayant pour but l'échange d'histoires d'individus ayant un parcours semblable, ou encore par téléphone ou par visioconférence, par lettre ou par courriel.

Tester la réceptivité au dévoilement

Le programme HOP propose une façon de tester la réceptivité d'un interlocuteur à un dévoilement possible. La personne doit d'abord retenir un article de journal ou de magazine ou encore une émission télévisée ou un film qui traite de la maladie mentale pour ensuite en parler par exemple avec un ami. L'idée consiste à parler de quelque chose d'anodin plutôt que d'une histoire dramatique comme une fusillade, qui pourrait provoquer de fortes réactions stigmatisantes. Si la personne demande à son ami, par exemple, « As-tu vu le film *Le bon côté des choses*, avec Bradley Cooper et Jennifer Lawrence? » et que l'ami lui répond : « Je trouve que les personnages de ce film dressent un portrait juste de la maladie mentale », cela peut indiquer qu'il est prêt à écouter.

Préparer son récit

Le dévoilement ne signifie pas qu'il faille tout révéler. Avant de dévoiler son problème de santé mentale, la personne doit décider de l'information à révéler. Pour ce faire, elle doit garder en tête l'objectif du dévoilement. Le but n'est pas de se confesser, mais plutôt d'informer les gens en leur faisant part de son expérience de vie avec un trouble mental. Ce ne sont pas toutes les expériences liées à sa santé mentale qui doivent être divulguées. Les personnes ne devraient révéler que les aspects avec lesquels ils sont à l'aise et éviter d'aborder ceux susceptibles de les incommoder ou de créer un malaise. Elles ne devraient pas se sentir obligées d'aborder quelque aspect que ce soit de leur expérience.

Cela dit, plusieurs éléments contribuent à rendre le dévoilement efficace. D'abord, ce dernier doit reposer sur des expériences et des impressions personnelles. L'utilisation d'exemples particuliers qui illustrent la manière dont la personne a été affectée par un trouble mental peut permettre à l'interlocuteur de s'imaginer cette expérience : « Je devenais si déprimé que je restais au lit pendant deux journées entières » ou « Je devenais si anxieux que j'étais incapable de me concentrer sur mon travail ».

La personne devrait en outre éviter de dresser un portrait de la situation qui soit trop positif ou trop négatif. Parler de son expérience d'une façon qui la banalise (« La maladie mentale, ce n'est pas si mal, j'y ai facilement survécu ») pourrait donner l'impression qu'un problème de santé mentale ne comporte aucun défi ou même qu'il n'est pas « réel ». À l'inverse, parler de sa santé mentale de façon trop négative (« Être à l'hôpital, c'est comme être en prison ») pourrait nuire à sa crédibilité.

De plus, les gens devraient dresser la liste de leurs réussites et de leurs accomplissements. Ces réussites et accomplissements ne sont pas nécessairement l'obtention d'un diplôme, d'un emploi à temps plein ou d'une maison spacieuse. Chacun poursuit des buts différents, selon le point de vue où il se situe à différents moments de sa vie. Dresser la liste de ses réussites et de ses accomplissements nourrit un sentiment de fierté chez l'individu et vient contredire le mythe selon lequel les troubles mentaux sont insurmontables. Le message véhiculé par le dévoilement d'un trouble mental est que les gens qui en sont atteints sont capables, au même titre que les autres, d'atteindre les buts qu'ils se fixent.

Enfin, le dévoilement devrait inclure la façon dont la stigmatisation a constitué un obstacle à l'atteinte de ses buts. Une fois son récit construit, la personne peut se pratiquer à le raconter à un ami ou un membre de la famille et demander ensuite ses commentaires. Cette pratique constitue une étape importante dans la mise au point de sa stratégie de dévoilement.

Composer avec les réactions au dévoilement

Les réactions au dévoilement peuvent être catégorisées selon qu'elles sont positives ou négatives. Les réactions positives peuvent se traduire par le désir d'un interlocuteur de se montrer compatissant : « Ce doit être difficile de vivre avec ton problème de santé mentale. » Il peut offrir un soutien personnel : « Je suis là pour toi si tu as besoin de parler. » Enfin, il peut aussi offrir son aide : « Dis-moi comment je peux t'aider. »

Les réactions négatives, qui peuvent être douloureuses, incluent pour leur part le manque de respect, la banalisation ou le commérage. « Ce n'est pas grave. Ce n'est pas comme si tu perdais ton emploi ou quelque chose du genre », « Je ne suis pas certain que tu puisses gérer ce projet » ou « Tu es au courant pour Étienne? Il est à l'hôpital psychiatrique ». Ces réactions négatives ne signifient toutefois pas nécessairement que l'interlocuteur pose un jugement sur la personne à cause de son trouble mental.

Cela pourrait tout simplement vouloir dire que le dévoilement éveille en lui des émotions contradictoires et qu'il ne sait pas comment répondre. Il pourrait être offusqué par le dévoilement, se sentir coupable de ne pas avoir offert son aide plus tôt ou être en colère parce qu'il n'était pas au courant du problème. Il pourrait aussi se sentir accablé par le dévoilement parce qu'il sent qu'il doit avoir la « bonne » réaction ou qu'il doit agir sur-le-champ.

Suivi

Comment évaluer le processus de dévoilement lorsqu'une personne avec un problème de santé mentale s'y prête? Indiquer à qui s'adressait le dévoilement, quand la conversation a eu lieu et quelle a été la réaction de l'interlocuteur peut permettre de cerner les éléments efficaces du dévoilement ainsi que ceux qui ne le sont pas. Cela permet à ceux qui dévoilent leur problème de santé mentale de revoir leur stratégie en vue d'une prochaine expérience de dévoilement. Il peut être utile de prendre des notes sur leur ton de voix et leur langage corporel, surtout si ce dernier ne correspond pas à leur discours. Par ailleurs, on doit tenir compte des objectifs que visait le dévoilement et de ce qui a été dit au cours du processus. Enfin, la personne doit évaluer son degré de satisfaction après avoir dévoilé son trouble et juger du degré de positivité de l'échange. Cela lui permettra de statuer sur le succès de son dévoilement et s'il vaut la peine de répéter l'exercice à une autre occasion.

Si l'expérience n'est pas un succès, la personne devrait peser à nouveau le pour et le contre du dévoilement pour mieux distinguer ce qui fonctionne de ce qui ne fonctionne pas. Elle aura peut-être à ajouter des éléments à son récit ou en soustraire certains pour ensuite le réécrire. Elle devra alors se pratiquer à communiquer cette nouvelle version de son récit afin de juger de la qualité de l'expérience.

La recherche sur HOP

Plusieurs essais cliniques comparatifs et randomisés (ECR) ont révélé les effets bénéfiques du programme HOP sur les personnes aux prises avec un trouble mental parmi différents groupes d'âge. On a conclu que HOP permettait d'améliorer le stress associé à la stigmatisation, l'autostigmatisation, la recherche d'aide, les intentions de dévoilement et la dépression chez les jeunes adultes et les étudiants universitaires (Mulfinger et coll., 2018; Conley et coll., 2020). Chez les adultes qui ont signalé avoir un trouble mental, HOP a permis de réduire significativement l'effet des messages stigmatisants qu'ils entretenaient à leur propre sujet, les préjugés autostigmatisants ainsi que le stress que peut causer la stigmatisation (Corrigan et coll., 2015).

Un autre ECR a été réalisé à Zurich auprès d'adultes ayant des troubles mentaux qui ont reçu aléatoirement l'aide de HOP ou les soins habituels. Les résultats obtenus ont démontré que les participants au groupe HOP ont montré une réduction significative du stress dû à la stigmatisation et moins de détresse à l'idée de dévoiler leurs problèmes, percevaient davantage de bienfaits au dévoilement et sentaient moins le besoin de garder leur identité secrète, comparativement au groupe de contrôle (Rüsch et coll., 2014).

Les effets de HOP ont également été analysés chez des individus qui avaient fait des tentatives de suicide. L'ECR a démontré que les participants qui avaient bénéficié de HOP-suicide faisaient preuve d'une réduction de l'autostigmatisation et de la dépression, ainsi que d'une augmentation de l'estime de soi (Sheehan et coll., 2019).

Conclusion

L'intériorisation des stéréotypes relatifs aux troubles mentaux n'est pas une conséquence obligatoire de la stigmatisation. De nombreuses personnes reconnaissent que la stigmatisation est injuste et s'efforcent de l'éradiquer. D'autres appliquent les stéréotypes à elles-mêmes et en subissent les conséquences négatives. Ces personnes pourraient bénéficier d'un programme comme HOP pour apprendre à surmonter leur propre autostigmatisation.

Le programme Honest Open Proud vise à renforcer le pouvoir d'agir et le sentiment de fierté d'une personne. Ceux qui sont fiers de leur identité de personnes avec problèmes de santé mentale ne sont pas victimes d'autostigmatisation. La fierté implique également une approche positive face à sa vie et à ses réalisations. Les personnes qui ont ce pouvoir d'agir choisissent de se concentrer sur leurs innombrables attributs positifs plutôt que sur leurs défauts. Elles ont tendance à croire qu'elles ont leur importance en ce monde et ont confiance en leur capacité à réussir malgré leurs difficultés. Ce type de perspective aide les gens à développer un sentiment de contrôle sur leur vie. Plutôt que d'être victimes de leurs problèmes de santé mentale, elles sont capables de travailler à l'atteinte d'objectifs personnels significatifs et reconnaissent que l'identité d'une personne comprend divers rôles et objectifs qui, tous ensemble, composent la vie.

Références

ALVIDREZ, J., SNOWDEN, L. R., RAO, S. M., BOCCELLARI, A. « Psychoeducation to address stigma in black adults referred for mental health treatment : a randomized pilot study », *Community Mental Health Journal*, 2009, 45 (2), 127-136.

BRANSCOMBE, N. R., SCHMITT, M. T., HARVEY, R. D. « Perceiving pervasive discrimination among African Americans : implications for group identification and well-being », *Journal of Personality and Social Psychology*, 1999, *77* (1), 135.

CONLEY, C. S., HUNDERT, C. G., CHARLES, J. L., HUGUENEL, B. M., AL-KHOUJA, M., QIN, S., CORRIGAN, P. W. « Honest, open, proud – college : effectiveness of a peer-led small-group intervention for reducing the stigma of mental illness », *Stigma and Health*, 2020, 5 (2), 168.

CORRIGAN, P. W. *The stigma effect : unintended consequences of mental health campaigns,* Columbia University Press, 2018.

CORRIGAN, P. W., RAO, D. « On the self-stigma of mental illness : stages, disclosure, and strategies for change », *The Canadian Journal of Psychiatry*, 2012, 57 (8), 464-469.

CORRIGAN, P. W., LARSON, J. E., RÜSCH, N. « Self-stigma and the "why try" effect : impact on life goals and evidence-based practices », *World psychiatry*, 2009, 8 (2), 75.

CORRIGAN, P. W., LARSON, J. E., MICHAELS, P. J., BUCHHOLZ, B. A., DEL ROSSI, R., FONTECCHIO, M. J., RÜSCH, N. « Diminishing the self-stigma of mental illness by coming out proud », *Psychiatry Research*, 2015, 229 (1-2), 148-154.

CORRIGAN, P. W., MORRIS, S., LARSON, J., RAFACZ, J., WASSEL, A., MICHAELS, P., RÜSCH, N. « Self-stigma and coming out about one's mental illness », *Journal of Community Psychology*, 2010, 38 (3), 259-275.

FUNG, K. M., TSANG, H. W., CHEUNG, W. M. « Randomized controlled trial of the self-stigma reduction program among individuals with schizophrenia », *Psychiatry Research*, 2011, 189 (2), 208-214.

GARSTKA, T. A., SCHMITT, M. T., BRANSCOMBE, N. R., HUMMERT, M. L. « How young and older adults differ in their responses to perceived age discrimination », *Psychology and aging,* 2004, 19 (2), 326.

LUOMA, J. B., KOHLENBERG, B. S., HAYES, S. C., BUNTING, K., RYE, A. K. « Reducing self-stigma in substance abuse through acceptance and commitment therapy : model, manual development, and pilot outcomes », *Addiction Research and Theory*, 2008, 16 (2), 149-165.

MCCOY, S. K., MAJOR, B. « Group identification moderates emotional responses to perceived prejudice », *Personality and Social Psychology Bulletin*, 2003, 29 (8), 1005-1017.

MITTAL, D., SULLIVAN, G., CHEKURI, L., ALLEE, E., CORRIGAN, P. W. « Empirical studies of self-stigma reduction strategies : a critical review of the literature », *Psychiatric Services*, 2012, 63 (10), 974-981.

MULFINGER, N., MÜLLER, S., BÖGE, I., SAKAR, V., CORRIGAN, P. W., EVANS-LACKO, S., RÜSCH, N. « Honest, Open, Proud for adolescents with mental illness : pilot randomized controlled trial », *Journal of Child Psychology and Psychiatry*, 2018, 59 (6), 684-691.

RÜSCH, N., ABBRUZZESE, E., HAGEDORN, E., HARTENHAUER, D., KAUFMANN, I., CURSCHELLAS, J., CORRIGAN, P. W. « Efficacy of coming out proud to reduce stigma's impact among people with mental illness : pilot randomised controlled trial », *The British Journal Of Psychiatry*, 2014, 204 (5), 391-397.

RÜSCH, N., CORRIGAN, P. W., WASSEL, A., MICHAELS, P., OLSCHEWSKI, M., WILKNISS, S., BATIA, K. « In group perception and responses to stigma among persons with mental illness », *Acta Psychiatrica Scandinavica*, 2009, 120 (4), 320-328.

RÜSCH, N., LIEB, K., BOHUS, M., CORRIGAN, P. W. « Self-stigma, empowerment, and perceived legitimacy of discrimination among women with mental illness », *Psychiatric Services*, 2006, 57 (3), 399-402.

SCHMITT, M. T., BRANSCOMBE, N. R., KOBRYNOWICZ, D., OWEN, S. « Perceiving discrimination against one's gender group has different implications for well-being in women and men », *Personality and Social Psychology Bulletin*, 2002, 28 (2), 197-210.

SHEEHAN L., OEXLE, N., BUSHMAN, M., GLOVER, L., LEWY S., ARMAS, S. A., QIN, S. MATHRE, M. « To share or not to share? Evaluation of a strategic disclosure program for suicide attempt survivors » (sous presse).

WATSON, A. C., CORRIGAN, P., LARSON, J. E., SELLS, M. « Self-stigma in people with mental illness », *Schizophrenia Bulletin*, 2007, 33 (6), 1312-1318.

Postface

Auteur : Nicolas Franck, psychiatre,
Centre hospitalier Le Vinatier et Université Claude-Bernard Lyon 1

Quel livre! Quelle belle leçon d'humanité au fil de ses pages! Comment penser que la moindre représentation stigmatisante puisse encore persister après une lecture aussi positive? Bravo à Luc Vigneault et à Tania Lecomte qui nous ont guidés dans ce parcours plein d'espoir et nous ont montré le monde pas seulement tel qu'il devrait être, mais tel qu'il est, espérons-le, en train de devenir. Depuis le début de l'histoire de l'humanité, la stigmatisation a été à l'origine d'un désavantage social pour de très nombreuses personnes qualifiées successivement de folles, de maniaques, de marginales, d'insensées, d'aliénées, de malades mentales ou de schizophrènes.

Si elle persiste de manière pas si insidieuse que cela et n'en reste pas moins révoltante, la stigmatisation des troubles mentaux est actuellement moins manifeste, car la désinstitutionalisation à l'œuvre depuis quelques décennies, après de longs siècles marqués plutôt par l'exclusion et l'enfermement, paraît assez solidement acquise. L'exclusion a été particulièrement flagrante avant que les personnes touchées par ces troubles réussissent à prendre une place tangible au sein de la société. Heureusement, la nature des soins dispensés en psychiatrie a évolué : elle s'est défaite d'hospitalisations prolongées et délétères au profit de suivis cliniques majoritairement ambulatoires, respectueux des souhaits des personnes et construits à leur profit. Lorsque cette mutation a été à l'œuvre, il a fallu conjointement intégrer dans la société ceux qui auraient été auparavant institutionnalisés et pour ce faire lutter contre leur discrimination.

Il ne s'est pas agi d'un combat ayant pour seuls desseins la défense de valeurs et le développement d'une société plus inclusive. Les principaux enjeux ont été très concrets. En effet, selon les résultats de l'étude internationale sur la discrimination et la stigmatisation, coordonnée par le King's College de Londres et publiée en 2009, la stigmatisation entrave l'accès aux soins, réduit l'estime de soi, freine l'accès au logement, à l'emploi et aux loisirs et nuit aux relations intimes et amicales [1]. Ces difficultés sont favorisées par l'appropriation de stéréotypes sociaux conduisant à une autostigmatisation.

De manière générale, la stigmatisation publique et l'autostigmatisation sont deux dimensions complémentaires et intriquées de la stigmatisation.

La stigmatisation publique repose sur des stéréotypes. Ces derniers se construisent progressivement autour de croyances négatives portant sur une minorité, à l'origine de manifestations de craintes, de peurs et de rejet. Ces préjugés négatifs sont largement présents dans la société. Ils génèrent un sentiment de discrimination chez les personnes concernées et touchant nombre d'aspects de leur existence, y compris les interactions avec les professionnels de la santé.

L'autostigmatisation consiste en une représentation négative de soi-même et de ses capacités, entravant toute initiative par conviction qu'elle est vouée à l'échec. Elle est associée à une altération de l'identité sociale préexistante. Jusque-là définie par certains rôles sociaux – occuper telle fonction professionnelle, être le fils, le frère, la sœur, l'ami, l'employé, le partenaire ou le parent de quelqu'un – celle-ci évolue vers une vision dévalorisée de soi-même et une identité définie par la maladie. L'autostigmatisation compromet de manière notable l'avenir du tiers environ des personnes ayant des troubles mentaux sévères [2]. Ses conséquences négatives portent aussi bien sur les aspects subjectifs qu'objectifs du rétablissement.

Réduire la stigmatisation publique exige une modification des politiques de santé et des actions sociétales [3] pour agir sur les représentations du grand public, en intervenant par exemple dans le cadre scolaire ou professionnel, mais aussi sur celles des professionnels de la santé à travers la généralisation des pratiques axées sur le rétablissement.

Pour être efficace, il faut :

- Informer largement pour donner une chance à la population de prendre conscience de la problématique et de se sentir concernée par la question;
- Favoriser l'émergence des questions de santé mentale dans le débat public;

– Impliquer des personnes touchées par des troubles de santé mentale et s'appuyer sur la légitimité de leur vécu et de leur discours;

– Rendre crédible la notion de rétablissement en s'appuyant sur des parcours individuels ou des études de cohorte;

– Adapter la communication au public cible.

Améliorer le regard que la société porte sur les troubles mentaux et lutter contre les discriminations (inégalité de traitement et d'accès aux services de droit commun, privation de certaines libertés) ne suffit pas. Il faut aussi réduire l'autostigmatisation pour améliorer les trajectoires de rétablissement des personnes. Cet objectif implique de viser directement cette dimension de la stigmatisation, mais d'agir également sur la stigmatisation publique. Certains programmes thérapeutiques ciblent directement l'autostigmatisation. Ils s'appuient généralement sur les thérapies narratives, sur la psychoéducation et sur les thérapies cognitives comportementales.

La lutte contre la stigmatisation des troubles mentaux est un combat de tous les instants dont on ne peut entrevoir l'issue définitive. Elle est essentielle, non seulement pour les personnes qui en sont victimes, mais aussi pour la société qui s'y consacre et renforce ainsi sa dignité. Puisse ce livre y contribuer largement.

Références

[1] THORNICROFT, G., BROHAN, E., ROSE, D. « Global pattern of experienced and anticipated discrimination against people with schizophrenia : a cross-sectional survey », *Lancet*, 2009, 373, 408-415.

[2] DUBREUCQ, J., PLASSE, J., FRANCK, N. « Self-stigma in serious mental illness : a systematic review of frequency, correlates, and consequences », *Schizophrenia Bulletin*, 2021, 47, 1261-1287.

[3] LOUBIÈRES, C., CARIA, A., ARFEUILLÈRE, S. « Prendre la parole pour déconstruire les idées reçues sur les troubles psychiques », *L'Information psychiatrique*, 2018, 94, 809-816.

Pour joindre les auteurs

Luc Vigneault
luc@lucvigneault.com
www.lucvigneault.com

Tania Lecomte
tania.lecomte@umontreal.ca
www.lespoir.ca

Organismes qui ont contribué à ce livre

En France

Psycom, une ressource publique nationale, pour que la santé mentale devienne l'affaire de tous : www.psycom.org

UNAFAM, Union nationale de familles et amis de personnes malades et/ou handicapées psychiques : www.unafam.org

---

Au Québec

Association Vox-Québec, une association québécoise composée exclusivement de personnes qui vivent ou qui ont vécu avec un problème de santé mentale : www.associationvoxquebec.ca

Je suis une PERSONNE *pas une* MALADIE!

La maladie mentale : l'espoir d'un mieux-être

Les personnes atteintes d'une maladie mentale, dont on disait auparavant qu'elles étaient irrécupérables, peuvent maintenant mener une vie pleinement épanouie. C'est pour donner espoir à ceux qui se croient condamnés à vie, ainsi qu'à leurs proches et aux spécialistes qui les soignent que nous prenons la parole aujourd'hui.

Inspiré par l'engagement et la détermination de l'auteur Luc Vigneault, pair aidant en santé mentale, notre collectif d'auteurs vous propose un modèle illustrant le parcours du rétablissement à partir du témoignage de personnes atteintes soutenues par des professionnels passionnés et animés d'une même folie : faire du rétablissement la pierre angulaire du traitement et du soutien des personnes qui doivent composer avec un trouble mental.

Nous souhaitons que ce livre nourrisse l'espoir et qu'il pose un jalon de plus dans la mise en place d'un système de soins qui soutienne véritablement tous ceux qui crient haut et fort : « Je suis une personne, pas une maladie! » Nous souhaitons amplifier ce cri du cœur afin qu'il bénéficie de l'effet papillon et qu'il pénètre chaque ramification de notre société.

CAP SUR LE RÉTABLISSEMENT

Exiger l'excellence dans les soins en santé mentale

Préface de P-A Méthot

Luc Vigneault est une pièce d'homme et un homme tout d'une pièce! Depuis les confins de la maladie et de l'exclusion sociale jusqu'à sa réinsertion et son rétablissement, il a fait de la déstigmatisation à l'égard des personnes atteintes d'un trouble de santé mentale la cause première de sa vie. Son engagement est clair, toujours dans le respect le plus profond de tous :

Exiger l'excellence dans les soins en santé mentale

Après le succès que lui a valu le livre *Je suis une personne pas une maladie*, Luc nous revient avec ce nouveau collectif d'auteurs, entouré de spécialistes, de cliniciens experts, de chercheurs, de personnes atteintes et de proches.

Il relate sa vie de manière touchante et intime tout en exposant les ingrédients qui suscitent l'espoir et contribuent à mettre plein cap sur le rétablissement. Pour tous ceux et celles qui doivent composer avec un trouble de santé mentale, une chose est sûre, le rétablissement est possible pour tous!